もくじ

３つの特集で
得点力大幅アップ！

予想問題に取り組む前に、頻出項目をしっかりおさらい。このワンステップが、得点力の大幅アップにつながります。確認が済んだら、いよいよ予想問題にチャレンジです。

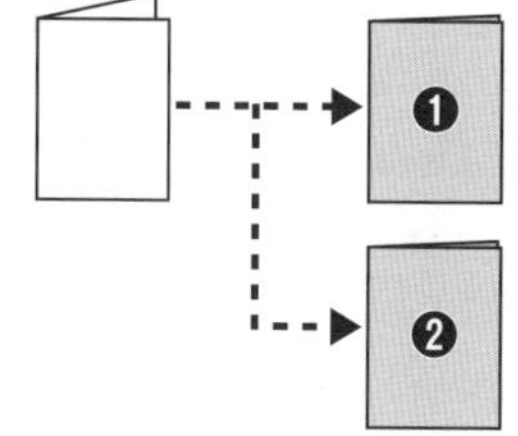

国家試験を完全シミュレート！

TAC渾身の予想問題です。国家試験と同様に、午前・午後各回を規定時間内でチャレンジ！ ●予想問題(色紙で区分けられたページ)は抜き取って使用することができます。詳細は色紙のページをご覧ください。●解答用のマークシートにつきましては、P.(67)より収載しています。

出題テーマごとポイント解説掲載！
わかりやすい解説で実力養成

予想問題の答え合わせをしながら、しっかりと学習フォロー。各問題の出題テーマをポイント解説で把握。選択肢ごとの解説で実力を養いましょう。目標得点をとれるようになるまで、何度でも繰り返しチャレンジしましょう！

2025年版
みんなが欲しかった！　介護福祉士の直前予想問題集

巻末

スキマ時間もフル活用！

暗記カード　全72枚

［カードの内容と番号について］

カード番号は、各科目を以下のように略してつけています。

- 人間の尊厳と自立：**尊厳と自立 01** より2枚
- 人間関係とコミュニケーション：**人間関係 01** より2枚
- 社会の理解：**社会の理解 01** より9枚
- こころとからだのしくみ：**こころとからだ 01** より8枚
- 発達と老化の理解：**発達と老化 01** より6枚
- 認知症の理解：**認知症 01** より6枚
- 障害の理解：**障害 01** より6枚
- 医療的ケア：**医療的ケア 01** より4枚
- 介護の基本：**介護の基本 01** より9枚
- コミュニケーション技術：**コミュニ 01** より4枚
- 生活支援技術：**生活支援 01** より12枚
- 介護過程：**介護過程 01** より4枚

「暗記カード」で学習の総仕上げ！

巻末の「暗記カード」は、ミシン目に沿って切り離して、リングやひもで綴じてご利用ください。

予想問題（抜き取り冊子・2回分）を解き終わったら、
わかりやすい解答解説で実力養成！

解答解説ページの見方

解答一覧ページ

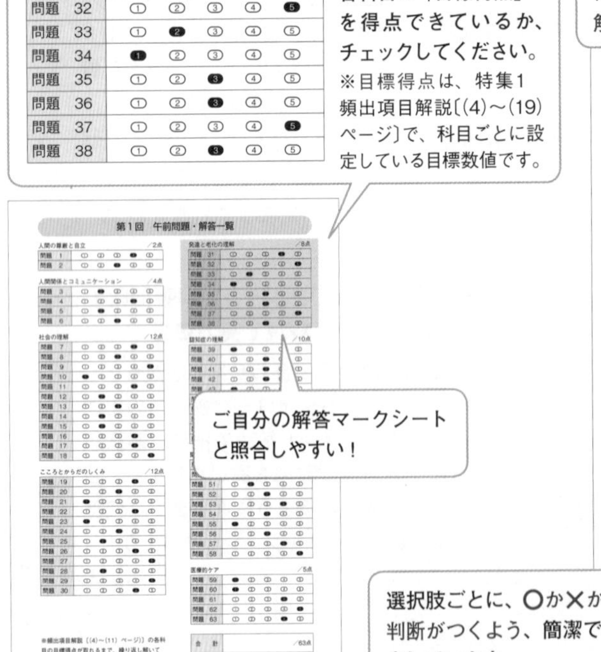

発達と老化の理解　／8点

問題 31	①	②	③	●	⑤
問題 32	①	②	③	④	●
問題 33	①	●	③	④	⑤
問題 34	●	②	③	④	⑤
問題 35	①	②	●	④	⑤
問題 36	①	②	●	④	⑤
問題 37	①	②	③	④	●
問題 38	①	②	●	④	⑤

解答／解説ページ

各問題の出題テーマについて「ポイント解説」をつけました

問題の重要度表示です
★ 低／★★ 中／★★★ 高

第1回 午前　解答

人間の尊厳と自立

問題1　正解 4 ←自立生活運動　重要度 ★★

●自立生活運動（IL運動）は、重度障害があっても自分の人生を自立して生きることを求めた運動で、現在の自立の概念の基礎となっている。概要を押さえておく。

教科書 CHAPTER 1・SECTION 2

1 × 自立生活運動は、1960年代にアメリカのカリフォルニア大学バークレー校で起こった運動である。

2 × 他人から援助を受けても、障害者自ら選択し決定することを自立としている。

問題の内容が、姉妹書『介護福祉士の教科書』のどのCHAPTER・SECTIONとリンクしているのかを明示しました

問題2　正解 3

教科書 CHAPTER 9・SECTION 3

1 × 「高齢者虐待防止法」では、養護者から虐待を受けたと思われるが、高齢者の生命・身体に重大な危険が生じていない場合には、速やかに市町村に通報するよう努めなければならない（努力義務）とされている。選択肢は、生命や身体に重大な危険が生じている場合の対応である。

2 × 同法では、介護福祉職など高齢者の福祉に職務上関係のある者は、高齢者虐待の早期発見に努めることと定められている。Aさんが「何でもない。大丈夫」と答えても、しばらく様子を見るのではなく、訪問介護事業所の上司や担当の介護支援専門員（ケアマネジャー）に相談する。

選択肢ごとに、○か×かが、すぐに判断がつくよう、簡潔で明解な解説をしています

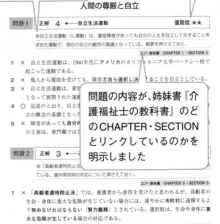

巻頭特集

特集１

出題基準と第37回国家試験の概要

特集２

過去５回の国家試験出題傾向を徹底分析！

第37回 国家試験 ココ出る！ 頻出項目解説

特集３

科目別 頻出テーマ対策ミニ講義

＋巻末「暗記カード」でインプット学習総仕上げ！

特集1

出題基準と第37回国家試験の概要

2017（平成29）年に介護福祉士養成課程における教育内容（カリキュラム）の見直しが行われました。これに伴い、試験センターは2022（令和４）年３月25日、介護福祉士国家試験出題基準（以下、新出題基準）を公表し、第35回国家試験（2023〈令和５〉年１月実施）から適用されています。

□新出題基準のポイント

カリキュラムの見直しで「チームマネジメント能力を養うための教育内容の拡充」を図ったことから、試験科目「人間関係とコミュニケーション」の新出題基準において、大項目「チームマネジメント」が追加されました。これにより、第35回国家試験から、試験科目「人間関係とコミュニケーション」の問題数が２問増えて４問になった一方で、「コミュニケーション技術」が２問減って６問になりました。合計問題数125問に変更はありません。

□第37回国家試験の概要

第35回国家試験から、午前と午後に出題される科目の一部が入れ替わり、下表のとおりとなりました。

	領域	科目	問題数	試験時間
午前	人間と社会	①人間の尊厳と自立	2問	100分
		②人間関係とコミュニケーション	4問	
		③社会の理解	12問	
	こころとからだのしくみ	④こころとからだのしくみ	12問	
		⑤発達と老化の理解	8問	
		⑥認知症の理解	10問	
		⑦障害の理解	10問	
	医療的ケア	⑧医療的ケア	5問	
午後	介護	⑨介護の基本	10問	120分
		⑩コミュニケーション技術	6問	
		⑪生活支援技術	26問	
		⑫介護過程	8問	
	総合問題	⑬総合問題	12問	
合計			125問	220分

特集２　過去５回の国家試験出題傾向を徹底分析！

第37回国家試験 ココ出る！ 頻出項目解説

社会福祉関連制度・法律から医療・医学に関する知識まで、介護福祉士国家試験の出題範囲は多岐にわたります。

これからの直前期学習では、全範囲を完璧に準備することではなく（満点を狙うのではなく）、

・合格点を確保できるよう、

・出題されやすい項目の学習（準備）を完璧にする

ことが、合格するための必須条件となります。

そこで特集２では、過去５回の国家試験を徹底分析して、

⇒**出題ランキング**：出題基準の大項目ごとの出題ランキングをまとめました。
各科目の「**目標得点**」は、試験センター発表の合格基準※を満たすための目標値です。

⇒**Advice**：具体的な頻出項目の過去５回の出題傾向と学習ポイントについてアドバイスをつけました。
なお、**出題**○問の右に記してある、（うち短文事例○問、事例問題○問）は、実際の国家試験において〔事　例〕という表記がある問題を「事例問題」、表記がない文章題を「短文事例」としています。

次ページからの「頻出項目解説」を直前期学習の学習指針とし、ここで取り上げた項目については問題演習を繰り返し、あるいは、あいまいな知識がありましたら、姉妹書『介護福祉士の教科書』などのテキスト等に戻り、実戦知識へと磨きあげてください。

※介護福祉士国家試験合格基準
次の２つの条件を満たした者を筆記試験の合格者とする。
ア　問題の総得点の60％程度を基準として、問題の難易度で補正した点数以上の得点の者。
イ　アを満たした者のうち、以下の試験科目11科目群すべてにおいて得点があった者。
［１］人間の尊厳と自立、介護の基本　［２］人間関係とコミュニケーション、コミュニケーション技術
［３］社会の理解　［４］生活支援技術　［５］介護過程　［６］こころとからだのしくみ
［７］発達と老化の理解　［８］認知症の理解　［９］障害の理解
［10］　医療的ケア　［11］　総合問題
（注意）配点は、１問１点の125点満点である。

●領域：人間と社会

人間の尊厳と自立

出題　2問（うち短文事例1問）

出題ランキング

	出題基準・大項目	出題数合計	過去5回の出題実績				
			32回	33回	34回	35回	36回
1	自立の概念	6	2	1	1	1	1
2	人間の尊厳と人権・福祉理念	4	-	1	1	1	1

Advice

出題傾向としては、**自立の概念や人権、福祉理念**に関連した内容が問われることが多く、最近では、**医療・福祉の分野で代表的な人物とその業績**に関する問題が、第33回、第34回で１問ずつ出題されています。また、短文事例問題では、毎回、**介護福祉職の支援のあり方**が問われています。

出題が２問なので、できるだけ得点することを目指しましょう。

人間関係とコミュニケーション

出題　4問（うち短文事例0～3問）

出題ランキング

	出題基準・大項目	出題数合計	過去5回の出題実績				
			32回	33回	34回	35回	36回
1	人間関係の形成と コミュニケーションの基礎	10	2	2	2	2	2
2	チームマネジメント	4	-	-	-	2	2

Advice

出題傾向としては、**介護福祉職と利用者のコミュニケーション技法に関する出題**が多く、そのうちの１～２問は短文事例で出題されることがほとんどで、具体的な方法について問われています。

「チームマネジメント」は、2019（平成31）年度からの新カリキュラムで盛り込まれた内容です。第35回ではPDCAサイクル、職場研修（OJT、Off-JT、SDS）、第36回ではマネジメント、組織図に関する問題がみられました。全体的に難易度は高くありませんので、確実に得点することが求められます。

社会の理解

目標得点 **8**点

出題 12問（うち短文事例2～3問）

出題ランキング

	出題基準・大項目	出題数合計	過去5回の出題実績				
			32回	33回	34回	35回	36回
1	**障害者福祉と障害者保健福祉制度**	**15**	**2**	**3**	**3**	**5**	**2**
2	**介護実践に関連する諸制度**	**14**	**4**	**1**	**2**	**3**	**4**
3	**高齢者福祉と介護保険制度**	**11**	**3**	**3**	**3**	**1**	**1**
4	社会と生活のしくみ	7	1	2	2	-	2
4	社会保障制度	7	1	2	1	1	2
6	地域共生社会の実現に向けた制度や施策	6	1	1	1	2	1

Advice

学習範囲が広い科目であり、**出題基準の大項目および中項目からまんべんなく出題**されますので、難易度も高くなってきています。とくに、**制度等に関する問題**についてはあいまいな知識では解答できませんので、ていねいに学習する必要があります。短文事例問題は、第33回、第34回は2問、第32回、第35回、第36回は3問出題されました。

❶ **障害者福祉と障害者保健福祉制度**：障害者総合支援制度の**対象者**、**サービス利用の流れ**など、制度のしくみやサービスの内容に関する問題が中心です。第36回では、「**障害者差別解消法**」、「**障害者総合支援法**」**に規定された移動に関する支援**などの問題がみられました。

❷ **介護実践に関連する諸制度**：**成年後見制度**や**虐待防止**、**生活保護制度**など、利用者が安心して生活を送るうえで必要な制度・施策について出題されています。第35回では「**個人情報保護法**」「**高齢者虐待防止法**」「**生活困窮者自立支援法**」、第36回では**災害時の福祉避難所**、「**感染症法**」などに関する出題がみられました。法律の目的と概要をしっかり押さえておきましょう。

❸ **高齢者福祉と介護保険制度**：第35回では**要介護状態区分変更の申請先**、第36回では**都道府県等が指定（許可）、監督を行うサービス**について出題されています。**近年の改正内容**、**保険者・被保険者**、**サービスの内容**など、介護保険制度の全体像を把握しておきましょう。

❹ **社会と生活のしくみ**：出題範囲は多岐にわたりますが、主に中項目「家族」からは家族の**形態**、**機能**、**役割**など、「地域社会における生活支援」からは**自助**、**互助**、**共助**、**公助**などに関する内容が出題されています。概要を把握しておきましょう。

❹ **社会保障制度**：**年金保険**や**医療保険**など、社会保険に関する問題が中心に出題されます。第35回では1950（昭和25）年の「**社会保障制度に関する勧告**」の内容、第36回では**社会福祉基礎構造改革**、**後期高齢者医療制度**について出題されました。主な社会保険制度の目的と対象者、負担方法を押さえておきましょう。

❻ **地域共生社会の実現に向けた制度や施策**：第36回では、**特定非営利活動法人（NPO法人）**に関する出題がみられました。**地域福祉の理念**や**地域包括ケア**の概要についても理解を深めておきましょう。

●領域：こころとからだのしくみ

こころとからだのしくみ

出題 12問（うち短文事例1～3問）

出題ランキング

	出題基準・大項目	出題数合計	過去5回の出題実績				
			32回	33回	34回	35回	36回
1	**からだのしくみの理解**	**10**	**1**	**1**	**5**	**1**	**2**
2	**食事に関連したこころとからだのしくみ**	**8**	**1**	**2**	**1**	**2**	**2**
2	**排泄に関連したこころとからだのしくみ**	**8**	**3**	**2**	**1**	**1**	**1**
4	移動に関連したこころとからだのしくみ	7	1	1	1	3	1
4	休息・睡眠に関連したこころとからだのしくみ	7	1	2	1	1	2
4	人生の最終段階のケアに関連したこころとからだのしくみ	7	2	1	1	2	1
7	こころのしくみの理解	5	1	1	1	1	1
7	身じたくに関連したこころとからだのしくみ	5	2	1	-	1	1
9	入浴・清潔保持に関連したこころとからだのしくみ	3	-	1	1	-	1

Advice

この科目で出題数が多い項目は、「からだのしくみの理解」ですが、他の項目も、障害、認知症、高齢者に多い疾患への理解、またそれに対する生活支援技術を展開するための基本的知識となりますので、すべての項目を十分に理解しておく必要があります。なかでも「こころのしくみの理解」と「からだのしくみの理解」は暗記しなければならない事項が多いため大変ですが、他科目への理解も深まるので、しっかりと学習しておきましょう。

❶ **からだのしくみの理解**：最近出題が多いのは、**関節運動**と**主動作筋**の組み合わせや**大脳の機能局在**、**腎臓**、**循環器系**（心臓・血管・血液）です。基本的な医学的知識を問うものであり、神経系、血圧、筋肉、骨のしくみなどもよく出題されるので、解剖図などをみておくとよいでしょう。第36回では、**交感神経の作用**、**中耳にある耳小骨**が出題されました。

❷ **食事に関連したこころとからだのしくみ**：「食べること」に関連したさまざまな知識が問われます。**栄養素**や、**摂食・嚥下の過程**、さらに食事に関して、こころとからだの機能が低下した利用者の特徴などを押さえておきましょう。

❷ **排泄に関連したこころとからだのしくみ**：疾患や機能低下が及ぼす排泄への影響として、**尿失禁**や**多尿**などの排尿障害や**便秘の種類**を押さえておきましょう。

❹ **移動に関連したこころとからだのしくみ**

み：**高齢者に多い骨折や疾患と歩行の関係**が多く出題されています。第35回では、**抗重力筋、廃用症候群、褥瘡の好発部位**が出題されました。

❹ **休息・睡眠に関連したこころとからだのしくみ：睡眠に関する基礎知識、睡眠のメカニズム**（体内時計、レム・ノンレム睡眠、メラトニンなど）や代表的な**睡眠障害**などが出題されるので、きちんと理解しておきましょう。第36回では、**眠りが浅くなる原因、概日リズム睡眠障害**について出題されました。

❹ **人生の最終段階のケアに関連したこころとからだのしくみ：キューブラー・ロスの死の受容過程**がよく出題されます。今後も在宅や施設での**看取り**は重要な分野であり、本人や家族への支援や、**医療職との連携**を十分に理解しておきましょう。

❼ **こころのしくみの理解：マズローの欲求階層説**や**記憶の分類、適応**などの出題頻度が高くなっています。第35回ではライチャードによる**老齢期の性格類型**、第36回では**マズローの欲求階層説**が出題されました。

❼ **身じたくに関連したこころとからだのしくみ**：出題実績は少ない項目です。第32回、第35回では**口臭**、第36回では**成人の爪**に関する問題がみられました。

❾ **入浴・清潔保持に関連したこころとからだのしくみ**：入浴効果や皮膚の機能などが出題されています。

■過去5回の受験者数・合格者数・合格率の推移

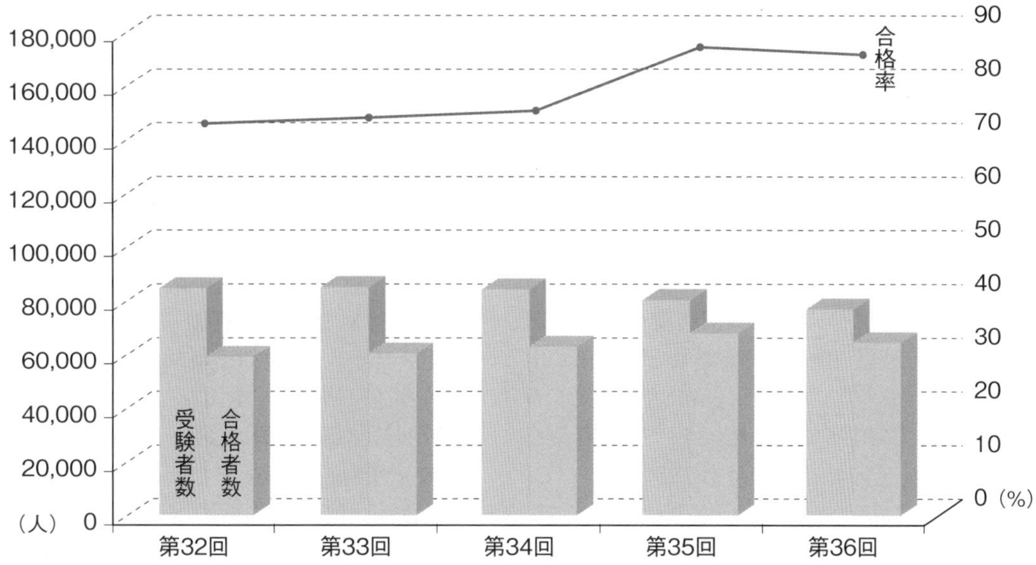

	第32回	第33回	第34回	第35回	第36回
受験者数（人）	84,032	84,483	83,082	79,151	74,595
合格者数（人）	58,745	59,975	60,099	66,711	61,747
合格率	69.9%	71.0%	72.3%	84.3%	82.8%

介護福祉士国家試験（筆記試験）の合格ラインは、問題の総得点の60%程度とされています。ぜひ合格を勝ち取ってください！

発達と老化の理解

出題　8問（うち短文事例1～2問）

出題ランキング

	出題基準・大項目	出題数合計	過去5回の出題実績				
			32回	33回	34回	35回	36回
1	老化に伴うこころとからだの変化と生活	26	6	5	6	4	5
2	人間の成長と発達の基礎的理解	14	2	3	2	4	3

Advice

この科目では、「老化に伴うこころとからだの変化と生活」からの出題が圧倒的に多くなっています。この項目を中心に学習しておけば、目標得点に近づけます。第33回で出題された学習障害は「障害の理解」、第34回で出題された適応機制は「こころとからだのしくみ」、第34回、第36回で出題された健康寿命は「社会の理解」でも出題実績がありますので、関連づけて押さえておきましょう。

短文事例問題は、基本的な知識があれば正答できる内容のものです。

❶ **老化に伴うこころとからだの変化と生活**：老化に伴う身体的・心理的（知的・認知機能）の変化だけでなく、社会的機能の変化と生活への影響も出題されます。心理的機能では、**記憶や知能の変化**について押さえておきましょう。第34回では**記憶**（エピソード記憶や意味記憶など）、老化に伴う**感覚機能や認知機能の変化**、第35回では加齢に伴う**認知機能の変化**（作業記憶、流動性知能、意味記憶など）などが出題されました。中項目「高齢者と健康」からは、第34回では**健康寿命**、**平均寿命**など、第36回では**健康寿命の定義**、**エイジズム**（高齢者差別）が出題されました。サクセスフル・エイジング、プロダクティブ・エイジングといった考え方とともに理解を深めておきましょう。高齢者に多い症状・疾患の特徴は多岐にわたりますが、高齢者の症状の現れ方の特徴、かゆみやめまい、**褥瘡**や**誤嚥性肺炎**に関する問題は頻出です。また、心疾患や高血圧、糖尿病などの**生活習慣病**、**パーキンソン病**、高齢者に多い**尿失禁**、**便秘**なども出題されています。第36回では、**心筋梗塞**、**前立腺肥大症**、高齢期に多い**筋骨格系の疾患**について出題されました。

❷ **人間の成長と発達の基礎的理解**：第31回以降、乳幼児の身体的・心理的・社会的機能の発達からの出題が増えてきています。第34回では**愛着行動**（ストレンジ・シチュエーション法）、**乳幼児期の言語発達**（喃語、初語、二語文など）、第35回では**社会的参照**、**人間の成長**、コールバーグの**道徳性判断**、第36回では**スキャモンの発達曲線**に関する問題がみられました。その反面、ピアジェやエリクソンなどの**発達段階**と**発達課題**に関する出題は減っていますが、今後も出題される可能性がありますので、整理して覚えておきましょう。第33回では、医療や福祉の法律での年齢が出題されました。主な法律における対象年齢について整理して覚えましょう。

認知症の理解

目標得点 6点

出題 10問（うち短文事例1～3問）

出題ランキング

	出題基準・大項目	出題数合計	過去5回の出題実績				
			32回	33回	34回	35回	36回
1	**認知症の医学的・心理的側面の基礎的理解**	25	5	6	4	4	6
2	**認知症に伴う生活への影響と認知症ケア**	8	1	1	3	1	2
3	**連携と協働**	6	1	1	1	3	-
3	**家族への支援**	6	2	1	1	1	1
5	認知症を取り巻く状況	5	1	1	1	1	1

Advice

この科目では、認知症ケアを適切に行うために必要な視点や医学的知識、心理的理解を問う問題が多くなっています。「**認知症の医学的・心理的側面の基礎的理解**」からの出題が約半数を占めているので、認知症の症状や、各疾患の病態生理を中心に学習しておきましょう。また、短文事例問題も2問程度出題されますので、介護福祉士として必要な基礎的知識を理解しておきましょう。

❶ **認知症の医学的・心理的側面の基礎的理解**：認知症の**原因疾患**（アルツハイマー型認知症、血管性認知症、前頭側頭型認知症など）、**中核症状**（記憶障害、見当識障害など）、**行動・心理症状**（**BPSD**）については確実な理解が求められます。第35回では、**見当識障害、アルツハイマー型認知症、慢性硬膜下血腫**などが出題されました。検査（CT、MRIなど）、薬物療法についても理解を深めておきましょう。

❷ **認知症に伴う生活への影響と認知症ケア**：BPSDは、感情、知覚、思考、行動などにおいてさまざまな症状を呈し、日常生活に影響を及ぼします。短文事例問題では症状に応じた支援のあり方が主に問われます。その他、認知症のある人への関わりとして、第35回では**ユマニチュード**、第36回では**バリデーション**が出題されました。併せて**回想法**も押さえておきましょう。

❸ **連携と協働**：第34回では**認知症初期集中支援チーム**、第35回では**認知症サポーター、認知症ケアパス、認知症ライフサポートモデル**が出題されました。併せて**地域包括支援センター**の機能も押さえておきましょう。

❸ **家族への支援**：認知症高齢者の支援とともに認知症の原因疾患を理解しておくことが家族への支援にも役立ちます。また、**休息（レスパイト）の機会**を設ける必要性を家族に理解してもらうことも介護福祉職に求められます。このことを念頭において問題にあたるとよいでしょう。

❺ **認知症を取り巻く状況**：第32回では「高齢社会白書」、第36回では**高齢者の自動車運転免許**に関する問題が出されました。認知症ケアに関する知識も深めておく必要があります。また、第34回では**ひもときシート**、第35回では**認知症施策推進大綱**が出題されました。概要を理解しておきましょう。

障害の理解

出題　10問（うち短文事例1～4問）

出題ランキング

	出題基準・大項目	出題数合計	過去5回の出題実績				
			32回	33回	34回	35回	36回
1	**障害の基礎的理解**	**16**	**2**	**5**	**2**	**3**	**4**
1	**障害の医学的・心理的側面の基礎的理解**	**16**	**5**	**2**	**3**	**4**	**2**
3	**障害のある人の生活と障害の特性に応じた支援**	**9**	**2**	**2**	**2**	**1**	**2**
4	連携と協働	6	1	-	2	2	1
5	家族への支援	3	-	1	1	-	1

Advice

この科目も幅広い学習内容となっていますが、なかでも「障害の医学的・心理的側面の基礎的理解」は、科目を横断して問われることが多いので、しっかり学習しておきましょう。障害者の人権擁護の観点から、「障害者の権利条約」および「障害者差別解消法」は、押さえておく必要があります。

❶　**障害の基礎的理解**：ICF/ICIDHについては、第32回、第33回で出題されています。中項目「障害者福祉の基本理念」からは、第33回では**リハビリテーションの語源**、第35回では**ストレングス**、**自立生活運動**、第36回では**ノーマライゼーション**に関する内容が問われていますので、確実な理解が必要です。「障害者福祉の現状と施策」からは、第33回では「**障害者虐待防止法**」「**障害者の権利条約**」、第35回では「**障害者虐待防止法**」、第36回では**法定後見制度**、「**障害者差別解消法**」について出題されました。これらは「社会の理解」でも問われる項目ですので、併せて学習しておきましょう。

❶　**障害の医学的・心理的側面の基礎的理解**：**身体障害**、**知的障害**、**精神障害**などの症状を確実に理解しておく必要があります。難病に関しては、**関節リウマチ**、**筋萎縮性側索硬化症**、**パーキンソン病**、**筋ジストロフィー**などが頻出です。その他、第35回、第36回では**障害受容のモデル**が出題されています。頻出ですので、５つの過程の順番と内容を理解しておきましょう。

❸　**障害のある人の生活と障害の特性に応じた支援**：第35回では**頸髄損傷による四肢麻痺**、**脊髄小脳変性症の特徴的な症状**などについて出題されました。これらは「生活支援技術」でも出題されやすいので、併せて学習しておきましょう。

❹　**連携と協働**：第35回では**協議会に期待される機能・役割**、第36回では**日常生活自立支援事業**、**サービス等利用計画案を作成する事業所に必置の専門職**が出題されました。これらは「社会の理解」「介護の基本」でも問われる内容ですので、併せて押さえておきましょう。

❺　**家族への支援**：短文事例問題では、障害がある人とその家族の支援について、よく出題されます。テキストや問題集で、障害事例とそれに対する当人、家族への支援方法を数多く演習しておきましょう。

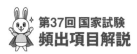

●領域：医療的ケア

医療的ケア

出題　5問（うち短文事例1問）

出題ランキング

	出題基準・大項目	出題数合計	過去5回の出題実績				
			32回	33回	34回	35回	36回
1	経管栄養（基礎的知識・実施手順）	10	1	3	2	2	2
2	喀痰吸引（基礎的知識・実施手順）	9	3	1	2	1	2
3	医療的ケア実施の基礎	6	1	1	1	2	1

Advice

2011（平成23）年の社会福祉士及び介護福祉士法の改正によって、介護福祉士や介護職員も一定の研修を受けて喀痰吸引と経管栄養を行うことが可能となりました。これに伴い、第29回試験から「医療的ケア」の科目が追加されました（5問）。保健医療制度や人体のしくみに関する知識も不可欠なことから、「介護の基本」「こころとからだのしくみ」など、領域を超えた横断的な学習が必要です。

❶ **経管栄養**（基礎的知識・実施手順）：第32回では**経管栄養実施時の異変**、第33回では栄養剤の**注入量を指示する者**、経管栄養の**実施**、第34回では**栄養剤（半固形タイプ）の特徴**、**経管栄養チューブ内の洗浄**、第35回では胃ろうによる経管栄養での生活上の留意点、第36回では**経管栄養で起こるトラブル**などについて問われました。実施時に起こりやすい状況（逆流、下痢、誤嚥、事故抜去など）を理解し、安全な経管栄養の実施方法、迅速な医療職との連携について把握しておきましょう。その他、経管栄養の種類（胃ろう、腸ろう、経鼻経管栄養）や栄養剤の保管方法についても押さえておきましょう。

❷ **喀痰吸引**（基礎的知識・実施手順）：第32回では**鼻腔内吸引実施時の異変**、喀痰吸引に必要な**物品の管理**、第33回では**口腔内と気管カニューレ内部の吸引**、第34回では気管カニューレ内部の喀痰吸引で**吸引時間が超過した場合の対応**、**呼吸器官の換気とガス交換**、第35回では**喀痰吸引を行う前の準備**、第36回では**呼吸器官の部位**の説明、**痰の吸引の準備**について問われました。喀痰吸引は、安全・安楽に実施することが第一であることから、喀痰吸引の種類と方法、実施における一連の流れや留意点について押さえておきましょう。吸引の範囲については、呼吸器官の構造を理解することが大切です。

❸ **医療的ケア実施の基礎**：第32回では**喀痰吸引等の制度**、第34回では介護福祉士が実施できる経管栄養の行為、第35回では**消毒と滅菌**、成人の**正常な呼吸状態**、第36回では喀痰吸引等を実施する訪問介護事業所の**登録要件**について問われました。喀痰吸引等は医行為であることから、医師の指示の下に医療職と連携して行うチーム医療であることを理解しておきましょう。その他、医療的ケアを安全に実施するために必要となるリスクマネジメントや感染予防、健康状態の把握に関する基礎知識は重要です。

●領域：介護

介護の基本

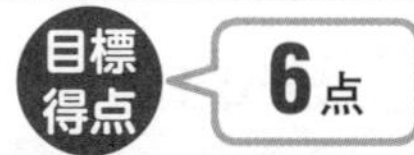

出題　10問（うち短文事例1～3問）

出題ランキング

	出題基準・大項目	出題数合計	過去5回の出題実績				
			32回	33回	34回	35回	36回
1	**自立に向けた介護**	**9**	**2**	**3**	**2**	**2**	**-**
2	**介護を必要とする人の理解**	**8**	**1**	**2**	**2**	**2**	**1**
3	**協働する多職種の役割と機能**	**7**	**2**	**1**	**1**	**2**	**1**
3	**介護における安全の確保とリスクマネジメント**	**7**	**2**	**1**	**-**	**1**	**3**
5	介護を必要とする人の生活を支えるしくみ	6	2	1	1	-	2
6	介護福祉の基本となる理念	5	-	1	1	2	1
6	介護福祉士の倫理	5	1	1	2	-	1
8	介護福祉士の役割と機能	2	-	-	-	1	1
9	介護従事者の安全	1	-	-	1	-	-

Advice

「介護の基本」は、社会福祉士及び介護福祉士法やICF、介護サービス、多職種連携、職業倫理など、介護福祉士の業務の根幹となる知識を学ぶ科目であり、出題基準全般にわたって出題される傾向にあります。また「国民生活基礎調査」「高齢者虐待調査結果」など、厚生労働省や内閣府などが公表している資料に関する問題は頻出ですので、近年の傾向を押さえておく必要があります。

❶　**自立に向けた介護**：自立支援の考え方、個別ケア、**ICF**、**リハビリテーション**などが出題されています。これらは他科目においても問われる必須項目ですので、確実に理解しておきましょう。第35回では、**意思決定支援**、**ユニバーサルデザイン**が問われました。

❷　**介護を必要とする人の理解**：個別ケアを行ううえで、利用者のその人らしさを理解することは重要です。試験においても、利用者の生活史や価値観、生活習慣に関する問題がよく出題されています。習得した知識を柔軟に駆使できるよう、問題演習を十分に行っておきましょう。

❸　**協働する多職種の役割と機能**：**多職種の役割と専門性**などが出題されています。近年、地域連携の重要性が高まっていますので、社会福祉法人や保健所、民生委員といった地域に存在する**社会資源**の役割とともに理解しておくことが重要です。

❸　**介護における安全の確保とリスクマネジメント**：**安全対策**、**感染対策**に関する出題が中心です。前者は事故の防止策と発生時の対応、後者は感染予防の原則、感染症の種類と特徴、予防法を押さえておきましょう。第36回では、**防災標識**（洪水、内水氾濫）に関連した内容、**感染症対策**、**服薬の介護**について出題されました。

❺　**介護を必要とする人の生活を支えるしくみ**：介護保険サービスや障害福祉サービス

を中心に出題されます。近年の試験では**サービスの人員・運営基準**などからの出題もみられ、難易度はかなり高くなっていますが、基本的な内容が理解できていれば正答を導き出せます。第33回では**自立生活支援・重度化防止のための見守り的援助、介護医療院**、第34回では**サービス担当者会議、社会資源**が出題されました。

❻ **介護福祉の基本となる理念**：日本の介護の現状を、「高齢者虐待調査結果」「国民生活基礎調査」などを通して問われることが多くなっています。第35回では、「介護人材に求められる機能の明確化とキャリアパスの実現に向けて」（2017年）の中で示された「**求められる介護福祉士像**」が出題されました。介護福祉士にどのようなことが求められているのか、内容を確認しておきましょう。

❻ **介護福祉士の倫理**：個人情報、虐待、身体拘束、それらに対する介護福祉士の対応が出題されます。第34回では施設における利用者の**個人情報の安全管理対策**、第36回では施設利用者の**個人情報の保護**が出題されました。

❽ **介護福祉士の役割と機能**：社会福祉士及び介護福祉士法における**介護福祉士の定義、義務規定**など、基本事項が出題されています。条文にも目を通し、内容を理解しておきましょう。第35回では**資質向上の責務**、第36回では**介護福祉士の義務規定や資格**などが出題されました。

❾ **介護従事者の安全**：健康管理では、**ストレスマネジメント、腰痛予防対策**が頻出です。労働安全では、**労働基準法、労働安全衛生法、育児・介護休業法**の内容がよく問われています。第34回では利用者や家族から**ハラスメントを受けたときの対応**に関する出題がみられました。法制度については、目的や概要をしっかり押さえておきましょう。

● 短文事例問題は、上記にあげた項目を正しく理解しているかが、介護福祉職の対応として問われます。

● 第27回からはイラストを用いた問題が出題されています。第36回では防災標識が問われました。

〈イラストを用いた問題〉

第36回問題71で問われたのが、上のイラストです。
イラストを用いた問題は、第34回では「生活支援技術」で1問、第35回では「発達と老化の理解」「介護の基本」「生活支援技術」「総合問題」で1問ずつ、第36回では「介護の基本」「生活支援技術」で1問ずつ出題されています。予想問題では、「社会の理解」で1問、「生活支援技術」で3問出題していますので、過去問と併せて、チェックしておきましょう。

コミュニケーション技術

出題 6問（うち短文事例0～4問、事例問題0～4問）

出題ランキング

	出題基準・大項目	出題数合計	過去5回の出題実績				
			32回	33回	34回	35回	36回
1	**障害の特性に応じたコミュニケーション**	**13**	**3**	**1**	**3**	**2**	**4**
2	**介護場面における家族とのコミュニケーション**	**8**	**1**	**4**	**1**	**1**	**1**
2	**介護におけるチームのコミュニケーション**	**8**	**1**	**2**	**2**	**2**	**1**
4	介護を必要とする人とのコミュニケーション	7	3	1	2	1	-

Advice

コミュニケーション技術は介護福祉士として欠くことのできないものであり、**実践における活用法**が、短文事例・事例問題として問われます。第33回、第35回では3問、第32回、第34回、第36回では4問と半数近くが短文事例・事例問題としての出題でした。

❶ **障害の特性に応じたコミュニケーション**：認知症高齢者とのコミュニケーションの出題が多く、とくに**認知症の人への食事介助**や**BPSDへの対応**について理解しておくことが必要です。その他、第34回では**全盲**、**高次脳機能障害**のある人とのコミュニケーション、第35回では**老人性難聴**、重度の**アルツハイマー型認知症**のある人とのコミュニケーション、第36回では**軽度の難聴**、脳梗塞の後遺症に伴う**言語障害**、**抑うつ状態**、網膜色素変性症による**夜盲**のある人とのコミュニケーションについて出題されました。

❷ **介護場面における家族とのコミュニケーション**：利用者主体の支援を行ううえで、利用者の家族の気持ちを理解したり、利用者と家族の意向を調整したりすることも重要です。第33回では、利用者と家族の**意向の調整**、第35回では利用者の家族と信頼関係を形成するための留意点、第36回では利用者の家族との信頼関係の構築を目的としたコミュニケーションについて出題されました。

❷ **介護におけるチームのコミュニケーション**：第34回では利用者の家族から苦情があったときの上司への報告、**ケアカンファレンス**、第35回では勤務交代時の**申し送りの目的**、**ケアカンファレンス**、第36回では**事例検討の目的**について出題されました。多職種が連携して援助を行ううえで、**報告**や**説明**、**会議**、介護記録による**情報の共有化**は不可欠ですが、個人情報の管理には注意が必要なことを押さえておきましょう。

❹ **介護を必要とする人とのコミュニケーション**：傾聴や共感などの**話を聴く技法**、介護福祉職として支援する際の**声のかけ方**、**バイステックの7原則**など、利用者とのコミュニケーションに関する技法はこの科目の基本なので、確実に得点することをこころがけましょう。第34回では**アサーティブ・コミュニケーション**、第35回では**閉じられた質問**について出題されました。

生活支援技術

目標得点 16点

出題 26問（うち短文事例3～4問）

出題ランキング

	出題基準・大項目	出題数合計	過去5回の出題実績				
			32回	33回	34回	35回	36回
1	**自立に向けた身じたくの介護**	**16**	**3**	**2**	**4**	**4**	**3**
1	**自立に向けた排泄の介護**	**16**	**3**	**3**	**3**	**4**	**3**
1	**自立に向けた家事の介護**	**16**	**4**	**4**	**3**	**3**	**2**
4	自立に向けた食事の介護	14	3	3	2	3	3
5	自立に向けた移動の介護	13	3	2	3	2	3
5	自立に向けた入浴・清潔保持の介護	13	2	3	3	2	3
7	休息・睡眠の介護	12	3	3	2	2	2
7	人生の最終段階における介護	12	2	3	3	2	2
9	自立に向けた居住環境の整備	9	3	2	1	1	2
10	福祉用具の意義と活用	7	-	1	2	2	2
11	生活支援の理解	2	-	-	-	1	1

Advice

試験科目の中で最も多い出題数で、内容もまんべんなく問われます。実際に介護福祉士となってから現場で直面する支援についての科目なので、しっかり学習しましょう。出題形式としては、短文事例問題が毎回３～４問出題されています。第35回、第36回では図を用いた問題が１問、短文事例問題が４問出題されました。車いすの介助では、まず、車いすに異常がないかを点検することが大切です。車いすの各部位の名称とその機能について、できれば実際に見て覚えておきましょう。

❶ **自立に向けた身じたくの介護**：**口腔ケア**、**整容**、**衣服の着脱の介護**に関する支援方法を確認しておきましょう。第35回では**総義歯の取扱い**、**目の周囲の清拭の方法**、第36回では医学的管理の必要がない高齢者の**爪の手入れ**、左片麻痺の利用者が**端座位でズボンを着脱するときの介護**などについて出題されました。

❶ **自立に向けた排泄の介護**：認知症や片麻痺、自己導尿などで一部介助が必要な人への対応や留意点が出題されています。その他、**便秘**や**下痢**、**尿失禁**への対応も頻出です。とくに便秘は**予防策**、尿失禁は**種類と症状**を押さえておきましょう。第36回では、**市販のディスポーザブルグリセリン浣腸器を用いた排便の介護**が問われました。医行為ではないと考えられる行為について目を通しておきましょう。

❶ **自立に向けた家事の介護**：第35回では**ノロウイルス**、弱視の人の調理と買い物の支援、第36回では**訪問介護員の見守り的援助**などについて出題されました。普段の生活とも関連する内容ですので難しくはありませんが、再確認しておくことは必要です。

❹ **自立に向けた食事の介護**：嚥下機能の低下している人の食事に関する出題が多くなっています。**誤嚥を防ぐ食事介護の方法**

と、**食べやすい食事の工夫**を理解しておきましょう。第35回ではテーブルで食事の介護を行うときの留意点、**逆流性食道炎**、第36回では嚥下機能の低下している利用者に提供するおやつ、血液透析を受けている利用者への食事介護などについて出題されました。各疾患の症状の特徴と支援方法について理解を深めておきましょう。その他、高齢者に多い高血圧、骨粗鬆症、糖尿病などの疾患がある人の食事への配慮について知っておくと得点アップにつながります。

❺ **自立に向けた移動の介護**：**片麻痺や視覚障害のある人への外出支援**、**体位変換**、**車いす利用者への介助**は頻出です。利用者の状態に合わせた安全・的確な介助技法、介助の際の留意点を理解しておきましょう。

❺ **自立に向けた入浴・清潔保持の介護**：ストーマ、酸素吸入、片麻痺など、障害がある人の適切な入浴方法を理解しておきましょう。また、**足浴**・**手浴**、**シャワー浴**、清拭、**洗髪**に関する介護技術や留意点、効果についても押さえておきましょう。

❼ **休息・睡眠の介護**：高齢者に多くみられる睡眠障害についての対応に関する知識が問われます。安眠を促す環境づくりや支援、不眠時の対応などが理解できていれば得点に結びつきます。

❼ **人生の最終段階における介護**：毎回2～3問出題されています。第34回では**看取りに必要な情報**、**死亡後の介護**、第36回ではデスカンファレンスなどが出題されました。基本的な知識を押さえておきましょう。その他、人生の最終段階を迎えた利用者への生活支援、看取る家族への支援（**グリーフケア**）についても理解しておきましょう。

❾ **自立に向けた居住環境の整備**：高齢や障害により身体機能が低下した人が使いやすい**トイレ**、**浴室**、**廊下**、**玄関**などの居住環境の整備、各場面の安全に配慮した**手すりの高さや位置**を理解しておきましょう。第32回では、**介護保険制度の給付対象となる住宅改修**について出題されました。介護保険制度に関する知識も必要です。

❿ **福祉用具の意義と活用**：福祉用具の選び方と留意点、種類と機能、制度（介護保険サービス、障害福祉サービス）についてしっかり理解しておきましょう。第36回では福祉用具を活用するときの基本的な考え方、握力の低下がある利用者が使用する杖が出題されました。

⓫ **生活支援の理解**：生活支援の方法などについて押さえておきましょう。

〈車いすの構造〉

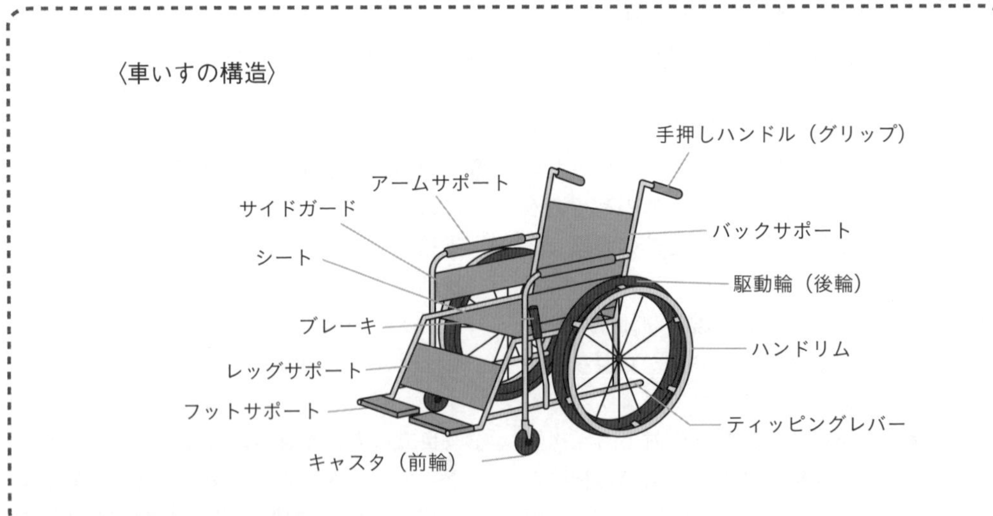

介護過程

目標得点 **5**点

出題 8問（うち短文事例0～3問、事例問題0～4問）

出題ランキング

	出題基準・大項目	出題数合計	過去5回の出題実績				
			32回	33回	34回	35回	36回
1	介護過程の意義と基礎的理解	18	3	4	5	4	2
2	介護過程の展開の理解	16	4	4	2	2	4
3	介護過程とチームアプローチ	6	1	-	1	2	2

Advice

この科目では、介護過程の意義、介護過程を展開するための基礎知識、介護過程の実践的展開とチームアプローチについて問われますが、上記の表からもわかりますように、「**介護過程の意義と基礎的理解**」からの出題が多くなっています。「介護過程の展開の理解」では、事例をもとに考えさせるものとなっており、応用的な技術の知識が求められる傾向にあります。

❶ **介護過程の意義と基礎的理解**：介護過程がなぜ必要なのか、その意義と目的を理解しておきましょう。介護過程の展開のプロセスでは、**情報収集とアセスメント**、**課題・目標**は頻出です。とくに、情報収集とアセスメントは、介護計画を作成していくなかで大切な段階です。情報は、**客観的情報**と**主観的情報**に大きく分類されることを理解し、きちんと区別できるようにしておきましょう。また、情報を収集する際は、**ICF（国際生活機能分類）**の視点に基づいて行うことも大切です。アセスメントでは、介護過程以外の知識も必要とされる出題になっており、すべての科目を統合して考えることが要求されます。短文事例および事例問題では、**アセスメント**、**目標設定**、**再アセスメント**、**カンファレンス**に関する問題が多く出題されています。それぞれの段階で何を行うのか、その際の視点や注意点を理解し、自立支援を念頭におきながら、事例の利用者の気持ちに寄り添って考えていくとよいでしょう。第32回では**介護計画の作成**、**実施**、第33回では介護福祉職の**情報収集**、**アセスメント**、**短期目標の設定**、第34回では**情報収集**、**生活課題**、**目標の設定**、**介護計画における介護内容**、第35回では介護過程を展開する**目的**、第36回では初回の面談で情報を収集するときの留意点、介護過程の**評価**についてなどが出題されました。

❷ **介護過程の展開の理解**：さまざまな利用者像の事例が取り上げられており、事例内容も介護現場での経験等から考えていくものとなっています。応用力や実践力が試されます。第35回、第36回では、**事例研究**に関する出題がみられました。

❸ **介護過程とチームアプローチ**：**多職種との連携**や、**連携のあり方**について出題されています。とくに**チーム内での介護福祉職の役割**は理解しておきましょう。第35回では**カンファレンス**、居宅サービス計画と訪問介護計画の関係、第36回ではチームアプローチを実践するときの介護福祉職が担う役割などについて問われました。

総合問題

出題　12問

出題ランキング

	出題基準・大項目	出題数合計	過去5回の出題実績				
			32回	33回	34回	35回	36回
1	総合問題	60	12	12	12	12	12

Advice

総合問題は出題基準である4領域を横断的に問う問題が、事例形式で出題されます。

これまでは、1つの事例に対し3問の問題が設定され、1回の試験につき4事例12問が出題されています。出題内容は、事例に登場する利用者にどのような介護サービスを提供したらよいかを中心としたものです。

事例に取り上げられた、過去5回の疾患・障害は、次ページの表のとおりです。

これをみると約3割が認知症のある人の事例問題となっています。「認知症の理解」でも問われる、代表的な認知症疾患（**アルツハイマー型認知症**、**血管性認知症**、**レビー小体型認知症**、**前頭側頭型認知症**）の特徴的な症状を押さえておくのはもちろん、それに応じた介護福祉職の対応として、

- **●適切な介護保険サービスの紹介・提供**
- **●状態に応じたケア**
- **●家族への対応**

などが問われています。認知症施策、認知症のある人が利用する介護保険のサービスの種類と内容、認知症ケアの方法、家族との関係づくりなどを押さえておく必要があります。

また、出題の約5割を占めるのが身体障害のある人の事例問題ですが、表を見ておわかりのとおり、出題される身体障害の種類はさまざまです。「障害の理解」で問われる各身体障害種別の原因と特性を押さえたうえでの介護福祉職の対応として、

- **●適切な福祉用具の紹介・提供**
- **●適切な障害福祉サービス、介護保険サービスの紹介・提供**
- **●障害受容への対応**

などが問われています。障害の種類・程度に応じた適切な**自助具**や**杖**、**車いす**、障害福祉サービス、障害受容の時期に応じた支援について押さえておきましょう。

上述以外の疾患・障害については、**統合失調症**が第32回、第34回、**自閉症スペクトラム障害**が第33回、第35回、第36回で出題されています。統合失調症の特徴的な症状（陽性症状、陰性症状）、**薬物療法**のほか、**精神科病院への入院形態**についても押さえておく必要があります。自閉症スペクトラム障害については、特徴的な症状や強度行動障害、介護上の留意点を理解しておきましょう。

また、他科目ではあまり問われることのない、障害児の事例問題が出題されていることも総合問題の特徴です。**障害者総合支援法**による障害児を対象としたサービスの種類として、**介護給付**（行動援護、同行援護など）、**補装具**、**自立支援医療**など、**児童福祉法**によるものとして、**障害児通所支援**と**障害児入所支援**などがあります。対象となる障害児と各サービスの概要をきちんと理解しておきましょう。

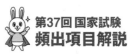

主な疾患・障害からみた出題実績

分類	出題回と具体的な疾患・障害の名称や状態
認知症	●第32回　アルツハイマー型認知症 ●第33回　認知症（認知症対応型共同生活介護（グループホーム）を利用） ●第34回　アルツハイマー型認知症 ●第35回　アルツハイマー型認知症 ●第36回　前頭側頭型認知症
身体障害	●第32回　脳梗塞（ラクナ梗塞） ●第32回　関節リウマチ ●第33回　変形性膝関節症 ●第33回　頸髄損傷（第５頸髄節まで機能残存） ●第34回　筋萎縮性側索硬化症（障害支援区分３） ●第34回　脳性麻痺による四肢・体幹機能障害 ●第35回　脳梗塞による右片麻痺 ●第35回　脳梗塞による左片麻痺（左同名半盲、失行） ●第36回　脊髄損傷（第４胸髄節まで機能残存） ●第36回　脳性麻痺（アテトーゼ型）
精神障害	●第32回　統合失調症 ●第34回　統合失調症
発達障害	●第33回　自閉症スペクトラム障害 ●第35回　自閉症スペクトラム障害 ●第36回　自閉症スペクトラム障害と重度の知的障害

科目別 頻出テーマ対策ミニ講義

特集3

＋ 巻末「暗記カード」でインプット学習総仕上げ！

直前期にこそ学習すべき頻出テーマを、ミニマムサイズにまとめました！
巻末「暗記カード」も使って、合格に必須な知識を、モレなく、イッキに習得してください。
※「人間の尊厳と自立」「介護過程」は「暗記カード」に頻出内容のエッセンスを凝縮しました。

●領域：人間と社会

人間関係とコミュニケーション

□人間関係と心理

利用者との信頼関係＝ラポールを形成するためには、**自己覚知**や**自己開示**などが求められます。

■人間関係と心理

ラポール	援助をする人と援助を受ける人の間に形成される信頼関係
自己覚知	自分自身のものの見方や考え方について、**客観的**な視点から理解すること
自己開示	自分自身に関する情報を、**本人の意思**のもとに、特定の他者に言語を介して伝達すること

□コミュニケーション技法の基礎

コミュニケーションの場で、相手にメッセージを伝える媒体・手段は、次の2つに大別されます。

■コミュニケーションの種類

言語的コミュニケーション	言葉を用いた、会話、文字、手話、点字などによるコミュニケーション
非言語的コミュニケーション	言葉を用いない、表情、身ぶり・手ぶり、姿勢、視線、声の強弱や抑揚（準言語）などで感情を表すコミュニケーション

□チームマネジメント

介護サービスにおいては、その実践の過程で、多くの関係者との合議と協働が求められます。チームによる支援が円滑に進むようにコーディネートしていく、**チームマネジメント**が重要になります。

□チーム運営の基本

チームによる支援では、チームのなかで影響力をもつ人物（リーダー）の役割が重要です。

■リーダーの定義と役割

定義	目標を定め、優先順位を決め、基準を定め、それを維持する者
役割	フォロワー（部下）の自律性を引き出し、フォロワーが能動的に動けるようにする

■リーダーシップ、フォロワーシップ

リーダーシップ	組織の使命を考え抜き、それを目に見える形で明確に確立すること
フォロワーシップ	フォロワー（部下）がリーダーを支える力

□PDCAサイクル

チームの運営においては、業務課題の発見と解決の過程が重要となります。そのための手法として**PDCAサイクル**があります。

PDCAサイクルとは、

❶**P**（Plan：計画を立てる）
❷**D**（Do：実行する）
❸**C**（Check：評価する）
❹**A**（Act：改善する）

の4つの各工程で得られた知見を次の計画の立案に用いて、それを循環的に繰り返していくことです。

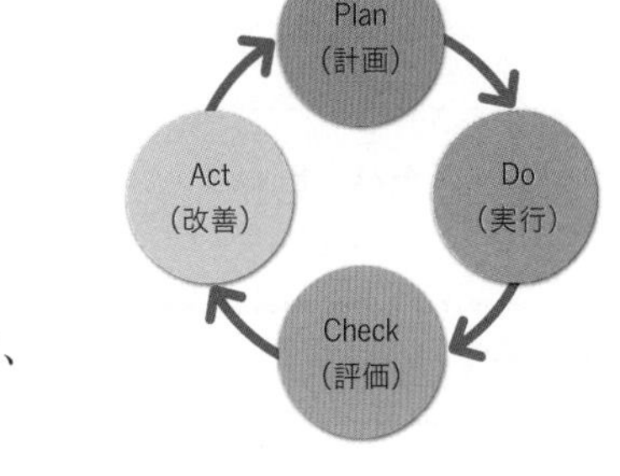

□人材の育成と管理

1　職場研修

職務上必要な能力を習得する研修を、職場研修といいます。

■職場研修の種類

OJT	職場内で、**具体的な仕事**を通じて、仕事に必要な知識・技術・技能・態度などを指導教育する
Off-JT	**職場を離れて**、業務の遂行の過程外で行われる研修
SDS	**職場内外**での職員の自主的な自己啓発活動を職場として認知し、時間面・経済面での援助や施設の提供などを行う。自己啓発援助制度の略

2　スーパービジョン

熟練した援助者（スーパーバイザー）から、経験が少なく未熟な援助者（スーパーバイジー）に対し、3つの機能（**管理的機能、教育的機能、支持的機能**）を提供する過程をいいます。

■スーパービジョンの３つの機能

管理的機能	●職場や組織の業務（人員配置や職場環境の整備、組織改革も含む）に関する管理的な機能
教育的機能	●実践に必要な知識や技術を教育し、専門職として成長させる機能
支持的機能	●スーパーバイジーを心理的、情緒的に支える機能 ●受容、共感、傾聴など支持的に関わることで、スーパーバイジーが抱えるさまざまな葛藤やストレスなどを軽減させる ●自己覚知を促すことで、バーンアウトを防ぐ機能も期待できる

■スーパービジョンの５つの形態

個人スーパービジョン	スーパーバイザーとスーパーバイジーが１対１で行う、最も基本的な形態
グループ・スーパービジョン	１人のスーパーバイザーが複数のスーパーバイジーに対して行う形態
ピア・スーパービジョン	ピア（仲間）や同僚同士で実施する形態。スーパーバイザーが不在の場合など、代替的に行う
セルフ・スーパービジョン	自分自身で行う形態。直面した困難な援助事例などについて、自らが客観的に振り返る
ライブ・スーパービジョン	実際の援助を目の前で展開する（ライブで実施している）ことを通して行われる形態

社会の理解

□社会保障制度

1　社会保障制度の概要

社会保障は、ナショナル・ミニマム（国家が国民に対して**最低限度**の生活水準を保障する）を実現するための制度で、**社会保険**と**社会扶助**（**公的扶助**、**社会福祉**など）に大別されます。

■社会保障の分類

社会保険		国などが保険者となり、社会保険料を主要な財源として、受給権を保障し、一定基準の給付を行う制度。年金保険、医療保険、雇用保険、労災保険、介護保険の被保険者は、法に基づいた強制加入が義務づけられている
社会扶助	公的扶助	租税（税金）を主要な財源とし、生活に困窮する国民に対して、最低限度の生活の保障と、自立の助長を目的とする制度。生活保護制度が該当
	社会福祉	児童福祉、障害者福祉、老人福祉など、生活上のハンディキャップを負っている人を支援するための制度。児童手当などの社会手当も含む

2　社会福祉関連法の制定の歩み

<table>
<tr><th>制定年</th><th colspan="3">法律名</th></tr>
<tr><td rowspan="2">1946年</td><td colspan="3">日本国憲法（幸福追求権〔第13条〕、生存権〔第25条〕を規定）</td></tr>
<tr><td>生活保護法（1950年に全面改正）</td><td rowspan="3">福祉三法</td><td rowspan="6">福祉六法</td></tr>
<tr><td>1947年</td><td>児童福祉法</td></tr>
<tr><td>1949年</td><td>身体障害者福祉法</td></tr>
<tr><td>1960年</td><td colspan="2">精神薄弱者福祉法（現：知的障害者福祉法）</td></tr>
<tr><td>1963年</td><td colspan="2">老人福祉法</td></tr>
<tr><td>1964年</td><td colspan="2">母子福祉法（現：母子及び父子並びに寡婦福祉法）</td></tr>
</table>

3　年金制度の概要

日本の公的年金保険は、1961年に自営業者等を対象とした国民年金制度が成立したことによって**国民皆年金体制**が確立されました。国民年金は**全国民共通**の**基礎年金**で、受給資格期間が**10年以上**ある人が65歳に到達したときに支給されます。

■国民年金の被保険者

第1号被保険者	日本に住所を有する20**歳以上**60**歳未満**の自営業者、学生などの非被用者
第2号被保険者	民間企業の会社員、公務員などの被用者
第3号被保険者	第2号被保険者に扶養される配偶者であって20歳以上60歳未満の者

4　医療保険制度の概要

医療保険は、治療や薬剤の処方に要した費用の一部を、年齢に応じて一定の割合で給付する制度です。医療保険には、健康**保険**、国民健康**保険**、共済組合、船員保険、後期高齢者**医療**があり、すべての国民がいずれかの保険に加入する国民皆保険**制度**をとっています。

■健康保険と国民健康保険の保険者

分類	保険者	被保険者
健康保険	健康保険組合	主に大企業で働く被用者
	全国健康保険協会	主に中小企業で働く被用者
国民健康保険	都道府県、市町村	都道府県の区域内に住所を有する自営業者など
	国民健康保険組合	医師や弁護士など、同種同業の**従事者**5人未満で組織される組合の組合員

常時5人以上の従事者を雇用している医師や弁護士などの組合は、社会保険（健康保険、厚生年金保険）への加入が必要となります。

■後期高齢者医療制度の概要

保険者	後期高齢者医療広域連合
被保険者	❶75歳以上の者 ❷65歳以上75歳未満で後期高齢者医療広域連合の障害認定を受けた者 ※生活保護世帯に属する人などは適用除外
利用者負担	1割、一定以上の所得がある者は2割（現役並み所得者を除く）、現役並み所得者は3割

5　雇用保険制度の概要

雇用保険は、労働者が失業したときや、子を養育するために休業したときなどに、必要な給付（**失業等給付、育児休業給付**）を行って、生活の安定や雇用の促進を図る制度です。また、失業の予防や雇用状態の是正および雇用機会の増大、労働者の能力開発や福祉の増進などを図ることを目的として、**雇用保険二事業**（雇用安定事業、能力開発事業）も行っています。

■雇用保険制度の概要

保険者	国（政府）、実務は公共職業安定所（ハローワーク）
被保険者	適用事業に雇用される労働者（**31日以上**雇用見込みがあり、1週間の所定労働時間が**20時間以上**である者など） ※**65歳以上**の労働者も新規加入できる ※季節労働者、学生・生徒、船員、公務員などは対象外
保険料	●失業等給付、育児休業給付は事業主と労働者で折半 ●雇用保険二事業は事業主が全額負担

■雇用保険制度の体系

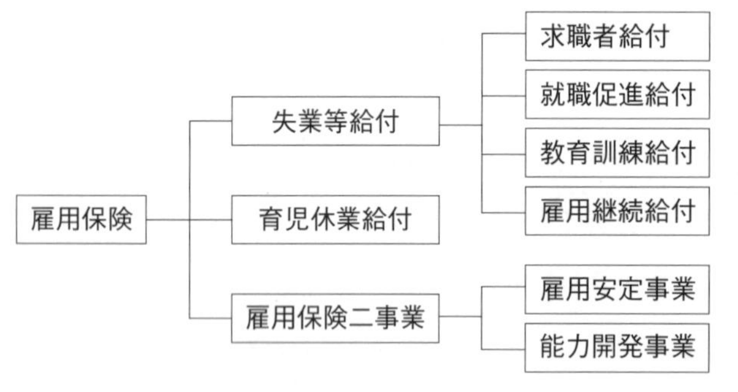

従来、育児休業給付は雇用継続給付の一種類でしたが、2020年度から独立し、育児休業を取得した労働者の生活と雇用の安定を図るための給付と位置づけられました。

6　労働者災害補償保険制度の概要

労働者災害補償保険（労災保険）は、**業務中**または**通勤途上**の災害や事故を原因として、労働者が負傷したり、病気（業務上の心理的負荷による精神障害を含む）にかかったり、死亡した場合に、労働者や遺族の生活の安定を図るために、保険給付を行う制度です。

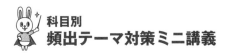

■労働者災害補償保険制度の概要

保険者	国（政府）、実務は労働基準監督署
被保険者	適用事業に雇用されるすべての労働者（パートやアルバイトも含む）
保険料	事業主が全額負担

□介護保険制度

1　介護保険制度の目的と動向

介護保険制度の目的は、**❶個人の尊厳の保持**、**❷自立した日常生活の保障**、**❸国民の共同連帯の理念**、**❹国民の保健医療の向上および福祉の増進**、の４つです。

2　介護保険制度の改正

介護保険制度は、５年をめどに見直しを図るものとして、2000年４月からスタートしました。その方針に基づき、次のとおり制度改正が行われています。

■主な改正内容

改正年	改正内容
2005年	●**予防重視型システム**への転換（**予防給付**、**地域支援事業**の創設） ●施設等での給付の見直し（居住費、食費を自己負担に） ●**地域密着型サービス**、**地域包括支援センター**の創設など
2011年	●**定期巡回・随時対応型訪問介護看護**と**複合型サービス**を創設 ●地域支援事業に**介護予防・日常生活支援総合事業**を創設
2014年	●予防給付（訪問介護、通所介護）を**介護予防・日常生活支援総合事業**に移行 ●**指定介護老人福祉施設の新規入所要件を原則要介護３以上に変更** ●**一定以上所得のある第１号被保険者の自己負担割合を２割に引き上げ**
2017年	●**介護医療院**の創設、介護保険制度と障害者福祉制度に**共生型サービス**（ホームヘルプサービス、デイサービス、ショートステイ）を創設 ●**介護給付費・地域支援事業支援納付金**への総報酬割の導入、利用者負担の引き上げ（**２割負担の者**のうち特に所得の高い層は**３割**）など
2020年	●国と地方公共団体は**認知症施策**を総合的に推進（**努力義務**） ●市町村が地域支援事業を行うに当たり、介護保険等関連情報その他必要な情報を活用し、適切かつ有効に実施するよう努めるなど**データベースの活用**を規定 ●介護保険事業計画等の見直し　など
2023年	●**複合型サービス**（看護小規模多機能型居宅介護）の**法律上の定義を明確化** ●指定介護予防支援事業者の対象に、**指定居宅介護支援事業者**を追加　など

2024（令和６）年度から一部の福祉用具に選択制が導入され、福祉用具貸与または特定福祉用具販売のいずれかを利用者が選択できるようになりました。

3　介護保険の保険者と被保険者

①保険者

介護保険制度を運営する**保険者**は**市町村**（特別区を含む）です。ただし、被保険者数が少ない小規模の市町村では、**広域連合**や**一部事務組合**が保険者となることも認められています。

■保険者の主な役割

被保険者の**資格管理**に関する事務、**要介護認定**等に関する事務、**保険給付**に関する事務、**事業者・施設**に関する事務など

②被保険者

介護保険制度の被保険者の資格要件を満たす人は、必ず**被保険者**となります。

■介護保険制度の被保険者

項目	第1号被保険者	第2号被保険者
対象者	市町村の区域内に住所を有する65**歳以上**の人	市町村の区域内に住所を有する40**歳以上**65**歳未満**の医療保険**加入者**
受給権者（給付要件）	要介護**状態**や要支援**状態**にある人	**要介護状態**や**要支援状態**にあり、その原因である障害が特定疾病による人
変更の届出	原則必要（被保険者または世帯主）	原則不要

4　サービスの種類

保険給付の種類は、**介護給付**、**予防給付**、**市町村特別給付**の３つです。

介護給付	要介護者を対象としたサービス。**居宅サービス**、**地域密着型サービス**、住宅改修、居宅介護支援、施設サービス
予防給付	要支援者を対象としたサービス。介護予防サービス、**地域密着型介護予防サービス**、介護予防住宅改修、介護予防支援
市町村特別給付	要介護者・要支援者を対象に、市町村が**独自**に行うサービス

5　指定サービス事業者

介護保険給付の対象となるサービス（居宅サービスや地域密着型サービス、介護予防サービス、施設サービスなど）の提供は、**都道府県知事**または**市町村長**の**指定**を受けた**指定サービス事業者**が行います。指定を受けるためには、原則として**法人格**をもち、**人員・設備・運営基準**などの要件を満たす必要があります。

■指定サービス事業者の指定

指定	都道府県知事（６年ごとに更新）	市町村長（６年ごとに更新）
事業者	●指定居宅サービス事業者 ●指定介護予防サービス事業者 ●介護保険施設（指定介護老人福祉施設、介護老人保健施設、介護医療院）	●指定地域密着型（介護予防）サービス事業者 ●指定居宅介護支援事業者 ●指定介護予防支援事業者

■保険給付の対象となるサービスと地域支援事業

要介護1〜5	要支援1、2	事業対象者など
重度化の防止	介護予防、重度化の防止	介護予防、状態の維持・改善

（要介護1〜5 → 介護給付／要支援1、2 → 予防給付・地域支援事業／事業対象者など → 地域支援事業）

介護給付

◆居宅サービス
❶訪問介護
❷訪問入浴介護
❸訪問看護
❹訪問リハビリテーション
❺居宅療養管理指導
❻通所介護
❼通所リハビリテーション
❽短期入所生活介護
❾短期入所療養介護
❿特定施設入居者生活介護
⓫福祉用具貸与
⓬特定福祉用具販売

◆地域密着型サービス
❶定期巡回・随時対応型訪問介護看護
❷夜間対応型訪問介護
❸地域密着型通所介護
❹認知症対応型通所介護
❺小規模多機能型居宅介護
❻認知症対応型共同生活介護
❼地域密着型特定施設入居者生活介護
❽地域密着型介護老人福祉施設入所者生活介護
❾看護小規模多機能型居宅介護

◆住宅改修
◆居宅介護支援
◆施設サービス

予防給付

◆介護予防サービス
❶介護予防訪問入浴介護
❷介護予防訪問看護
❸介護予防訪問リハビリテーション
❹介護予防居宅療養管理指導
❺介護予防通所リハビリテーション
❻介護予防短期入所生活介護
❼介護予防短期入所療養介護
❽介護予防特定施設入居者生活介護
❾介護予防福祉用具貸与
❿特定介護予防福祉用具販売

◆地域密着型介護予防サービス
❶介護予防認知症対応型通所介護
❷介護予防小規模多機能型居宅介護
❸介護予防認知症対応型共同生活介護

◆介護予防住宅改修
◆介護予防支援

地域支援事業

◆介護予防・日常生活支援総合事業
●介護予防・生活支援サービス事業
○訪問型サービス
○通所型サービス
○生活支援サービス
○介護予防ケアマネジメント
●一般介護予防事業
○介護予防把握事業
○介護予防普及啓発事業
○地域介護予防活動支援事業
○一般介護予防事業評価事業
○地域リハビリテーション活動支援事業

◆包括的支援事業
●第１号介護予防支援事業（要支援者以外）
●総合相談支援業務
●権利擁護業務
●包括的・継続的ケアマネジメント支援業務
●在宅医療・介護連携推進事業
●生活支援体制整備事業
●認知症総合支援事業
●地域ケア会議推進事業

◆任意事業
●介護給付等費用適正化事業
●家族介護支援事業
●その他の事業

地域支援事業は介護保険法に基づき、市町村が保険給付とは別に実施するものです。利用者・サービス内容・利用料の決定を除いて法令等の基準に適合する者に委託することができます。

5　住宅改修

住宅改修は、利用者の居宅を改築して、**バリアフリー化**を図るものです。要介護者や要支援者を対象としたサービスとして、介護保険制度の保険給付のひとつに含まれています。

介護保険制度に規定される住宅改修は次の６種類で、居住する**同一の住宅**について**20万円**を限度に住宅改修費が**償還払い**で支給されます。

■介護保険の給付対象となる住宅改修

❶手すりの取り付け（取り外し可能な手すりは**給付対象外**）※
❷段差の解消（取り外し可能なスロープは**給付対象外**）※
❸引き戸等への扉の取り換え
❹**洋式便器**（暖房便座、洗浄機能等付きを含む）等への便器の取り換え
❺滑りの防止や移動を円滑等にするための床または通路面の材料の変更
❻その他、上記に付帯して必要な住宅改修

※取り外し可能な手すりやスロープは、福祉用具貸与または特定福祉用具販売の給付対象種目となる

□障害者総合支援制度

1　「障害者総合支援法」の概要

「障害者総合支援法」に基づく障害者総合支援制度は、**市町村**が実施主体となって行われます。対象は、**身体障害、知的障害、精神障害**（発達障害を含む）、**難病等**で、障害の種別を問わず、障害者（児）に対して**共通のサービス**を提供するしくみとなっています。

サービスは、**自立支援給付（介護給付、訓練等給付、自立支援医療、補装具、相談支援）**と、市町村および都道府県が地域の実情に応じて柔軟に実施する**地域生活支援事業**の２つが大きな柱となっています。

■主な自立支援給付

介護給付	❶**居宅介護**（居宅での入浴・排泄・食事などの介護。要件を満たせば**通院等介助**も可） ❷**重度訪問介護**（**常時介護**が必要な**重度の肢体不自由者・知的・精神障害者**が対象。居宅における入浴・排泄・食事などの介護や、**外出支援**など。最重度の障害者は、医療機関への入院時も利用可） ❸**同行援護**（視覚障害で移動に困難のある者への外出支援） ❹**行動援護**（知的・精神障害者への行動支援、外出支援） ❺**療養介護**（医療と**常時介護**を必要とする者が対象。医療機関での機能訓練、療養上の管理、日常生活上の世話） ❻**生活介護**（**常時介護**を必要とする者が対象。主として**昼間**に行う介護、創作的活動、生産活動の機会の提供） ❼**短期入所**（居宅で介護を行う者の疾病や**レスパイト**などにより**短期間入所**する者が対象。入浴・排泄・食事の介護など） ❽**重度障害者等包括支援**（**常時介護**を必要とし、**介護の必要性が著しく高い**者が対象。複数の障害福祉サービスを**包括的**に支援） ❾**施設入所支援**（**施設入所者**が対象。主として**夜間**に行う入浴・排泄・食事などの介護）

※❶、❸、❹、❼、❽のサービスは障害児も利用可

訓練等給付	❶**自立訓練**（自立した日常生活や社会生活を営むことができるよう、身体機能や生活能力の向上のために必要な訓練を行う。**機能訓練、生活訓練**） ❷**就労移行支援**（①就労を希望し、通常の事業所での雇用が可能と見込まれる者、②通常の事業所に雇用され、一定の事由により事業所での就労に必要な知識・能力の向上のための支援を一時的に必要とする者が対象。**生産活動**などの機会を提供して、就労に必要な訓練等を行う） ❸**就労継続支援**（①通常の事業所への雇用が困難な者、②通常の事業所に雇用され、一定の事由により事業所での就労に必要な知識・能力の向上のための支援を一時的に必要とする者が対象。就労や**生産活動**などの機会を提供して、知識・能力の向上のための訓練等を行う。A型＝**雇用型**、B型＝**非雇用型**） ❹**就労定着支援**（就労移行支援等の利用を経て就労した者が対象。就業に伴う**生活面**の課題に対応できるよう、事業所・家族との**連絡調整**などを行う） ❺**自立生活援助**（施設入所支援や共同生活援助を利用していた者が対象。定期的な**巡回訪問**や**随時**対応による、円滑な地域生活に向けた**相談・助言**などを行う） ❻**共同生活援助**（共同生活を営む住居において、主として**夜間**に①相談や入浴・排泄・食事の介護など、②一人暮らし等を希望する者への支援や退居後の一人暮らし等の定着のための相談などを行う）
補装具	障害者の身体機能を補うものとして、**長期間**にわたって継続して使用するもの。**購入**や**修理**、**貸与**のための費用が、**補装具費**として支給される
自立支援医療	障害者が自立した日常生活や社会生活を営めるように、医療費の**自己負担額**を軽減するサービス。**更生医療**、**育成医療**、**精神通院医療**の３種類
相談支援	**基本相談支援**、**地域相談支援**（**地域移行支援**と**地域定着支援**）、**計画相談支援**（**サービス利用支援**と**継続サービス利用支援**）がある。相談支援は、都道府県や市町村の**指定**を受けた**相談支援事業者**によって実施される ●**指定一般相談支援事業者**…**基本相談支援**と**地域相談支援**を実施 ●**指定特定相談支援事業者**…**基本相談支援**と**計画相談支援**を実施

訓練等給付に2025（令和７）年10月から、障害者本人が就労先・働き方についてよりよい選択ができるよう、就労アセスメントの手法を活用して、本人の希望、就労能力や適性等に合った選択を支援する新たなサービス（就労選択支援）が創設されます。

2　利用の手続き

障害福祉サービス（**介護給付**、**訓練等給付**）の利用を希望する者（障害者、障害児の場合はその家族）は、市町村に**申請**し、支給決定を受ける必要があります。市町村から支給決定を受けたあとは、**指定特定相談支援事業者**の**相談支援専門員**が**サービス担当者会議**を開催し、**サービス等利用計画**を作成します。

利用者負担は、家計の能力に応じた**応能負担**が原則となっています。

■支給決定までのプロセス

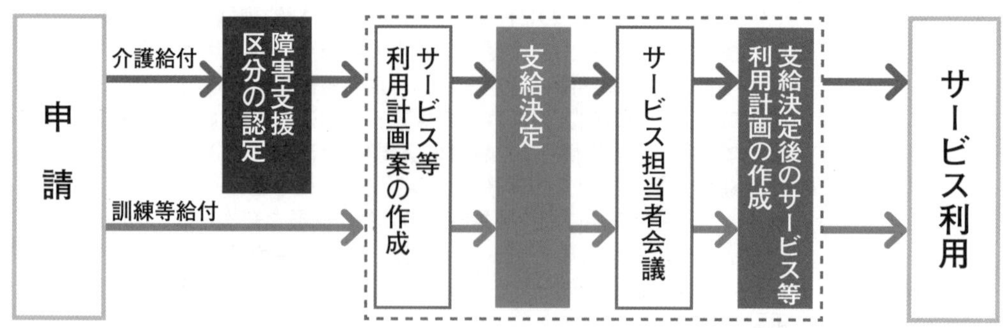

□成年後見制度

成年後見制度は、認知症高齢者、知的障害者、精神障害者などで、判断能力が不十分な人の権利を保護するための制度です。**法定後見制度**と**任意後見制度**の２つに分類されます。

１ 法定後見制度

法定後見制度は、本人の判断能力の程度により、**後見**、**保佐**、**補助**の３類型で構成されます。

制度を利用するためには、**家庭裁判所**に後見開始の申立てを行い、審判を受ける必要があります。申立てができるのは、**対象者本人**、**配偶者**、**４親等内の親族**、**市町村長**（65歳以上の者の福祉を図るため、特に必要と認める場合のみ）などです。

申立てを受けて、家庭裁判所は本人の判断能力を判定、後見人等（**成年後見人**、**保佐人**、**補助人**）を選任します。後見人等は、対象者に代わって**財産管理**や**身上監護**に携わります。

２ 任意後見制度

任意後見制度は、対象者本人が、判断能力の低下する前に**任意後見人**を選び、契約を結ぶ制度です。委任契約により、当事者間で合意した特定の法律行為についての**代理権**に基づき、支援が行われます。契約は**公正証書**で行います。**家庭裁判所**に任意後見監督人の選任を申し立て、監督人が選任されることで、任意後見が開始されます。監督人選任の申立てができるのは、**対象者本人**、**配偶者**、**４親等内の親族**、**任意後見受任者**となります。

□高齢者虐待と障害者虐待

虐待について規定している法律には、「高齢者虐待防止法」と「障害者虐待防止法」などがあります。いずれの法律も虐待を受けた高齢者や障害者を保護するための措置について定めており、代表的なものが**通報義務**です。

■高齢者虐待と障害者虐待の概要

	高齢者虐待	障害者虐待
根拠法	高齢者虐待防止法	障害者虐待防止法
虐待者の範囲	●養護者 ●養介護施設従事者等	●養護者 ●障害者福祉施設従事者等 ●使用者（事業主など）
虐待の種類	身体的虐待、ネグレクト（介護等放棄）、心理的虐待、性的虐待、経済的虐待	

発見者の通報	❶**養護者**による虐待により、生命や身体に**重大な危険が生じている**（通報義務） ❷**養介護施設従事者等**から虐待を受けている（通報義務） ❸上記❶❷以外の場合は努力義務	**養護者**、**養介護施設従事者等**または**使用者**から虐待を受けている（通報義務）
通報先	市町村	市町村（虐待者が**使用者**の場合は、市町村または都道府県）

□「障害者差別解消法」の概要

2016年4月に施行された「障害を理由とする差別の解消の推進に関する法律」（障害者差別解消法）は、差別解消を推進するための基本的事項を定めた法律です。

同法では、国・地方公共団体および国民の責務、行政機関等と事業者に対する措置について、次のように定めています。

■国・地方公共団体および国民の責務

国・地方公共団体	差別解消推進に必要な施策の策定・実施	義務
国民	差別解消推進への寄与	努力義務

■行政機関等と事業者に対する措置

措置の内容	行政機関等	事業者
不当な差別的取り扱いの禁止	義務	義務
合理的配慮の提供	義務	義務

□生活保護制度

1　制度の目的と基本原理・基本原則

生活保護制度について規定する「生活保護法」は、「日本国憲法」**第25条**の**生存権**に基づいて、困窮するすべての国民を対象にした、**最低限度の生活の保障**と**自立の助長**を目的に掲げています。保護の実施にあたって、次の４つの基本原理と基本原則が示されています。

■４つの基本原理

国家責任	国が生活に困窮する**すべての国民**に対し、困窮の程度に応じ、必要な保護を行う
無差別平等	**すべての国民**が、法律の定める要件を満たす限り、保護を**無差別平等**に受けられる
最低生活保障	法律で保障される最低限度の生活は、**健康で文化的な生活水準**を維持できるものでなければならない
保護の補足性	生活に困窮する者は、利用し得る**資産**・**能力**などを最低限度の生活の維持のために活用することがまず求められ、保護はその補足として行われる

■**4つの基本原則**

申請保護	保護は、**要保護者**、その**扶養義務者**、**同居の親族**の申請に基づき開始する（急迫した状況にあるときは申請がなくても必要な保護を行える）
基準及び程度	保護は、厚生労働大臣の定める基準により測定した需要をもとにして、金銭・物品で満たすことのできない不足分を補う程度で行う
必要即応	保護は、要保護者の年齢別、性別、健康状態など、個人・世帯の実際の必要の相違を考慮して、有効かつ適切に行う
世帯単位	保護は、世帯を単位として要否・程度を定める（難しい場合は、個人を単位として定められる）

3　扶助の種類と給付方法

扶助の種類は８つあり、このうち**金銭給付**の対象となるのは**生活扶助**、**教育扶助**、**住宅扶助**、**出産扶助**、**生業扶助**、**葬祭扶助**で、**現物給付**の対象となるのは**医療扶助**と**介護扶助**です。

□生活困窮者自立支援法

「生活困窮者自立支援法」は、生活保護受給者や、生活困窮に至るリスクの高い人々が増加してきたという社会的背景を踏まえ、**生活保護**に至る前の段階の自立支援策を強化するために2015（平成27）年に施行されました。

同法では、**生活困窮者**とは、就労の状況、心身の状況、地域社会との関係性その他の事情により、現に経済的に困窮し、**最低限度の生活**を維持することができなくなるおそれのある者と定義されています。また、同法に基づく事業は、**必須事業**、実施が**努力義務**とされている事業、**任意事業**に分類されます。実施主体は、都道府県、市、福祉事務所を設置する町村です。

■**「生活困窮者自立支援法」に基づく事業**

必須事業	自立相談支援事業、住居確保給付金	
任意事業	**努力義務**	就労準備支援事業、家計改善支援事業
	一時生活支援事業、子どもの学習・生活支援事業	

●領域：こころとからだのしくみ

こころとからだのしくみ

□人間の欲求の基本的理解

アメリカの心理学者マズローは、人間の欲求を５段階の階層で示しています。下位の欲求が満たされることで、次の段階の欲求に移行していくものとしています。

■マズローの欲求階層説

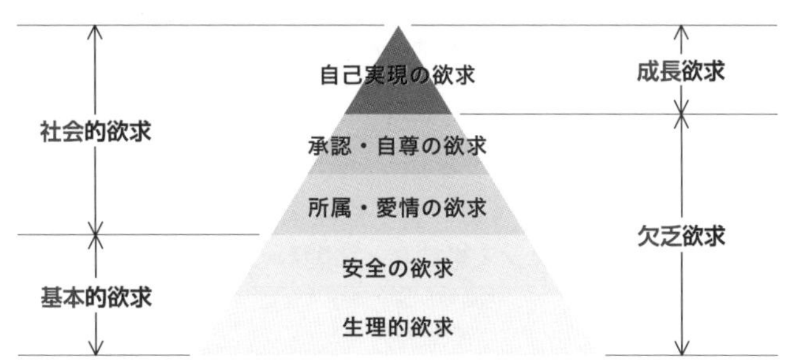

第１段階	生理的欲求。人間の生命の維持に関わる、本能的な欲求
第２段階	安全の欲求。住居や健康など、安全の維持を求める欲求
第３段階	所属・愛情の欲求。家族や社会などの集団に所属し、愛されたいという欲求
第４段階	承認・自尊の欲求。他者から認められ、尊敬されたいという欲求
第５段階	自己実現の欲求。自分の可能性を最大限に生かし、あるべき姿になりたいという欲求

□からだのしくみの理解

1　末梢神経系の機能

末梢（まっしょう）神経系には、解剖学的な分類（脳から出る**脳神経**と脊髄（せきずい）から出る**脊髄神経**）と、機能的な分類（**体性神経**と**自律神経**）があります。

①体性神経の機能

頭部や頸部（けいぶ）、体幹や四肢（しし）の**感覚神経**・**運動神経**としての機能を担っています。

②自律神経の機能

自律神経には**交感神経**と**副交感神経**があり、ホルモンの影響を受けながらからだの各器官のはたらきを調節する機能を担っています。

■交感神経と副交感神経の機能

分類	交感神経がはたらいた場合	副交感神経がはたらいた場合
呼吸	速くなる	ゆっくりになる
心拍数	増加する	減少する
血糖値・血圧	上昇する	低下する
消化運動	抑制される	促進される

2　血液と循環器系

①血液の成分

血液は、細胞成分の血球（約45%）と、液体成分の血漿（けっしょう）（約55%）によって構成されています。血球には、赤血球・白血球・血小板の3種類があります。

■血球と血漿のはたらき

種類	特徴
赤血球	ヘモグロビンのはたらきによって、肺から酸素を各組織に供給し、組織中の二酸化炭素を肺へ運搬する役割を担う
白血球	顆粒球（かりゅう）（好中球・好塩基球・好酸球）・単球・リンパ球に分類される ●顆粒球・単球…食作用（細菌を細胞内に取り込んで破壊する作用）がある ●リンパ球…免疫（めんえき）（体内に入った病原体を排除する機能）に関わる
血小板	血液凝固に関わり、血栓（けっせん）をつくることで止血を促進する
血漿	成分の約90%が水分で、たんぱく質や無機塩類などの物質や老廃物も含む。これらの物質の運搬、ホメオスタシス維持などに関わる

②心臓の構造

心臓には、血液を全身に送り出す、ポンプとしての機能があります。その機能の中心となっているのは、2つの心房（右心房・左心房）、2つの心室（右心室・左心室）、4つの弁（三尖弁（さんせんべん）・僧帽弁（そうぼうべん）・肺動脈弁・大動脈弁）です。

■心臓の構造

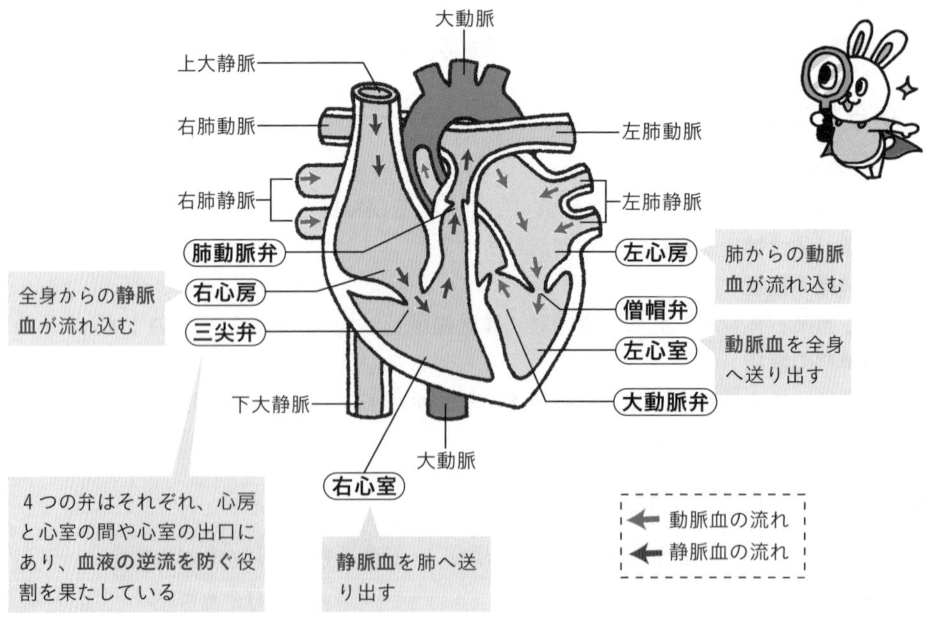

③血液の循環

血液の循環には、2つの流れがあります。右心室に始まる血液の循環は**肺循環**と呼ばれ、左心室に始まる血液の循環は**体循環**と呼ばれます。次のような経路をたどって血液が流れていますが、肺動脈には**静脈血**が、肺静脈には**動脈血**が流れているので、注意が必要です。

■血液の循環

肺循環	右心室 → 肺動脈 → 肺 → 肺静脈 → 左心房の順に流れる
体循環	左心室 → 大動脈 → 組織の毛細血管 → 大静脈 → 右心房の順に流れる

□からだをつくる栄養素

栄養素には、次のように**五大栄養素**と**三大栄養素**という分類があります。三大栄養素は、五大栄養素のなかでもエネルギー源となるものをいいます。

■五大栄養素と三大栄養素

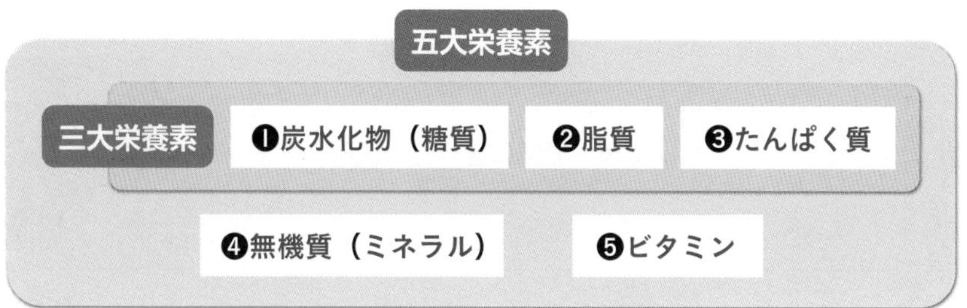

■三大栄養素の主な作用

栄養素	主な作用	多く含む食品
炭水化物（糖質）	脳やからだを動かすエネルギー源。**脂質の代謝にも関わる**	穀物、砂糖、いも類
脂質	細胞膜やホルモンの構成成分で、からだを動かすエネルギー源になる。栄養素のなかで1gあたりのエネルギー発生量が最も多い	肉、バター、マーガリン
たんぱく質	アミノ酸によって構成される。細胞質の主成分となり、筋肉や臓器などの**からだの組織をつくる**	肉、魚、大豆製品、卵

無機質（ミネラル）には、**からだの組織をつくる**（骨などの生成）、**からだの機能を調整する**（細胞外液・細胞内液の浸透圧調節）といった作用があります。

ビタミンには、**糖質や脂質の代謝**、**カルシウムの吸収促進**など、**からだの機能を調整する**作用があります。ビタミンの種類は、**脂溶性ビタミン**（ビタミンA、ビタミンD、ビタミンE、ビタミンK）と**水溶性ビタミン**（ビタミンB_1、ビタミンCなど）に大別されます。

□食べるしくみ（摂食から嚥下までの５段階）

食物を口に入れて（摂食）、かみ砕き（咀嚼）、飲み込む（嚥下）までの過程は、**❶先行期→❷準備期→❸口腔期→❹咽頭期→❺食道期**という５つの段階に分類することができます。

■摂食から嚥下までの５段階

❶先行期	食物を目で見たり、においをかいだりすることで、食べてよいものかどうかを認知し、口まで運ぶ段階。条件反射的に唾液の分泌量が増加する	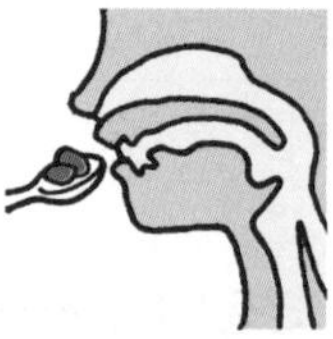
❷準備期	食物を口腔内に入れて、かみ砕きながら唾液と混ぜ合わせて、飲み込みやすい食塊をつくる段階	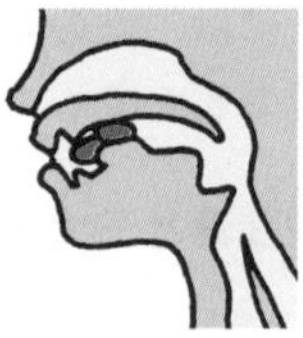
❸口腔期	舌の運動によって、食塊を咽頭に送り込む段階	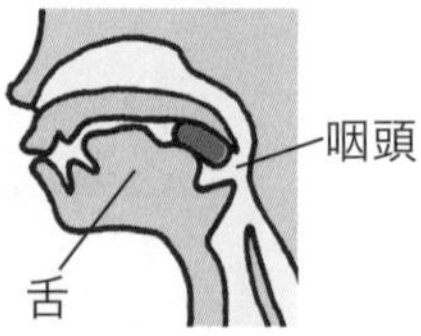 咽頭 舌
❹咽頭期	食塊を、咽頭から食道へ送り込む段階。食塊が鼻腔に入るのを防ぐため、軟口蓋が鼻腔をふさぐ。また、食塊が気管に入ること（誤嚥）を防ぐため、喉頭蓋が気管をふさぐ	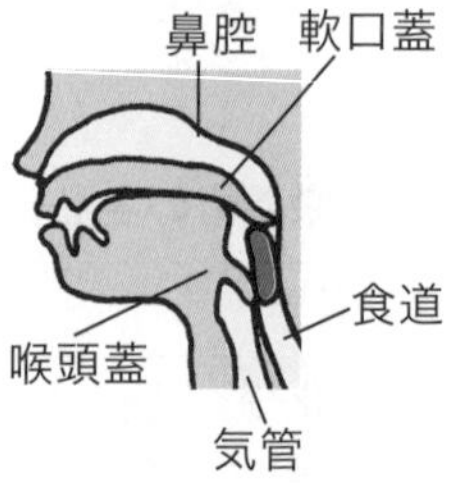 鼻腔 軟口蓋 食道 喉頭蓋 気管
❺食道期	食塊を、食道から胃へ送り込む段階。軟口蓋と喉頭蓋が開き、食塊は食道の反射運動と蠕動運動によって、胃に送られる。咽頭期から食道期にかけての運動は不随意に行われる	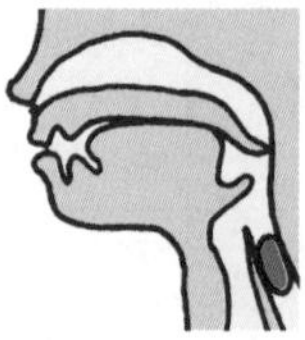

■嚥下しやすい食べ物と誤嚥しやすい食べ物

嚥下しやすい食べ物	誤嚥しやすい食べ物
プリン、豆腐、ゼリー、ヨーグルト、とろみのあるもの、あんかけ、おかゆ	水分、口の中にくっつきやすいもの（もち・わかめ・のり・レタス）、ぱさぱさしたもの（パン）、スポンジ状の食品（カステラ）

発達と老化の理解

□乳幼児期の発達

個人差はありますが、乳幼児期は一般的に次のような発達過程をたどります。

■乳幼児期の発達（言語面）

種類	発現時期	特徴
クーイング	生後２か月頃	「あー」「うー」など意味のない発声
喃語（なんご）	生後４～６か月頃	意味のない音節を発する
初語（しょご）	生後12か月頃	１語文（ママ・パパなど意味のある言葉）を話す
語彙（ごい）爆発	１歳半頃	急激に語彙を学習するスピードが上がる
二語文	２歳頃	「ママ　好き」など、２つの言葉をつなげて話す

■乳幼児期の発達（情緒面・社会性）

種類	発現時期	特徴
新生児微笑	生後１か月頃	自発的に微笑む表情を浮かべる
社会的微笑	生後３か月頃	周囲の人があやすと笑う
共同注意	生後９か月頃	子どもが親などの他人と同じものを見る
社会的参照	生後12か月頃	子どもが新奇な対象に出会ったときに、大人の表情を手掛かりにして自分の行動を決める

□老化に伴う心身の変化

1　老化に伴う身体的機能の変化

個人差はありますが、老化は身体的機能にさまざまな影響を及ぼします。

■老化に伴う身体的機能の変化

機能	変化の特徴
循環器機能	●不整脈の増加、血圧の上昇 ●血管の弾力性の低下（動脈硬化）
呼吸器機能	●肺活量・換気量の低下 ●呼吸器疾患にかかりやすい
口腔・消化器機能	●唾液・消化液の分泌量の減少 ●咀嚼（そしゃく）機能・嚥下機能の低下（誤嚥性肺炎の危険性大） ●腸の蠕動運動の低下（便秘の増加）
排泄機能	●尿失禁や頻尿、便失禁を起こしやすい
運動機能	●関節可動域の縮小、敏捷性の低下 ●骨量の減少（骨折の増加）、筋肉量の減少（筋力の低下）

精神機能	●記憶力の低下、意欲の低下
感覚機能	●老眼、視野狭窄、明暗順応の低下 ●感音性難聴（高音域の音から聞き取りにくくなる）、平衡感覚機能の低下 ●味覚（とくに塩味）、嗅覚の低下 ●皮膚表面の乾燥、感覚（熱さ、痛みなど）の低下

2　記憶の変化

記憶は、記銘 → 保持 → 想起という3つのプロセスをたどります。また、記憶できる時間の量・幅によって、**感覚記憶**、**短期記憶**、**長期記憶**の3つに分類されます。

■記憶の分類

感覚記憶		●感覚器を介した外部からの刺激情報 ●保持時間は最大1～2秒でごく短いが、記憶容量が多い
短期記憶		●一時的な記憶で、記憶容量は小さい ●記銘処理により長期記憶に移行しない限り数十秒程度で消失 ●保持するためには反復（リハーサル）が必要 ●読み書きや計算など、複雑な知的活動の過程の中で使われる記憶を作業記憶（ワーキングメモリー）という
長期記憶		●短期記憶が記銘により保持された記憶。記憶容量は無限大 ●想起が繰り返されることで永続的に保持
	意味記憶	●言葉のもつ意味や概念の知識としての記憶（一般的な情報や住所、名前など）。加齢による影響を受けにくい
	エピソード記憶	●個人的な出来事や経験による記憶。加齢による影響を受けやすい
	手続き記憶	●経験の積み重ねにより蓄積された記憶（自転車の乗り方やスケートの滑り方など）。加齢による影響を受けにくい

□高齢者の症状の現れ方の特徴

高齢になると、心身機能の変化に伴い、さまざまな疾患にかかりやすくなります。また、疾患は生理的老化の影響を強く受けており、次のような特徴があります。

- ●全身状態が悪化しやすく、疾患が重症化しやすい
- ●複数の疾患を合併している場合が多く、慢性化しやすい
- ●個人差が大きく、症状が非定型的である
- ●薬剤の副作用や、複数の薬剤間の相互作用が起こりやすくなる
- ●うつ症状を伴うことがある

高齢者の健康状態を把握するためにも、まずは疾患の特徴をしっかりと押さえておく必要があります。

□高齢者に多い疾患

ここでは、高齢者に多い疾患のうち、試験でよく問われるものを中心に説明していきます。疾患ごとに主な特徴を押さえておきましょう。

■高齢者に多い疾患

分類	疾患	主な特徴
関節・骨	変形性膝関節症(しつかんせつ)	中年期以降の肥満の女性に多い。歩行時や立ち上がり時などに、痛みや関節可動域の制限などが現れる。進行するとO脚が進み、次第に歩行困難になる
	脊柱管狭窄症	老化によって脊柱管(脊髄(せきずい)などの神経の通り道)がせまくなり、神経が圧迫されることで起こる。腰痛や足の痛み・しびれなどのほか、間欠性跛行(かんけつせいはこう)と呼ばれる歩行障害がみられる
	関節リウマチ	関節の痛みや腫(は)れ、関節可動域の制限を主症状とし、**中年の女性**に多い。朝のこわばりや日内変動がみられる
	骨粗鬆症(こつそしょうしょう)	カルシウム**不足**や**更年期**などが原因で、骨密度が低下する。高齢者や閉経後**の女性**に多い。骨がもろくなり、骨折しやすくなる
感覚器系	白内障	眼のなかの水晶体**が白濁(はくだく)**し、視界がかすんだり視力が低下したりする
	緑内障	眼圧**が上昇**することで視神経が障害され、視野がせまくなる
	糖尿病性網膜症	主な症状は視力の低下。進行すると網膜剥離(はくり)を引き起こし、失明に至る
皮膚	褥瘡(じょくそう)	寝たきりなどの人に多くみられ、廃用症候群のひとつ。体重のかかりやすい部位、骨の突き出た部位などに発症する

■褥瘡の好発部位

仰臥位(ぎょうがい)：仙骨部(せんこつ)が最も多い

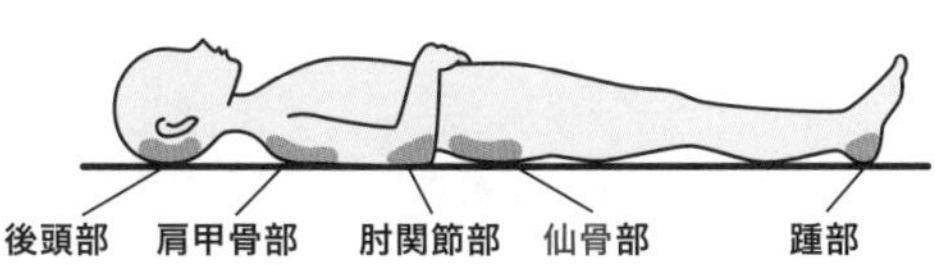

側臥位(そくがい)：大転子部(だいてんし)が最も多い

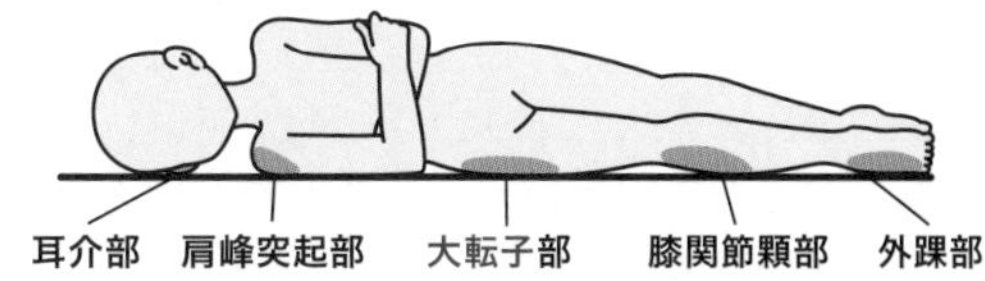

座位：座骨結節部が多い

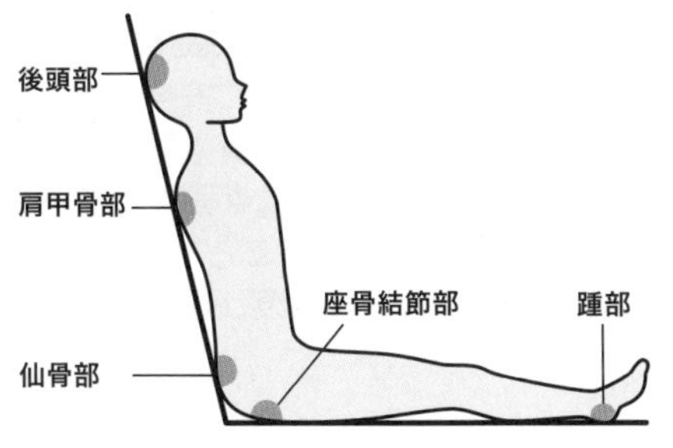

褥瘡は、自力で寝返りの打てない人、痩(や)せている人、心臓・腎臓疾患などによる浮腫（むくみ）のある人、感覚麻痺のある人にできやすいとされています。

認知症の理解

□認知症施策推進大綱

2019（令和元）年６月に、「新オレンジプラン」の後継となる「**認知症施策推進大綱**」が策定されました。対象期間は、団塊の世代が75歳以上となる2025（令和７）年までとし、策定後３年をめどに、施策の進捗を確認するものとされています。

大綱では、認知症の発症を遅らせ、発症後も希望をもって日常生活を過ごせる社会を目指し、認知症の人や家族の視点を重視しながら、「**共生**」と「**予防**」を車の両輪として据え、次の５つの柱に沿った取り組みを実施していきます。

■「認知症施策推進大綱」の５つの柱

❶普及啓発・本人発信支援
❷予防
❸医療・ケア・介護サービス・介護者への支援
❹認知症バリアフリーの推進・若年性認知症の人への支援・社会参加支援
❺研究開発・産業促進・国際展開

「認知症施策推進大綱」で使われている「予防」とは、「認知症にならない」という意味ではなく、「認知症になるのを遅らせる」「認知症になっても進行を緩やかにする」という意味です。

□認知症基本法

増加している認知症の人が尊厳を保持しつつ希望をもって暮らすことができるよう、認知症施策を総合的かつ計画的に推進し、認知症の人を含めた国民一人一人がその個性と能力を十分に発揮し、相互に人格と個性を尊重しつつ支え合いながら共生する活力ある社会の実現を推進するため、「共生社会の実現を推進するための認知症基本法（**認知症基本法**）」が2023（令和５）年６月に公布されました（施行は2024〈令和６〉年１月）。

認知症施策は、次の事項を基本理念として行わなければならないとしています。

■基本理念

❶すべての認知症の人が、基本的人権を享有する個人として、**自らの意思によって**日常生活及び社会生活を営むことができるようにすること
❷国民が、共生社会の実現を推進するために必要な認知症に関する**正しい**知識及び認知症の人に関する**正しい**理解を深めることができるようにすること
❸認知症の人にとって日常生活または社会生活を営むうえで障壁となるものを除去することにより、すべての認知症の人が、社会の対等な構成員として、地域において安全にかつ安心して自立した日常生活を営むことができるようにするとともに、自己に直接関係する事項に関して意見を表明する**機会**及び社会のあらゆる分野における活動に参画する**機会の確保**を通じてその**個性と能力を十分に発揮する**ことができるようにすること
❹認知症の人の意向を**十分に尊重**しつつ、良質かつ適切な**保健医療サービス**及び**福祉サービス**が切れ目なく提供されること

❺認知症の人に対する支援のみならず、その**家族等に対する支援**が適切に行われることにより、認知症の人及び家族等が地域において安心して日常生活を営むことができるようにすること
❻認知症に関する専門的、学際的または総合的な研究その他の共生社会の実現に資する研究等を推進するとともに、認知症及び軽度の認知機能の障害に係る予防、診断及び治療並びにリハビリテーション及び介護方法、認知症の人が尊厳を保持しつつ希望をもって暮らすための社会参加の在り方及び認知症の人が他の人々と支え合いながら共生することができる**社会環境の整備**その他の事項に関する科学的知見に基づく研究等の成果を広く国民が享受できる環境を整備すること
❼**教育、地域づくり、雇用、保健、医療、福祉**その他の各関連分野における総合的な取組として行われること

認知症施策推進基本計画等の策定や内閣総理大臣を本部長とする「認知症施策推進本部」を内閣に置くことなども規定されています。

□認知症のさまざまな症状

1　中核症状と行動・心理症状（BPSD）

認知症の症状には、脳の器質的な変化により**必ず起こる中核症状**と、症状の現れ方に**個人差**がある**行動・心理症状（BPSD）**があります。

■中核症状

記憶障害	最近の出来事は思い出せないが、過去のことは比較的よく覚えている
見当識障害	時間や場所、人物に対する認識が失われる
判断力の障害	物事を正しく判断することができなくなり、混乱したりする。また、簡単な計算ができなくなる
実行機能障害	物事を計画どおりに行うことができなくなる
失語	聴覚機能や構音機能に障害はないのに、相手の言葉を理解できない、言葉がうまく出てこなくなる
失行	運動機能などに障害はなく、その行為の内容を理解しているにもかかわらず、思うような行動や目的に沿った動作がとれなくなる
失認	感覚機能に障害はないのに、見たり聞いたりしたことを正しく認識できなくなる

■行動・心理症状（BPSD）

行動症状	徘徊、興奮、暴言・暴力、異食、失禁、常同行動など
心理症状	抑うつ、不安・焦燥、自発性の低下、感情失禁、幻覚、妄想、睡眠障害など

2　認知症と間違えられやすい症状

認知症と間違えられやすい症状として、**老年期うつ病**と**せん妄**があります。

■認知症と老年期うつ病、せん妄の違い

	認知症	老年期うつ病	せん妄
症状の現れ方	緩やか	急速	急速
原因	脳の疾患など	精神的・環境的なもの	薬の副作用、脱水など
意識レベル	清明	清明	不安定
症状の経過	徐々に進行、悪化	日内変動を認める	日内変動を認める

□認知症の原因疾患と症状

1　若年性認知症

認知症のうち、65歳未満で発症したものを**若年性認知症**といいます。高齢での発症と比べて進行が比較的速いのが特徴です。原因となる主な疾患は、**アルツハイマー型認知症**と**血管性認知症**です。

- 若年性認知症を発症すると就業を続けるのが困難になり、本人やその家族が**経済的な困難**におちいりやすくなる。また、介護の必要性などから、家族の心理的負担も大きくなる
- 老年期の認知症と比べ社会的な認知度が低く、若年性認知症に特化した支援の充実が求められている

2　軽度認知障害（MCI）

軽度認知障害とは、記憶障害はみられるものの、日常生活動作や全般的認知機能は**正常**で、認知症とは診断できず、健常と認知症の**中間**にあたる状態をいいます。CDR（P.(44) 参照）のスコアは0.5で、年間に**約１割**の人が認知症に移行します。

3　認知症の原因となる主な疾患

認知症の原因疾患は数多くありますが、そのうち**アルツハイマー型認知症**と**血管性認知症**が大部分を占めています。次表にあげた疾患は**非可逆的**で、根本的な治療法はありません。

■認知症の原因となる主な疾患

疾患	原因	症状の特徴
アルツハイマー型認知症	脳の萎縮	●徐々に進行。女性に多い ●知能の全般的な低下 ●もの盗られ妄想、**実行機能障害**、記憶障害など
血管性認知症	脳血管疾患	●段階的に進行。男性に多い ●まだら認知症、感情失禁、片麻痺など
レビー小体型認知症	脳の神経細胞にレビー小体ができる	●日内変動を認める。男性に多い ●具体的な幻視、パーキンソン症状など
前頭側頭型認知症	大脳の前頭葉と側頭葉の萎縮	●初期から**人格の変化** ●意欲の低下、脱抑制（**反社会的行動**）、常同行動、滞続言語など
クロイツフェルト・ヤコブ病	プリオンというたんぱく質が脳内に蓄積	●急速に進行し、１～２年で死亡 ●歩行障害、運動麻痺、不随意運動など

4　その他

認知症の原因となる疾患には前記のほか、**慢性硬膜下血腫**や**正常圧水頭症**もあります。これらは認知症に似た症状が現れますが、早期に発見し手術を行うことで**症状の改善が可能**です。

■慢性硬膜下血腫、正常圧水頭症の原因と主な症状

疾患	原因	症状の特徴
慢性硬膜下血腫	転倒などによる頭部の打撲を原因として、脳を包む硬膜の下に血腫（血管以外の場所で固まった血液）ができることで発症	頭痛や半身のしびれが起こり、もの忘れ、歩行障害、**意識障害**などをもたらす。受傷後、数週間～数か月後に症状が現れることが多い
正常圧水頭症	絶えず循環している脳脊髄液の流れや吸収が妨げられることで発症	認知機能低下、歩行障害、尿失禁、意欲の低下など

□認知症の検査

認知症の検査には、知的機能・認知機能の検査、器質的検査、認知症の重症度を評価する検査・基準があります。ここでは、試験でよく問われるものを中心に説明していきます。

■知的機能・認知機能の検査

種類	特徴
改訂長谷川式簡易知能評価スケール（HDS-R）	年齢、日時や場所の認識（見当識）、計算、記憶などの項目（９項目）について口頭で回答し、認知症かどうかを評価する
MMSE	口頭での回答に、図形**の模写**という動作性の課題を加えて、認知症かどうかを評価する。11項目の質問で構成

■器質的検査

種類	特徴
血液検査	血液中の特定のたんぱく質を調べることで、アルツハイマー病の前段階である軽度認知障害（MCI）のリスクを判定する
脳血流検査	脳機能が衰えて**血流**が低下している部分を画像で確認できる。原因疾患により**血流低下の部分**が異なるので、認知症の原因疾患の診断に用いられる
頭部CT検査	Ｘ線を用いて**脳の形態**を画像化する。脳内の**梗塞**や**腫瘍**、血腫**の有無**などを確認できることから、慢性硬膜下血腫の診断に用いられる

■認知症の重症度を評価する検査

種類	特徴
CDR	行動観察式**の評価スケール**で、家族や介護者からの情報をもとに、記憶や判断力、社会適応などの６項目を評価する。項目別の結果をまとめ、**５段階**に分類する
FAST	行動観察式**の評価スケール**で、主にアルツハイマー型認知症のADL（日常生活動作）を評価するために用いられる。検査の結果を**７段階**に分類する

■認知症高齢者の日常生活自立度判定基準

ランクⅠ	何らかの認知症を有するが、日常生活は家庭内及び社会的にほぼ自立している
ランクⅡ	日常生活に支障をきたすような症状・行動や意思疎通（そつう）の困難さが多少見られても、誰かが注意していれば自立できる
ランクⅡa	家庭外で上記Ⅱの状態が見られる
ランクⅡb	家庭内でも上記Ⅱの状態が見られる
ランクⅢ	日常生活に支障をきたすような症状・行動や意思疎通の困難さがときどき見られ、介護を必要とする
ランクⅢa	日中を中心として上記Ⅲの状態が見られる
ランクⅢb	夜間を中心として上記Ⅲの状態が見られる
ランクⅣ	日常生活に支障をきたすような症状・行動や意思疎通の困難さが頻繁に見られ、常に介護を必要とする
ランクM	著しい精神症状や問題行動あるいは重篤な身体疾患が見られ、専門医療を必要とする

□地域におけるサポート体制

認知症の人を支えていくために、地域のさまざまな機関が連携・協働して、切れ目のない支援を行っていくことが大切です。

■認知症の人を支える地域の機関等

認知症疾患医療センター	認知症の診断、急性期の治療、専門的な医療相談などを行うとともに、医療と介護の連携を深める役割を果たす
認知症初期集中支援チーム	認知症の早期診断・早期対応のため、複数の専門職が認知症の初期から家庭訪問して関わる。認知症疾患医療センターとの連携を図り、認知症の人と家族の自立した生活をサポートする
認知症サポーター	認知症に関する正しい知識と理解をもち、認知症の人とその家族を見守り、支援する民間のサポーター。認知症の理解の普及・啓発に努める
認知症コールセンター	認知症の人やその家族を対象に、介護の悩みや方法について、専門家や経験者などに電話相談ができる機関
認知症カフェ	認知症の人やその家族が、地域の人や専門家と相互に情報を共有し、お互いを理解し合う場

障害の理解

□障害者福祉の基本理念

障害者福祉の基本理念として重要なのは、ノーマライゼーション、リハビリテーション（P.(54)参照）、ソーシャル・インクルージョン、ソーシャルロール・バロリゼーション（SRV）です。

■障害者福祉の基本理念

ノーマライゼーション	障害がある人も、そうでない人も、分けへだてなく普通に生活していけるような社会の実現をめざす理念。デンマークのバンク-ミケルセンが提唱し、その後、ニィリエやヴォルフェンスベルガーなどが理論化を進めた
ソーシャル・インクルージョン	高齢者や障害者など、社会のあらゆる人々をその構成員として包み込み、共に生き、共に支え合うことをめざす理念
ソーシャルロール・バロリゼーション（SRV）	ノーマライゼーションに代わる**「価値のある社会的役割の獲得」**を目指す考え方。社会から低く評価されがちな知的障害者の社会的役割を引き上げるため、ヴォルフェンスベルガーが提唱した

「完全参加と平等」をテーマに掲げた1981年の「国際障害者年」以降、ノーマライゼーションの理念が日本国内に広がり始めました。

□障害の基礎的理解

1　精神障害

①老年期うつ病

初老期に頻繁に発症します。若い人のうつ病と比べた場合、次のような特徴があります。

- 抑うつ気分は軽度だが、**身体症状**（不眠、めまい、頭痛、食欲の低下など）の訴えが強く現れるため、**仮面うつ病**ともよばれている
- **自殺**を図る危険性と致死率が高い

②統合失調症

青年期に発症することが多く、**幻覚・妄想**などの症状を訴える疾患です。治療は**抗精神病薬**による継続的な**薬物療法**が中心で、安易な中断・変更は**再発**を誘発します。

■陽性症状と陰性症状

陽性症状	幻覚（幻聴、幻視）、妄想（被害妄想など）、させられ体験など
陰性症状	感情鈍麻、意欲・自発性の低下など

統合失調症を発症すると対人関係を築くことが難しくなるため、日常生活における実際の場面を想定した、社会生活技能訓練（SST）を行うことで、社会復帰を支援しています。

③高次脳機能障害

脳血管障害や脳炎の後遺症、交通事故による脳の損傷によって、記憶力、注意力、判断力、言葉の理解などに障害が現れるものです。

■主な症状

記憶障害	新しいことを覚えることができない
注意障害	同時に2つ以上のことをすると混乱する
遂行機能障害	計画を立てて物事を行うことができなくなる
社会的行動障害	感情をコントロールできず、興奮したり不適切な発言をしたりしてしまう
半側空間無視	損傷した脳の部位の反対側のものを認識できず、見落としてしまう

2　難病

①パーキンソン病

中脳の黒質に異常が起こる疾患で、好発年齢は50～60歳代です。主な症状として、筋固縮、安静時振戦、無動・寡動、姿勢反射障害があり、これらを四大症状とよびます。

■四大症状

筋固縮	筋肉が固くこわばる
安静時振戦	手足がふるえる
無動・寡動	動作に時間がかかる。仮面様顔貌（無表情）が特徴的
姿勢反射障害	バランスが維持できない。歩行障害（突進現象、すくみ足、小刻み歩行など）が特徴的

②筋萎縮性側索硬化症（ALS）

運動ニューロンが障害を受けることで、全身の筋肉が徐々に萎縮する疾患です。症状の進行によって歩行が困難になり、寝たきりの状態になることが少なくありません。

障害を受ける機能	嚥下機能、構音機能、呼吸器機能
末期まで維持される機能・部位	眼球運動、肛門括約筋、感覚、知能など

3　障害の受容過程

障害を受容するまでには、次のような過程をたどります。

ショック期	障害が残るという状態に衝撃を受けている時期
否認期	障害の存在を強く否定する時期
混乱期	障害が残るという現実に直面し、心理的に混乱する時期
努力期	感情的な状態を抜け出し、障害のある状態に適応するために努力する時期
受容期	障害のある現実を受け入れる時期

4　適応機制

適応とは、欲求が満たされ、自分自身の状態やまわりの環境に調和することができた状態をいいます。障害のある状態に適応し、受容するまでには、否認や混乱などのプロセスを経ることになります。こうしたときに、緊張感や不安感から解放されることを目的として、次のような適応機制がはたらきます。

■適応機制の種類と特徴

種類	特徴
抑圧	認めたくない欲求や感情を、心のなかに抑え込んで、意識下にとどめようとすること
逃避	現実から目をそらし、つらい状態から逃れ、心の安定を図ろうとすること
退行	耐えがたい事態に直面したときに、幼児期などの未熟な段階に戻ることで、自分を守ろうとすること
合理化	自分にとって都合のよい理由をつけて、自分の失敗を正当化しようとすること
補償	不得意な分野における劣等感を、ほかの分野における優越感で補おうとすること
置き換え	ある対象に向けた欲求や感情を、ほかの対象に向けて表現すること
代償	目的とするものが得られないときに、代わりのもので満足を得ようとすること
昇華	すぐには実現することのできない欲求を、社会的に価値の高い活動に置き換えて満たそうとすること
同一化（同一視）	他者の名声や権威を自分にあてはめて、欲求を満たそうとすること
投射（投影）	自分の欠点や不都合な感情を、他者のなかにあるものとして、非難することで不安から逃れようとすること
反動形成	表には出したくない欲求や感情と正反対の行動をとり、欲求や感情を隠そうとすること

□家族への支援

1　家族同士の支援のあり方

障害者本人が、障害を受け入れるまでに一定のプロセスをたどるように、家族もまた、障害を受容するまでに、さまざまな葛藤（かっとう）を経験することになります。

発達障害のある子どもの親の会や、精神障害者の家族会など、同じ立場にいる家族同士が共に支え合うピア・サポートは、障害の受容においても重要な役割を果たしています。

2　レスパイトケア

レスパイトには「休息」という意味があり、障害者の介護を担う家族に一時的な負担軽減・休息の機会を提供することをレスパイトケアといいます。障害者の家族を対象としたレスパイトケアには、短期入所（ショートステイ）や居宅介護（ホームヘルプ）などがあります。

●領域：医療的ケア

医療的ケア

□医療的ケア実施の基礎

2011年の「社会福祉士及び介護福祉士法」の改正により、**医師が作成する指示書の内容に従って**実施する**喀痰吸引等**が介護福祉士の行う業務として認められました。

■医療的ケアの範囲

喀痰吸引	口腔内の喀痰吸引（咽頭の手前までを限度とする）
	鼻腔内の喀痰吸引（咽頭の手前までを限度とする）
	気管カニューレ内部の喀痰吸引（気管カニューレの先端を越えない）
経管栄養	胃ろうまたは腸ろうによる経管栄養（胃ろう・腸ろうの状態に問題がないことの確認は、医師または看護職員が行う）
	経鼻経管栄養（栄養チューブが正確に胃の中に挿入されていることの確認は、医師または看護職員が行う）

□喀痰吸引

気道内にたまった痰は、呼吸困難をまねく原因になります。痰を出しやすくするためのケア（体位ドレナージなど）を行っても自力で排出が困難な場合は、食事や入浴の前後、就寝中など、利用者の状況に応じて必要な時に喀痰吸引を実施します。

喀痰吸引時は、利用者の上半身を**10～30度**挙上し、吸引チューブを挿入しやすい姿勢にします。実施中から直後にかけて、利用者の状態に異常がみられないかを観察します。吸引中に起こりやすいトラブルは、**吸引器の誤作動、呼吸状態の悪化、出血、嘔吐**などです。このような場合には、直ちに吸引を**中止**して、速やかに医師や看護職に状況を報告します。

人工呼吸器を使用している人の場合は、吸引が終了したら人工呼吸器の作動状況を確認します。

□経管栄養

栄養剤は**常温**で保管しますが、冬季などで栄養剤の温度が低い場合は、**人肌程度**に温めて使用します。栄養剤の種類や量、注入方法は**医師**が決定します。

経管栄養時は、利用者を**半座位（ファーラー位）**にし、栄養剤の**逆流**を防止します。栄養剤の注入開始時や注入中に、利用者の状態に異常がみられないかを観察します。注入中に起こりやすいトラブルは、**下痢、嘔吐、事故抜去**などです。このような場合には、直ちに注入を**中止**して、速やかに医師や看護職に状況を報告します。

- **下痢**……**注入速度が速すぎる**、栄養剤の**温度が低すぎる**場合など
- **嘔吐**……**注入速度が速すぎる**、**注入量が多すぎる**、**体位が不適切**である場合など
- **事故抜去**……チューブがからだや衣服に引っかかって抜けてしまう、不快感から利用者が自分で抜いてしまう（自己抜去）場合など

●領域：介護

介護の基本

□世帯数と世帯人員数の現状

2023年７月に厚生労働省から「2022年国民生活基礎調査の概況」が公表されました。重要ポイントをしっかり押さえておきましょう。

1　世帯構造および世帯類型の状況

世帯構造をみると、「**単独世帯**」（全世帯の32.9%）が最も多くなっています。世帯類型をみると、近年、「高齢者世帯」（全世帯の31.2%）は**増加傾向**、「母子世帯」（全世帯の1.0%）は１%台で推移しています。

2　65歳以上の者のいる世帯の世帯構造

65歳以上の者のいる世帯の世帯構造をみると、「**夫婦のみの世帯**」（32.1%）が最も多く、次いで「単独世帯」（31.8%）、「親と未婚の子のみの世帯」（20.1%）の順になっています。

■65歳以上の者のいる世帯の世帯構造の年次推移

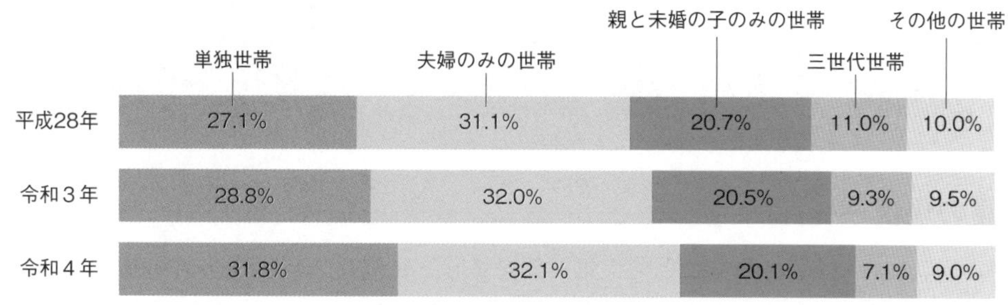

	単独世帯	夫婦のみの世帯	親と未婚の子のみの世帯	三世代世帯	その他の世帯
平成28年	27.1%	31.1%	20.7%	11.0%	10.0%
令和３年	28.8%	32.0%	20.5%	9.3%	9.5%
令和４年	31.8%	32.1%	20.1%	7.1%	9.0%

注：平成28年の数値は、熊本県を除いたものである

3　高齢者世帯の世帯構造

65歳以上の者のいる世帯のうち、高齢者世帯の世帯構造をみると、「**単独世帯**」（51.6%）が最も多く、次いで「夫婦のみの世帯」（44.7%）、「その他の世帯」（3.8%）の順になっています。

■高齢者世帯の世帯構造（令和４年）

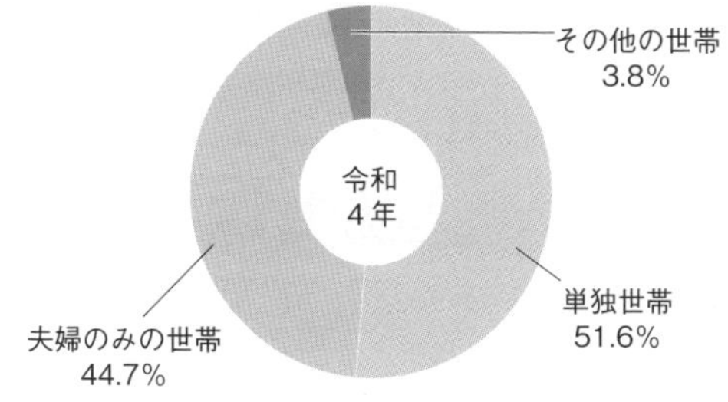

単独世帯の男女別・年齢構成

- 65歳以上の単独世帯を男女別でみると、男性35.9%、女性64.1%となっている。
- 男女別の年齢構成をみると、男性は「70～74歳」（28.7%）、女性は「85歳以上」（24.1%）が最も多くなっている。

4　65歳以上の者の家族形態

65歳以上の者の家族形態をみると、「**夫婦のみの世帯**」（夫婦の両方または一方が65歳以上）の者が40.7％で最も多く、次いで「子と同居」の者（33.7％）、「単独世帯」の者（21.7％）の順になっています。

■65歳以上の者の家族形態の年次推移

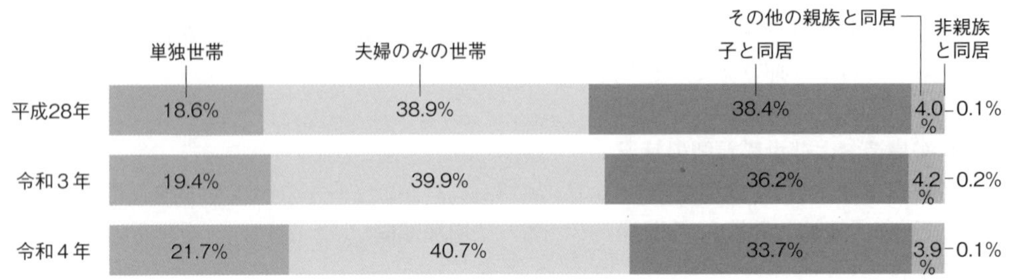

注：平成28年の数値は、熊本県を除いたものである

■男女別にみた65歳以上の者の家族形態（令和４年）

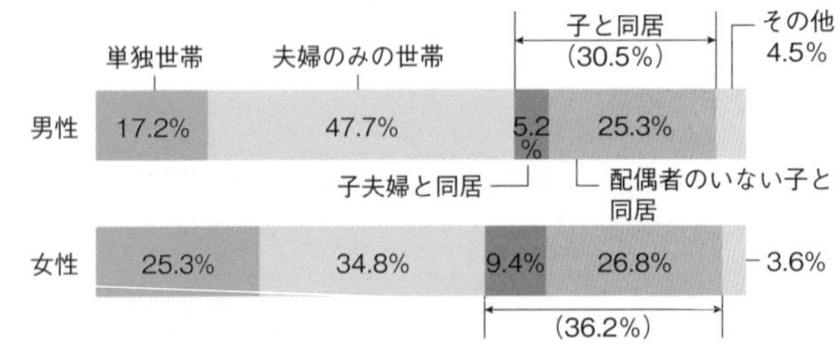

65歳以上の者の家族形態を男女別にみると、「単独世帯」は女性のほうが多く、「夫婦のみの世帯」は男性のほうが多くなっています。

□介護の現状

介護の現状については、３年ごとの大規模調査にあたる「2022年 国民生活基礎調査の概況」で公表されました。重要ポイントをしっかり押さえておきましょう。

1　要介護者等のいる世帯の状況

要支援または要介護と認定された者のうち、在宅者（要介護者等）のいる世帯の世帯構造をみると、「核家族世帯」（42.1％）が最も多く、次いで「単独世帯」（30.7％）、「その他の世帯」（16.4％）の順になっています。年次推移をみると、「**単独世帯**」と「**核家族世帯**」の割合は上昇傾向であり、「**三世代世帯**」の割合が低下しています。

■要介護者等のいる世帯の世帯構造の構成割合の年次推移

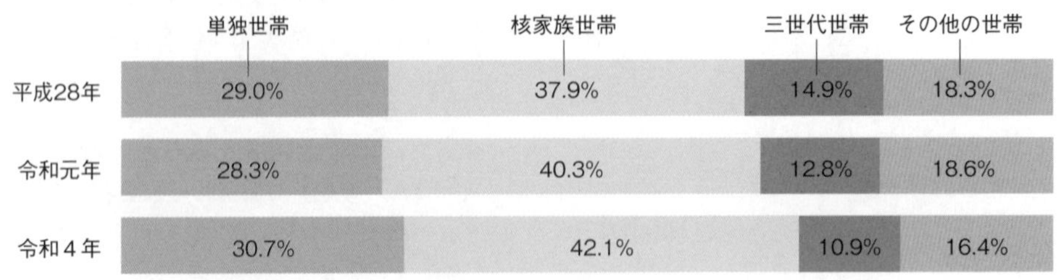

注：平成28年の数値は、熊本県を除いたものである

■要介護者等のいる世帯の世帯構造別にみた構成割合（令和４年）

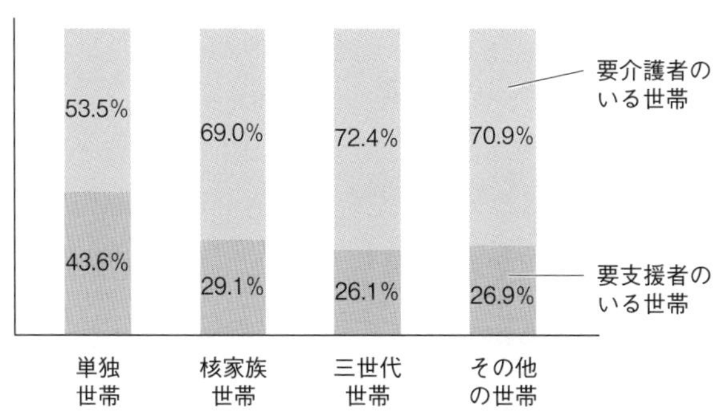

要介護者等のいる世帯の状況を世帯構造別にみると、「核家族世帯」と「三世代世帯」では、要介護者のいる世帯の割合が高くなっています。

2　要介護者等の状況

要介護者等の年齢を男女別にみると、男性は「85 ～ 89歳」（23.7%）、女性は「90歳以上」（30.9%）が最も多くなっています。

■男女別にみた要介護者等の年齢階級別構成割合（令和４年）

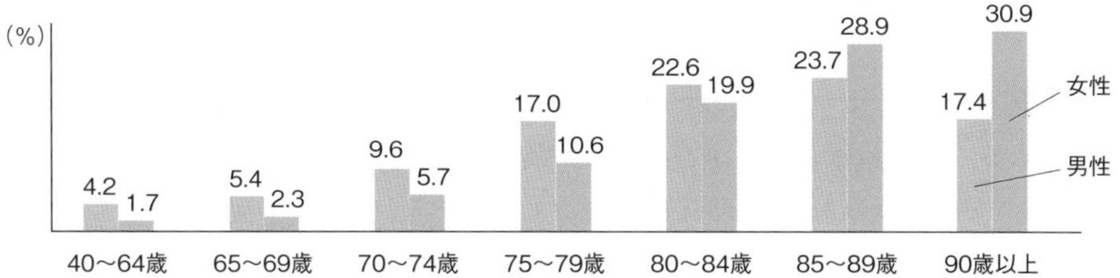

3　要介護度別にみた介護が必要となった主な原因

介護が必要となった主な原因を要介護度別にみると、要支援者では「関節疾患」（19.3%）が、要介護者では「認知症」（23.6%）が最も多くなっています。

■要介護度別にみた介護が必要となった主な原因（上位３位）（令和４年）

要介護度	第1位	第2位	第3位
総　　数	認知症	脳血管疾患（脳卒中）	骨折・転倒
要支援者	関節疾患	高齢による衰弱	骨折・転倒
要支援1	高齢による衰弱	関節疾患	骨折・転倒
要支援2	関節疾患	骨折・転倒	高齢による衰弱
要介護者	認知症	脳血管疾患（脳卒中）	骨折・転倒
要介護1	認知症	脳血管疾患（脳卒中）	骨折・転倒
要介護2	認知症	脳血管疾患（脳卒中）	骨折・転倒
要介護3	認知症	脳血管疾患（脳卒中）	骨折・転倒
要介護4	脳血管疾患（脳卒中）	骨折・転倒	認知症
要介護5	脳血管疾患（脳卒中）	認知症	骨折・転倒

4　主な介護者の状況

主な介護者をみると、要介護者等と「同居」（45.9％）が最も多く、次いで「事業者」（15.7％）、「別居の家族等」（11.8％）の順になっています。

「同居」の主な介護者の要介護者等との続柄をみると、「配偶者」（22.9％）が最も多く、次いで「子」（16.2％）、「子の配偶者」（5.4％）の順になっています。また、「同居」の主な介護者を男女別にみると、男性（31.1％）、女性（68.9％）となっています。

■要介護者等との続柄別にみた主な介護者の構成割合（令和４年）

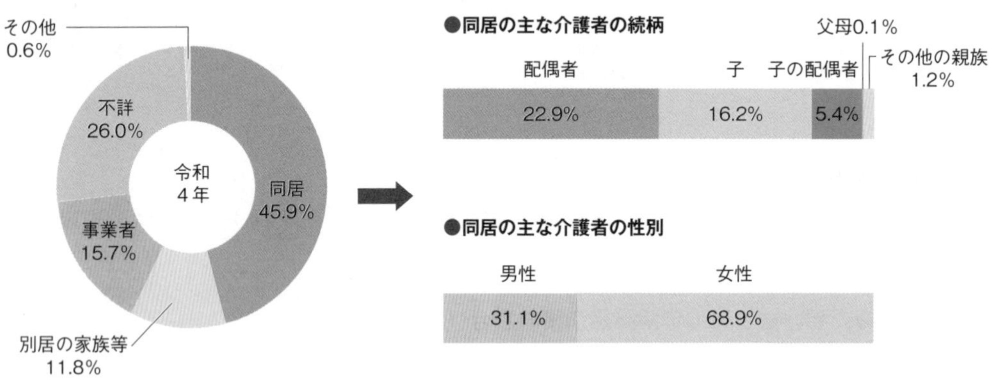

□虐待の現状

厚生労働省から、「高齢者虐待防止法」に基づく2022年度の対応状況等に関する調査結果が公表されました。調査結果は例年ほぼ同様の結果となっており、試験でも頻出です。下表で１位となった内容は覚えておきましょう。

■養介護施設従事者等による高齢者虐待についての対応状況等

分類	1位	2位	3位
施設・事業所の種別	特別養護老人ホーム（介護老人福祉施設）	有料老人ホーム	認知症対応型共同生活介護（グループホーム）
虐待の種別	身体的虐待	心理的虐待	介護等放棄
被虐待高齢者の年齢	85～89歳	90～94歳	80～84歳
虐待者の職種	介護職	看護職	管理職

■養護者による高齢者虐待についての対応状況等

分類	1位	2位	3位
相談・通報者	警察	介護支援専門員	家族・親族
虐待の種別	身体的虐待	心理的虐待	介護等放棄
虐待者の状況	虐待者のみと同居	虐待者及び他家族と同居	虐待者と別居
虐待者の続柄	息子	夫	娘

□自立に向けた介護

1　ICFの考え方

WHO（世界保健機関）が発表した障害に関する国際的な分類法には、ICIDH（国際障害分類）とICF（国際生活機能分類）があります。

分類	特徴
ICIDH（1980年発表）	障害という**マイナス面を重視**し、**機能障害**、**能力障害**（能力低下）、**社会的不利**の３つに分類
ICF（2001年発表）	●ICIDHを見直し、生活機能という**プラス面を重視** ●**生活機能**（心身機能・身体構造、活動、参加）と**背景因子**（環境因子、個人因子）を構成する要素の**相互作用を重視**

■ICF（国際生活機能分類）の構成

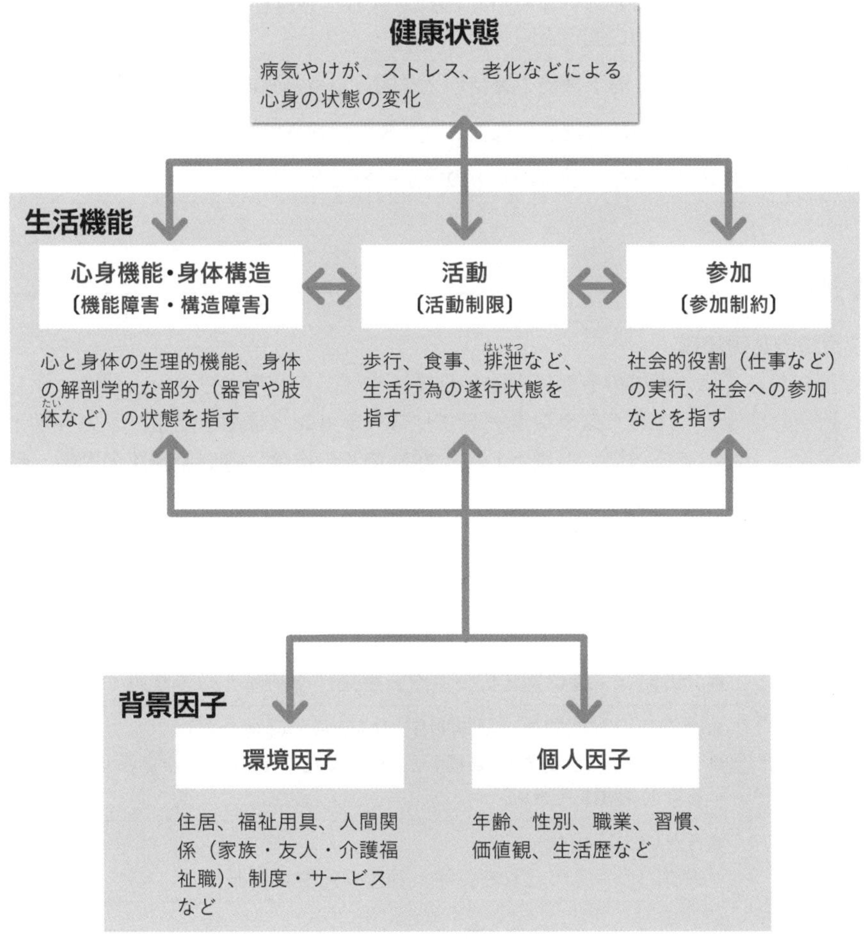

2　リハビリテーション

リハビリテーションの目的は、**人間らしく生きる権利・名誉・尊厳の回復**＝全人間的復権です。なお、レクリエーションの目的にも**人間性の回復**が含まれており、リハビリテーションの全人間的復権と通じるものがあるといえます。

■リハビリテーションの分類

医学的リハビリテーション	疾病からの回復、障害に対する**生活機能**の向上をめざす
教育的リハビリテーション	障害児の自立や、社会への適応能力を高めるための支援を行う
職業的リハビリテーション	障害者に対し、職業指導・訓練、紹介などを行う
社会的リハビリテーション	障害者や高齢者の社会生活能力を向上させるための支援を行う

■リハビリテーションに関わる主な専門職

理学療法士	運動療法や電気刺激などの物理的手段により、基本的動作能力の回復を図る
作業療法士	手芸・工作などの作業（ADL訓練も含む）を通じて、応用的動作能力または社会的適応能力の回復を図る
言語聴覚士	発声・聴覚・嚥下**機能**の維持向上を図るための訓練や検査、指導などを行う
義肢装具士	義肢・装具の装着部位の採型および製作、からだへの適合を行う
視能訓練士	視機能の検査や、回復のための矯正訓練などを行う

□感染対策

1　感染予防の基礎知識

感染対策においては、**感染の有無にかかわらず**、すべての利用者の血液、体液（汗を除く）、排泄物などを感染源として扱うスタンダードプリコーション（標準予防策）という考え方が基本となります。また、感染予防の原則として、**❶感染源の排除**、**❷感染経路の遮断**、**❸宿主の抵抗力の向上**、の３つが重要です。

■感染予防の原則

感染源の排除	●手洗いの徹底（１ケア１手洗い）。手洗いは、流水と液体石鹸によるもみ洗いとする ●介助時は、使い捨てのマスク、手袋、予防着を必ず着用
感染経路の遮断	●感染源の早期発見と早期対応（感染者の隔離など） ●介護福祉職自身が感染症に罹患、またはその疑いがある場合は休みをとるなど治療に努める
宿主の抵抗力の向上	●うがいの習慣化 ●栄養バランスのとれた食事、適度な運動と睡眠

2　高齢者に多い感染症

高齢者は免疫機能が低下しているため感染症にかかりやすく、感染すると**重症化**するおそれもあるため、注意が必要です。

■高齢者に多い感染症の特徴と予防法

疾患名	特徴	予防法
インフルエンザ	冬場に集団感染しやすい。飛沫感染 主症状 高熱、咳、筋肉・関節痛など	マスク、手洗いの励行、予防接種
肺結核	結核菌に空気感染して起きる 主症状 咳、痰、血痰、微熱など	定期健診（胸部X線検査）、予防接種、マスクの着用
MRSA	免疫機能の低下した高齢者などが発症しやすい。治療が難しく、院内感染の原因となる。接触感染 主症状 発熱、咳、下痢など	手洗いと手指の消毒を徹底する トイレは次亜塩素酸ナトリウム液で消毒する
ノロウイルス	冬場にカキなどを生食することで**感染性胃腸炎**を起こす 主症状 嘔吐、下痢、腹痛など	食材を十分に加熱（中心温度が85～90℃で90秒以上）する 嘔吐物などの処理は次亜塩素酸ナトリウム液で消毒する

□育児・介護休業法

「育児休業、介護休業等育児又は家族介護を行う労働者の福祉に関する法律」（育児・介護休業法）は、育児**休業**、**子の看護休暇**、**介護休業**、**介護休暇**などについて定めた法律です。法の対象は**男女労働者**（有期契約労働者も含む）です。

■「育児・介護休業法」の定める主な支援制度

分類	制度の概要
出生時育児休業	**男性労働者**が事業主に申請することで、子の出生から８**週間**を経過する日の翌日までに、４**週間**まで取得できる（２回まで分割して取得可能）
育児休業	原則として、１**歳未満**の子がいる場合に、１歳の誕生日に達するまでの間に、取得することができる（出生時育児休業を除く。２回まで分割して取得可能）。保育園に入れないなど一定の要件を満たす場合は１歳６か月まで延長可（再延長は２歳まで）
子の看護休暇	小学校就学前の子１人につき、病気やけがをした子の看護、予防接種や健康診断を目的として、**年５日**まで取得することができる（１日または時間**単位**で取得可能）
介護休業	**要介護状態**[※1]にある家族１人につき、通算で**93日**まで取得することができる（３回まで分割して取得可能）
介護休暇	**要介護状態**にある家族１人につき、**年５日**まで取得することができる（１日または時間**単位**で取得可能）。対象家族[※2]の介護のほか、通院**の付き添い**なども含まれる
短時間勤務制度	事業主は、３歳未満の子がいる労働者が**申請**すれば、所定労働時間を短縮（**原則１日６時間**）させなければならない
所定外労働の制限	事業主は、３歳未満の子がいる労働者が**申請**すれば、所定労働時間を超えて労働させてはならない

※１　要介護状態…負傷、疾病、身体上または精神上の障害により、２週間以上の期間にわたり常時介護を必要とする状態
※２　対象家族…労働者の配偶者、父母、子、祖父母、兄弟姉妹、孫、配偶者の父母

コミュニケーション技術

□介護を必要とする人とのコミュニケーション

利用者やその家族とコミュニケーションを図る際は、**受容、共感、傾聴**の３つが基本となります。併せて、相談援助の原則である**バイステックの７原則**も押さえておきましょう。

■コミュニケーションの基本

受容	利用者の感情や言動を、ありのままに受け入れること
共感	利用者の感情を共有し、理解するように努めること
傾聴	利用者の主観的な訴えや心の声に、耳を傾けること

■バイステックの７原則

個別化	利用者の個別性を理解し、一人ひとりに合った援助を行う
意図的な感情表出	利用者が感情を自由に表現できるよう、意図的にはたらきかける
統制された情緒的関与	利用者の感情表出に対して、意図的かつ適切に対応する
受容	利用者の感情や言動を、ありのままに受け入れる
非審判的態度	利用者を、援助者の価値基準によって評価・批判したりしない
自己決定	利用者が自己決定できるように援助を行う
秘密保持	利用者に関する情報を、本人の承諾なく外部にもらさない

□障害の特性に応じたコミュニケーション

視覚障害や聴覚障害など、利用者の状況・状態に応じたコミュニケーション方法と留意点を押さえておきましょう。

視覚障害者	●視覚情報を整理して具体的に伝える ●点字などの**触覚**を活用したコミュニケーションツールが有効だが、**習得に時間を要する**ため、高齢の中途失明者には不向き
聴覚障害者	●静かな明るい場所で、正面を向いて、ゆっくり、はっきりと簡潔に話す ●手話や筆談、読話など、**視覚**を活用したコミュニケーションツールが有効。ただし、手話は習得に**時間を要する**ため、高齢の中途失聴者には不向き
言語障害者	●利用者の状態に応じ、本人が理解しやすい話しかけ方を工夫する ●ウェルニッケ**失語**（**感覚性失語**）……**非言語的コミュニケーション**など ●ブローカ**失語**（**運動性失語**）……**絵カード**、**閉じられた質問**など

筆談では、要点を簡潔に、わかりやすく書くことが求められるため、必要に応じてキーワードを活用したり、図や絵を用いたりすることが大切です。

生活支援技術

□自立に向けた居住環境の整備

ここでは、場所ごとの居住環境整備のポイントを押さえておきましょう。

■場所ごとの居住環境整備のポイント

出入口	●出入口（玄関、トイレ、浴室など）の戸は引き戸が望ましい ●間口は車いすが通れる広さとする
階段	●手すりは**両側**に**設置**する（片側のみの場合は、下りるときに**利き手**になる側） ●照明は、階段全体を照らす全般**照明**と局部**照明**（**足元灯**〔フットライト〕）の両方を設置する ●足を乗せる板（踏面）と板の先端部分（段鼻）は**見分けのつきやすい**反対色にする
浴室	●ヒートショック予防のため、浴室・脱衣室と居室との温度差を小さくする ●転倒防止のため、洗い場や浴槽内では滑り止めマットを使用する ●浴槽の形態は、浴槽内で**からだが安定し、立ち上がりやすい**和洋折衷式にする。高さは、またぎやすいように**洗い場から**40～45cm**程度**とする。また、浴槽の縁（エプロン部分）は薄く仕上がるように施工する ●浴槽の出入りにシャワーチェアーを使用する場合は、**座面の高さを浴槽の縁に合わせる**

■トイレの環境整備

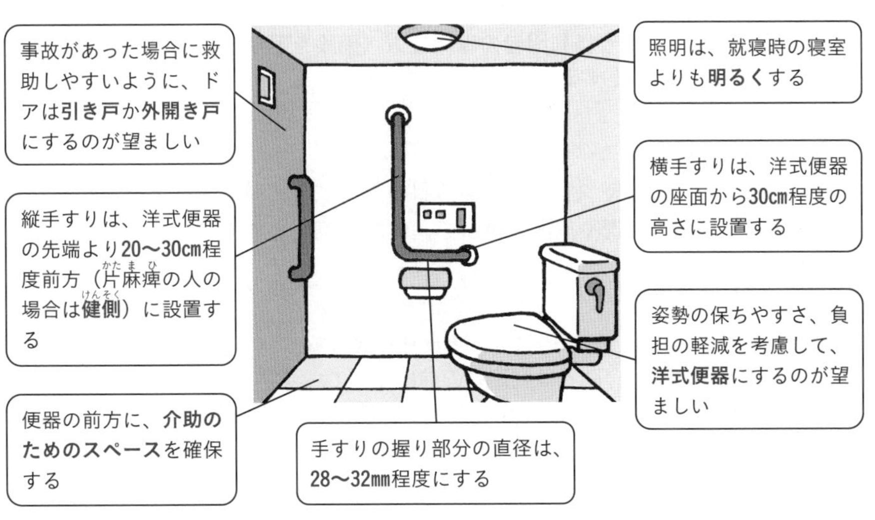

事故があった場合に救助しやすいように、ドアは引き戸か外開き戸にするのが望ましい
照明は、就寝時の寝室よりも明るくする
横手すりは、洋式便器の座面から30cm程度の高さに設置する
縦手すりは、洋式便器の先端より20～30cm程度前方（片麻痺の人の場合は健側）に設置する
姿勢の保ちやすさ、負担の軽減を考慮して、洋式便器にするのが望ましい
便器の前方に、介助のためのスペースを確保する
手すりの握り部分の直径は、28～32mm程度にする

□自立に向けた移動の介護

1　ボディメカニクス

介護職は、利用者を持ち上げたり**前傾中腰姿勢**を伴ったりする動作が多いため、特に**腰痛予防**が重要になります。安全かつ安楽に介護するためには、**ボディメカニクス**の考え方を理解しておく必要があります。

■**ボディメカニクスの原則**

- **支持基底面積**を広くとる
- 骨盤を安定させ、膝を曲げて腰を落とし、**重心**を低くする
- 利用者に重心を近づける
- からだをねじらず、肩と腰を平行に保つ。足先を移動する方向に向ける
- 大きな筋群（背筋や腹筋など）やてこの**原理**を活用し、負担を少なくする
- 利用者のからだを小さくまとめ、摩擦による抵抗を少なくする
- 利用者のからだは持ち上げず、水平に移動する

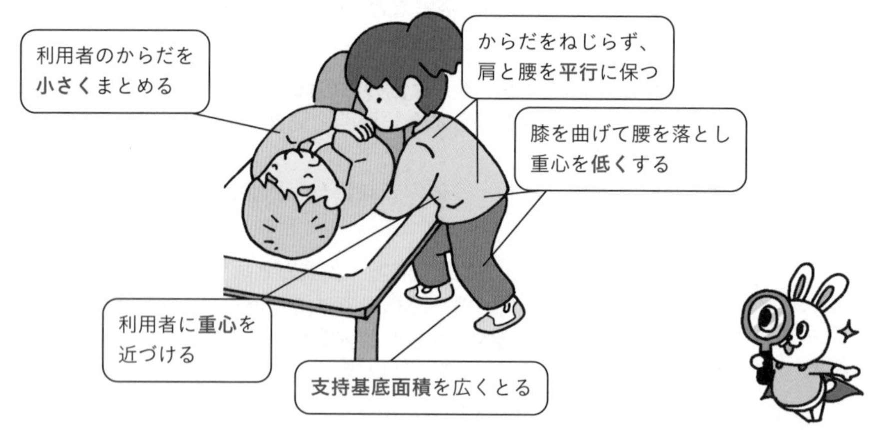
利用者のからだを
小さくまとめる
からだをねじらず、
肩と腰を平行に保つ
膝を曲げて腰を落とし
重心を低くする
利用者に重心を
近づける
支持基底面積を広くとる

2　歩行の介助

①片麻痺のある人の場合

片麻痺のある人が杖歩行を行う場合、次の点に留意します。

- 杖の握りの高さは、大腿骨大転子部の位置にする
- 介助が必要な場合、介助者は利用者の患側後方（階段を下りるときは患側前方）に位置をとり、転倒・転落を防止する

②視覚障害のある人の場合

介助者は、利用者が**白杖**を持つ手と**反対側**の斜め前に立ち、肘**の少し上**をつかんでもらいます。誘導する際は、周囲の状況や危険な箇所を**具体的**に説明します。

■**周囲の状況に応じた誘導の仕方**

- 車には利用者が先に乗り、降車時は介助者が先に降りる
- 狭い通路を通る場合は、介助者は利用者の前に立って誘導する
- 利用者から一時離れるときは、柱や壁に触れる位置まで誘導する

3　車いすの介助

車いすの介助では、利用者に危険が及ばないように**安全・安楽に行う**ことが重要です。

■**車いす介助のポイント**

- 事前に大車輪の空気圧や摩耗度、ブレーキの利き具合などを点検する
- 利用者に恐怖感を与えないよう、歩行速度よりも遅い速度で移動する
- 一定時間停止する場合は、安全のために必ずブレーキをかける

■場面ごとの車いす介助のポイント

分類	車いす介助のポイント
端座位(たんざい)からいすへの移乗	●利用者の健側(けんそく)、ベッドに対して20～45度の位置に置く ●移乗したあとは、足がフットサポートに乗っていることを確認する
段差や下り坂	●段差…上るときは前向き、下りるときは後ろ向きで移動する ●下り坂…後方を確認しながら後ろ向きで移動する（急勾配(きゅうこうばい)のスロープの場合も同様）
エレベーター	●乗るときは原則前向き、降りるときも前向きで移動する
砂利道	●キャスタ（前輪）を浮かせて移動することで、振動を少なくする
踏切	●レールにキャスタ（前輪）がはまらないよう、キャスタを浮かせて渡る

□自立に向けた食事の介護

1　基本的な食事介助の技法

食事はできる限り、利用者の居室ではなく、食堂でとる（寝食分離）ようにします。食事は利用者に向けて並べ、介助者は利用者の目線の高さに合わせて介護を行います。

利用者が座位で食事をとれる場合、その姿勢にもいくつか注意点があります。

■食事の姿勢（座位）の注意点

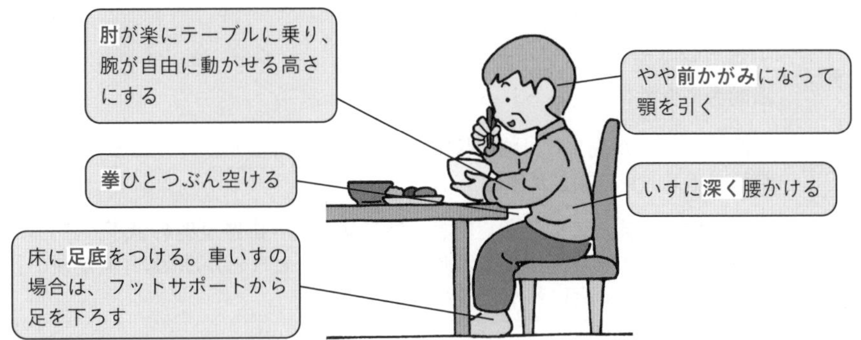
肘が楽にテーブルに乗り、腕が自由に動かせる高さにする
やや前かがみになって顎を引く
拳ひとつぶん空ける
いすに深く腰かける
床に足底をつける。車いすの場合は、フットサポートから足を下ろす

2　視覚障害のある利用者への支援

視覚障害のある利用者は、自分の目で食事の内容を確かめることが難しい状態にあります。そのため、**言葉で料理の色や形などを伝えて、イメージをふくらませる**ことで、楽しく食事をとることができるように支援します。

食べ物がどのように並べられているのかが伝わるように、クロックポジション（食べ物の位置を時計の文字盤にたとえて説明するもの）が活用されています。

■クロックポジション

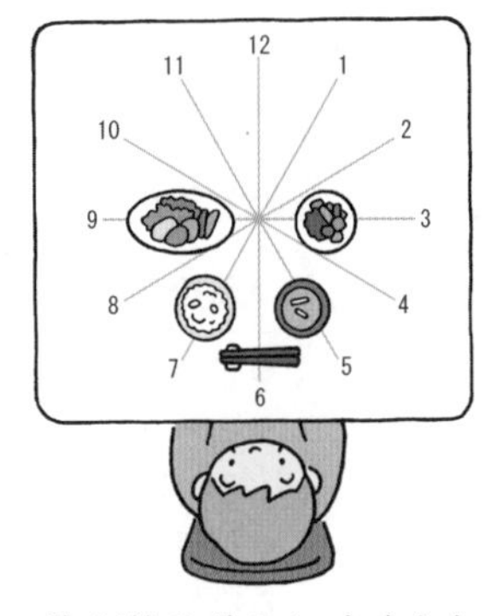
12
1
2
3
4
5
6
7
8
9
10
11

3　口腔内が乾燥している利用者への支援

加齢等に伴って唾液の分泌量が減少し、口腔内が乾燥すると、食べ物が飲み込みにくくなります。**食前**に**唾液腺マッサージ**や**アイスマッサージ**、**嚥下体操**を行うと、唾液分泌が促進されます。

□自立に向けた排泄の介護

1　便秘

便秘の介助は、原則として**医行為**となります。介護職は、利用者が便意を感じたらすぐトイレに行けるようにし、安心してゆっくり排泄ができる環境を整えます。

■便秘の原因と対応

原因	●急激な環境変化　●腸の疾患　●**腸のはたらきの低下** ●**薬剤による副作用**　●便意の抑制　●**食事摂取量の不足**または**偏り** ●水分摂取量の不足　●**腹筋力の低下**　●長期臥床
対応	●規則的な排便を習慣づけるよう、食後のトイレ誘導などを行う ●水分を十分に摂る ●適度に油を摂取する ●整腸作用がある**乳酸菌**や**食物繊維**を多く含む食品を摂取する ●できる限り**腹圧**がかかる**座位**の姿勢にする ●腹部を温め、腸の蠕動運動の活性化を図る ●腸の走行に沿って「の」の字を描くようにマッサージを行う

■便秘の種類

器質性便秘	がんによる**大腸の異常**などが原因で、排便が難しくなる。「便が細い」「**血便**が出る」といった特徴がある
弛緩（しかん）性便秘	大腸の緊張度が弱まり、**蠕動運動**が低下することで、便がとどまるようになる。高齢者や女性に多くみられる
痙攣（けいれん）性便秘	大腸の緊張度が高まり、強く収縮することで、排便が妨（さまた）げられる。過敏性腸症候群によるストレスなどが原因
直腸性便秘	直腸に便がたまっていても、便意を感じない（＝**排便反射の低下**）ことにより起きる。便意があっても排便を我慢してしまうことなどが原因。「便が硬い」「排便時に痛みがある」といった特徴がある

2　下痢

下痢時は、体内の水分が減少して**脱水**におちいる危険性が高まります。感染症による下痢の場合は、**スタンダードプリコーション**に準じた対応が必要です。

■下痢の原因と対応

原因	●感染症　●腸内の異常発酵や腐敗　●炎症　●神経の過敏
対応	●安静にして体力の消耗を防ぎ、消化器に負担のかからない食物をとる ●脱水予防のため、水分（スポーツドリンクなど）を**少しずつ数回にわたって摂取**する。冷たい飲み物、炭酸飲料、牛乳は避ける ●腹部を温め、痛みを和らげる ●排便後は柔らかい紙を重ねて押さえるように拭く

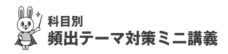

3　尿失禁

尿失禁は、加齢・疾患による身体機能、運動機能、認知機能の低下等が原因で起こります。

■尿失禁の種類

腹圧性尿失禁	咳やくしゃみなど、腹圧がかかったときに尿がもれる。骨盤底筋群の機能低下が原因。女性に多い
切迫性尿失禁	突然強い尿意を感じ、トイレまでがまんできずにもらしてしまう。膀胱括約筋の弛緩や脳血管疾患などが原因
溢流性尿失禁	尿道の狭窄・閉塞による排尿困難のために膀胱内に残尿がたまり、あふれるようにもれる。前立腺肥大症や前立腺がんなどが原因
機能性尿失禁	排泄に関連した動作や判断ができなくなることで起こる。運動機能や認知機能の低下が原因
反射性尿失禁	膀胱に一定量の尿がたまっても尿意を感じられず、反射的にもれる。脊髄損傷などが原因

切迫性尿失禁と腹圧性尿失禁が合併する「混合性尿失禁」もあります。

□自立に向けた家事の介護

1　調理

①調理の手順

調理は、まず**献立**を決め、食材を選び、**下ごしらえ**をしたうえで始めます。調理にあたっては、利用者の好みに応じた**味付け**をして、**盛り付け**をします。食事をとって、後片づけを行うまでが、調理の手順に含まれます。

■和食の基本的な配膳の位置（右利きの場合）

■献立の基本

主食	ごはん、パン、麺など、主に**炭水化物**による**エネルギー供給源**
主菜	肉、魚、卵、大豆製品など、主に**たんぱく質・脂質**による**エネルギー供給源**
副菜	主に**野菜**を中心とし、主食、主菜で不足するビタミン・無機質（ミネラル）、食物繊維の供給源
汁物	味噌汁、スープなど、水分を補給する

②**食中毒の予防**

食中毒には、黄色ブドウ球菌などの細菌性**食中毒**、ノロウイルス（P.(55)参照）などのウイルス性**食中毒**、フグなどの自然毒**食中毒**などがあります。

■細菌性食中毒の特徴と予防法

原因	特徴	予防法
ウエルシュ菌	酸素のないところで増殖する。カレー、野菜の煮付けなどの煮込み料理で発生しやすい 主症状 下痢、腹痛など（嘔吐、発熱はまれ）	常温で保存すると増殖し、熱**に強い**芽胞という細胞をつくるため、煮込み料理は粗熱がとれた後、冷蔵または冷凍**保存**する
カンピロバクター	生または加熱不十分の鶏肉を食べることで発生しやすい 主症状 下痢、腹痛、発熱、嘔吐、頭痛など	生や生に近い状態の鶏肉を食べることは避け、十分に加熱（中心部を**75℃以上で1分間以上**）する
サルモネラ菌	鶏卵とその加工品、鶏肉などの食肉が主な原因食品 主症状 下痢、腹痛、発熱、嘔吐など	鶏卵・肉は十分に加熱（中心部を**75℃以上で1分間以上**）する。鶏卵の生食は新鮮なもの以外は避ける
腸炎ビブリオ	生鮮魚介類や、生魚に触った手指や調理器具を介した二次汚染で発生する 主症状 下痢、腹痛、発熱、嘔吐など	真水**や**酸**に弱い**ので、真水で十分に洗う。4℃**以下**ではほとんど繁殖しないので、調理直前まで冷蔵**保存**する
黄色ブドウ球菌	鼻粘膜や**化膿した**傷口の中に多く存在。食品中で増殖すると、熱**や**酸**に強い**エンテロトキシンという毒素を生成する。手指を介した二次汚染で発生する 主症状 下痢、腹痛、嘔吐など	手指の洗浄、調理器具の洗浄殺菌。手荒れや傷のある人はゴム手袋などをして調理するなど、食品に直接触れない
腸管出血性大腸菌	代表的なものはO-157。汚染された食品のほか、感染者の排泄物を介した二次汚染で発生する 主症状 下痢、腹痛、血便など	食材を十分に加熱する。感染者の排泄物などは感染源として厳重に処理する

■自然毒食中毒の特徴と予防法

原因	特徴	予防法
フグ	有毒成分であるテトロドトキシンは、卵巣や肝臓に多く含まれる。熱**に強い**	フグ調理師免許を有する者が正しく調理する
じゃがいも	緑色の部分や発芽部分に有毒成分であるソラニンが含まれる	調理前に、緑色の部分や発芽部分を除去する

2 洗濯

①繊維製品の新しい洗濯表示

2016年12月から改正された繊維製品の洗濯表示のうち、主なものは次のとおりです。

■新しい洗濯表示

家庭洗濯	漂白	タンブル乾燥	自然乾燥	アイロン	クリーニング
40℃限度 洗濯機「標準」＊	漂白OK	高温 80℃まで	日なた／日陰 つり干し	高温 200℃まで	全ての溶剤 ドライクリーニング 通常処理
40℃限度 洗濯機「弱い」＊	酸素系OK 塩素系NG	低温 60℃まで	濡れつり干し	中温 150℃まで	石油系溶剤 ドライクリーニング 弱い処理
30℃限度 洗濯機「非常に弱い」＊			平干し	低温 110℃まで ＊スチームなし	ウエット クリーニング 非常に弱い処理
40℃限度 手洗い	漂白NG	タンブル乾燥 NG	濡れ平干し	アイロンNG	ドライ クリーニング NG
家庭洗濯 NG					ウエット クリーニング NG

＊洗濯機の機種により異なる

出典：経済産業省「H28年12月からの新しい洗濯表示」より作成

②洗剤の分類

洗剤には、天然油脂を原料とした**石鹸**と、石油を原料とした**合成洗剤**があります。合成洗剤は、その性質により**弱アルカリ性洗剤**と**中性洗剤**に分けられます。毛や絹などの動物繊維は、アルカリに弱いため、**中性洗剤**が適しています。

③漂白剤の分類

漂白剤には、**還元型漂白剤**と**酸化型漂白剤**があります。酸化型漂白剤はさらに、**酸素系漂白剤**と**塩素系漂白剤**に分類されます。

■漂白剤の性質と用途

名称	性質	用途
還元型漂白剤	弱アルカリ性	白物用の洗剤。色柄物には使用しない
酸素系漂白剤	液体：弱酸性 粉状：弱アルカリ性	白物・色柄物どちらにも使用できる。毛や絹は液体のみ使用可
塩素系漂白剤	強アルカリ性	漂白力が強いため、毛や絹、色柄物には使用しない。**白物の綿、麻などに使用する**

③しみ抜き

しみには、**水溶性**のしみ、**油性**のしみ、**不溶性**のしみなどがあり、それぞれしみ抜きの方法が異なります。

■しみの種類としみ抜きの方法

種類	しみのもと	しみ抜きの方法
水溶性のしみ	しょうゆ、コーヒー、お茶、果汁、血液など	しみがついてから早い段階では、通常の洗濯で落とす。時間がたってからの場合は、**水を含ませたブラシ**などでたたいて落とす
油性のしみ	口紅、チョコレート、バター	ベンジンなどの有機溶剤を含ませた布でたたいた後、洗剤をつけて落とす
不溶性のしみ	墨汁	歯磨き粉をつけてもみ洗う。ご飯粒をすりこむ
	泥はね	乾燥させた後、ブラッシングする
その他	ガム	氷で冷やした後、爪ではがす

3　クーリング・オフ制度

クーリング・オフ制度は、契約書の受領後、**一定の期間内**であれば、その契約を取り消すことができるという制度です。クーリング・オフの適用が可能かどうかは、**消費生活センター**に相談します。

店舗または**通信販売**による購入は、原則として制度の対象となっていません。一方で、リフォーム工事の契約では、売買の手段が訪問販売などであれば、工事完了後でも制度の対象になります。

■クーリング・オフ制度の対象となる、主な契約の種類とその期間

契約の種類	対象期間
訪問販売／訪問購入／電話勧誘販売／特定継続的役務提供	法定契約書を受領してから**8日間以内**
連鎖販売取引（マルチ商法）／業務提供誘因販売取引	法定契約書を受領してから**20日間以内**
割賦（かっぷ）販売（クレジット・ローン）／宅地建物取引	制度の告知を受けてから**8日間以内**

特定継続的役務提供とは、エステティックサロン、語学教室など、長期にわたる継続的なサービスを受けることで、効果の得られるサービスを販売するものをいいます。業務提供誘因販売取引とは、内職などの業務を提供すると勧誘し、業務のために必要だと称して、物品などの購入を行わせる取引のことをいいます。

□人生の最終段階における介護

1　事前の意思確認

①リビングウィル（事前指示書）

人生の最終段階を迎えた利用者が、どのような形で死を迎えたいと考えているか、延命処置を望んでいるのかどうかなど、意思疎通が困難になったときに備えて**書面**で残しておくことが大切です。こうした生前の意思表示のことを**リビングウィル（事前指示書）**と呼びます。

②アドバンス・ケア・プランニング（ACP）

近年は、人生の最終段階において自らが望む医療・ケアについて、医療・ケアチーム等と話し合い、共有するための**アドバンス・ケア・プランニング（ACP）**という取組が推奨されています。厚生労働省が2018（平成30）年に改訂した「人生の最終段階における医療・ケアの決定プロセスに関するガイドライン」においても、ACPの重要性が強調されています。

利用者の意向は、時間の経過とともに変化することもありますので、その都度内容を見直し、書面にまとめます。

③コンセンサス・ベースド・アプローチ

リビングウィルの確認ができなかった場合には、長く利用者と接してきた家族、医療職、介護福祉職、介護支援専門員などがそれぞれの情報を共有して話し合い、利用者本人の意思を推測して、関係者の総意に基づいて方針をまとめていくことを**コンセンサス・ベースド・アプローチ**といいます。

2　デスカンファレンス

人生の最終段階における介護に関わった専門職などが、利用者を看取ったあとに介護の内容を振り返ることを**デスカンファレンス**といいます。今後のケアの向上を図ることを目的に行います。

3　グリーフケア

「グリーフケア」とは、利用者が亡くなったあとの、**遺族**に対するケアのことです。遺族の悲しみがいえるように、介護福祉職をはじめとして利用者に関わった専門職が、それぞれの立場からケアを行います。

遺族のなかには、寂しさやむなしさ、無力感、自責の念などの**精神的反応**や、睡眠障害、食欲不振、疲労感、胃腸症状、白髪の急増などの**身体的反応**がみられる場合もあります。遺族の話を傾聴したり、生前の利用者の思い出を語り合ったりするなど、利用者の死を受け入れていくことができるように、遺族の感情を受け止め寄り添うことが大切です。

MEMO

第1回　予想問題　解答用紙〔午前問題〕

人間の尊厳と自立

問題　1	① ② ③ ④ ⑤
問題　2	① ② ③ ④ ⑤

人間関係とコミュニケーション

問題　3	① ② ③ ④ ⑤
問題　4	① ② ③ ④ ⑤
問題　5	① ② ③ ④ ⑤
問題　6	① ② ③ ④ ⑤

社会の理解

問題　7	① ② ③ ④ ⑤
問題　8	① ② ③ ④ ⑤
問題　9	① ② ③ ④ ⑤
問題　10	① ② ③ ④ ⑤
問題　11	① ② ③ ④ ⑤
問題　12	① ② ③ ④ ⑤
問題　13	① ② ③ ④ ⑤
問題　14	① ② ③ ④ ⑤
問題　15	① ② ③ ④ ⑤
問題　16	① ② ③ ④ ⑤
問題　17	① ② ③ ④ ⑤
問題　18	① ② ③ ④ ⑤

こころとからだのしくみ

問題　19	① ② ③ ④ ⑤
問題　20	① ② ③ ④ ⑤
問題　21	① ② ③ ④ ⑤
問題　22	① ② ③ ④ ⑤
問題　23	① ② ③ ④ ⑤
問題　24	① ② ③ ④ ⑤
問題　25	① ② ③ ④ ⑤
問題　26	① ② ③ ④ ⑤
問題　27	① ② ③ ④ ⑤
問題　28	① ② ③ ④ ⑤
問題　29	① ② ③ ④ ⑤
問題　30	① ② ③ ④ ⑤

発達と老化の理解

問題　31	① ② ③ ④ ⑤
問題　32	① ② ③ ④ ⑤
問題　33	① ② ③ ④ ⑤
問題　34	① ② ③ ④ ⑤
問題　35	① ② ③ ④ ⑤
問題　36	① ② ③ ④ ⑤
問題　37	① ② ③ ④ ⑤
問題　38	① ② ③ ④ ⑤

認知症の理解

問題　39	① ② ③ ④ ⑤
問題　40	① ② ③ ④ ⑤
問題　41	① ② ③ ④ ⑤
問題　42	① ② ③ ④ ⑤
問題　43	① ② ③ ④ ⑤
問題　44	① ② ③ ④ ⑤
問題　45	① ② ③ ④ ⑤
問題　46	① ② ③ ④ ⑤
問題　47	① ② ③ ④ ⑤
問題　48	① ② ③ ④ ⑤

障害の理解

問題　49	① ② ③ ④ ⑤
問題　50	① ② ③ ④ ⑤
問題　51	① ② ③ ④ ⑤
問題　52	① ② ③ ④ ⑤
問題　53	① ② ③ ④ ⑤
問題　54	① ② ③ ④ ⑤
問題　55	① ② ③ ④ ⑤
問題　56	① ② ③ ④ ⑤
問題　57	① ② ③ ④ ⑤
問題　58	① ② ③ ④ ⑤

医療的ケア

問題　59	① ② ③ ④ ⑤
問題　60	① ② ③ ④ ⑤
問題　61	① ② ③ ④ ⑤
問題　62	① ② ③ ④ ⑤
問題　63	① ② ③ ④ ⑤

✂（切り取ってご利用下さい）

第１回　予想問題　解答用紙〔午後問題〕

介護の基本

問題　64	① ② ③ ④ ⑤
問題　65	① ② ③ ④ ⑤
問題　66	① ② ③ ④ ⑤
問題　67	① ② ③ ④ ⑤
問題　68	① ② ③ ④ ⑤
問題　69	① ② ③ ④ ⑤
問題　70	① ② ③ ④ ⑤
問題　71	① ② ③ ④ ⑤
問題　72	① ② ③ ④ ⑤
問題　73	① ② ③ ④ ⑤

コミュニケーション技術

問題　74	① ② ③ ④ ⑤
問題　75	① ② ③ ④ ⑤
問題　76	① ② ③ ④ ⑤
問題　77	① ② ③ ④ ⑤
問題　78	① ② ③ ④ ⑤
問題　79	① ② ③ ④ ⑤

生活支援技術

問題　80	① ② ③ ④ ⑤
問題　81	① ② ③ ④ ⑤
問題　82	① ② ③ ④ ⑤
問題　83	① ② ③ ④ ⑤
問題　84	① ② ③ ④ ⑤
問題　85	① ② ③ ④ ⑤
問題　86	① ② ③ ④ ⑤
問題　87	① ② ③ ④ ⑤
問題　88	① ② ③ ④ ⑤
問題　89	① ② ③ ④ ⑤
問題　90	① ② ③ ④ ⑤
問題　91	① ② ③ ④ ⑤
問題　92	① ② ③ ④ ⑤
問題　93	① ② ③ ④ ⑤
問題　94	① ② ③ ④ ⑤
問題　95	① ② ③ ④ ⑤
問題　96	① ② ③ ④ ⑤
問題　97	① ② ③ ④ ⑤
問題　98	① ② ③ ④ ⑤
問題　99	① ② ③ ④ ⑤
問題　100	① ② ③ ④ ⑤
問題　101	① ② ③ ④ ⑤
問題　102	① ② ③ ④ ⑤
問題　103	① ② ③ ④ ⑤
問題　104	① ② ③ ④ ⑤
問題　105	① ② ③ ④ ⑤

介護過程

問題　106	① ② ③ ④ ⑤
問題　107	① ② ③ ④ ⑤
問題　108	① ② ③ ④ ⑤
問題　109	① ② ③ ④ ⑤
問題　110	① ② ③ ④ ⑤
問題　111	① ② ③ ④ ⑤
問題　112	① ② ③ ④ ⑤
問題　113	① ② ③ ④ ⑤

総合問題

問題　114	① ② ③ ④ ⑤
問題　115	① ② ③ ④ ⑤
問題　116	① ② ③ ④ ⑤
問題　117	① ② ③ ④ ⑤
問題　118	① ② ③ ④ ⑤
問題　119	① ② ③ ④ ⑤
問題　120	① ② ③ ④ ⑤
問題　121	① ② ③ ④ ⑤
問題　122	① ② ③ ④ ⑤
問題　123	① ② ③ ④ ⑤
問題　124	① ② ③ ④ ⑤
問題　125	① ② ③ ④ ⑤

（切り取ってご利用下さい）

第2回　予想問題　解答用紙〔午前問題〕

人間の尊厳と自立

問題　1	① ② ③ ④ ⑤
問題　2	① ② ③ ④ ⑤

人間関係とコミュニケーション

問題　3	① ② ③ ④ ⑤
問題　4	① ② ③ ④ ⑤
問題　5	① ② ③ ④ ⑤
問題　6	① ② ③ ④ ⑤

社会の理解

問題　7	① ② ③ ④ ⑤
問題　8	① ② ③ ④ ⑤
問題　9	① ② ③ ④ ⑤
問題　10	① ② ③ ④ ⑤
問題　11	① ② ③ ④ ⑤
問題　12	① ② ③ ④ ⑤
問題　13	① ② ③ ④ ⑤
問題　14	① ② ③ ④ ⑤
問題　15	① ② ③ ④ ⑤
問題　16	① ② ③ ④ ⑤
問題　17	① ② ③ ④ ⑤
問題　18	① ② ③ ④ ⑤

こころとからだのしくみ

問題　19	① ② ③ ④ ⑤
問題　20	① ② ③ ④ ⑤
問題　21	① ② ③ ④ ⑤
問題　22	① ② ③ ④ ⑤
問題　23	① ② ③ ④ ⑤
問題　24	① ② ③ ④ ⑤
問題　25	① ② ③ ④ ⑤
問題　26	① ② ③ ④ ⑤
問題　27	① ② ③ ④ ⑤
問題　28	① ② ③ ④ ⑤
問題　29	① ② ③ ④ ⑤
問題　30	① ② ③ ④ ⑤

発達と老化の理解

問題　31	① ② ③ ④ ⑤
問題　32	① ② ③ ④ ⑤
問題　33	① ② ③ ④ ⑤
問題　34	① ② ③ ④ ⑤
問題　35	① ② ③ ④ ⑤
問題　36	① ② ③ ④ ⑤
問題　37	① ② ③ ④ ⑤
問題　38	① ② ③ ④ ⑤

認知症の理解

問題　39	① ② ③ ④ ⑤
問題　40	① ② ③ ④ ⑤
問題　41	① ② ③ ④ ⑤
問題　42	① ② ③ ④ ⑤
問題　43	① ② ③ ④ ⑤
問題　44	① ② ③ ④ ⑤
問題　45	① ② ③ ④ ⑤
問題　46	① ② ③ ④ ⑤
問題　47	① ② ③ ④ ⑤
問題　48	① ② ③ ④ ⑤

障害の理解

問題　49	① ② ③ ④ ⑤
問題　50	① ② ③ ④ ⑤
問題　51	① ② ③ ④ ⑤
問題　52	① ② ③ ④ ⑤
問題　53	① ② ③ ④ ⑤
問題　54	① ② ③ ④ ⑤
問題　55	① ② ③ ④ ⑤
問題　56	① ② ③ ④ ⑤
問題　57	① ② ③ ④ ⑤
問題　58	① ② ③ ④ ⑤

医療的ケア

問題　59	① ② ③ ④ ⑤
問題　60	① ② ③ ④ ⑤
問題　61	① ② ③ ④ ⑤
問題　62	① ② ③ ④ ⑤
問題　63	① ② ③ ④ ⑤

✂（切り取ってご利用下さい）

第2回　予想問題　解答用紙〔午後問題〕

介護の基本

問題　64	① ② ③ ④ ⑤
問題　65	① ② ③ ④ ⑤
問題　66	① ② ③ ④ ⑤
問題　67	① ② ③ ④ ⑤
問題　68	① ② ③ ④ ⑤
問題　69	① ② ③ ④ ⑤
問題　70	① ② ③ ④ ⑤
問題　71	① ② ③ ④ ⑤
問題　72	① ② ③ ④ ⑤
問題　73	① ② ③ ④ ⑤

コミュニケーション技術

問題　74	① ② ③ ④ ⑤
問題　75	① ② ③ ④ ⑤
問題　76	① ② ③ ④ ⑤
問題　77	① ② ③ ④ ⑤
問題　78	① ② ③ ④ ⑤
問題　79	① ② ③ ④ ⑤

生活支援技術

問題　80	① ② ③ ④ ⑤
問題　81	① ② ③ ④ ⑤
問題　82	① ② ③ ④ ⑤
問題　83	① ② ③ ④ ⑤
問題　84	① ② ③ ④ ⑤
問題　85	① ② ③ ④ ⑤
問題　86	① ② ③ ④ ⑤
問題　87	① ② ③ ④ ⑤
問題　88	① ② ③ ④ ⑤
問題　89	① ② ③ ④ ⑤
問題　90	① ② ③ ④ ⑤
問題　91	① ② ③ ④ ⑤
問題　92	① ② ③ ④ ⑤
問題　93	① ② ③ ④ ⑤
問題　94	① ② ③ ④ ⑤
問題　95	① ② ③ ④ ⑤
問題　96	① ② ③ ④ ⑤
問題　97	① ② ③ ④ ⑤
問題　98	① ② ③ ④ ⑤
問題　99	① ② ③ ④ ⑤
問題　100	① ② ③ ④ ⑤
問題　101	① ② ③ ④ ⑤
問題　102	① ② ③ ④ ⑤
問題　103	① ② ③ ④ ⑤
問題　104	① ② ③ ④ ⑤
問題　105	① ② ③ ④ ⑤

介護過程

問題　106	① ② ③ ④ ⑤
問題　107	① ② ③ ④ ⑤
問題　108	① ② ③ ④ ⑤
問題　109	① ② ③ ④ ⑤
問題　110	① ② ③ ④ ⑤
問題　111	① ② ③ ④ ⑤
問題　112	① ② ③ ④ ⑤
問題　113	① ② ③ ④ ⑤

総合問題

問題　114	① ② ③ ④ ⑤
問題　115	① ② ③ ④ ⑤
問題　116	① ② ③ ④ ⑤
問題　117	① ② ③ ④ ⑤
問題　118	① ② ③ ④ ⑤
問題　119	① ② ③ ④ ⑤
問題　120	① ② ③ ④ ⑤
問題　121	① ② ③ ④ ⑤
問題　122	① ② ③ ④ ⑤
問題　123	① ② ③ ④ ⑤
問題　124	① ② ③ ④ ⑤
問題　125	① ② ③ ④ ⑤

（切り取ってご利用下さい）

別冊１

【問題冊子ご利用時の注意】

「問題冊子」は、この**色紙を残したまま、ていねいに抜き取り**、ご利用ください。

- 抜き取り時のケガには、十分お気をつけください。
- 抜き取りの際の損傷についてのお取替えはご遠慮願います。

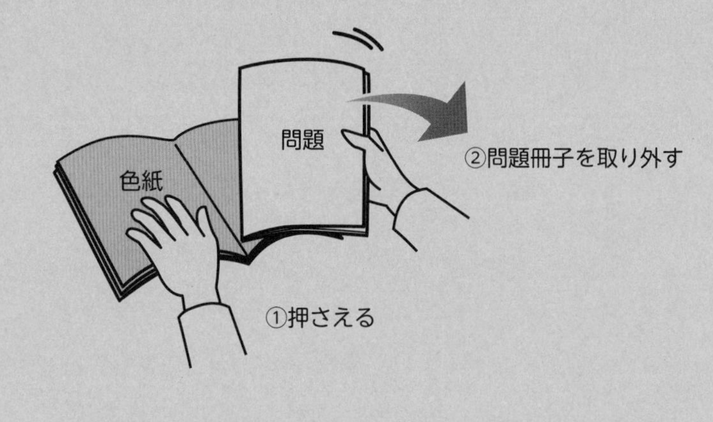

第１回　予想問題

午　前

人間の尊厳と自立	問題１～２
人間関係とコミュニケーション	問題３～６
社会の理解	問題７～18
こころとからだのしくみ	問題19～30
発達と老化の理解	問題31～38
認知症の理解	問題39～48
障害の理解	問題49～58
医療的ケア	問題59～63

（注意）

1　午前の試験問題数は、上記の63問です。

2　解答時間は、１時間40分を目安としてください。

3　出題形式は五肢択一形式となっています。各問題には１から５まで５つの答えがありますので、そのうち、問題に対応した答えを解答用紙に解答してください。

◎ **領域：人間と社会**

人間の尊厳と自立

問題　1　自立生活運動(IL 運動)に関する次の記述のうち、**適切なもの**を**1つ**選びなさい。

1　1960年代にスウェーデンで起こった運動である。

2　他人からの援助を受けずに、障害者が自力で生活することを自立としている。

3　健常者が中心となって展開された運動である。

4　自己選択・自己決定が自立であるとする概念を世の中に広めた運動である。

5　障害者の生活の主体者は介護福祉職である。

問題　2　**A**さん(76歳、女性)は、脳梗塞(こうそく)(cerebral infarction)の後遺症で左片麻痺がある。同居している娘の介護を受けながら在宅生活を続けているが、日中は一人になるため訪問介護を利用している。入浴介助の際に、介護福祉職は**A**さんの背中に複数のあざを発見した。介護福祉職が「このあざはどうしたのですか？」と尋ねても、**A**さんは「何でもない。大丈夫」としか答えてくれない。

介護福祉職の対応に関する次の記述のうち、**適切なもの**を**1つ**選びなさい。

1　速やかに市町村に通報しなければならない。

2　**A**さんが「何でもない。大丈夫」と答えたので、しばらく様子を見ることにする。

3　他の部位にもあざがないか観察する。

4　あざを発見しただけなので、訪問介護事業所の上司に相談する必要はない。

5　**A**さんの娘を厳しく叱責する。

人間関係とコミュニケーション

問題　3　ラポールを形成するための記述として、**最も適切なものを１つ**選びなさい。

1　はじめは、介護福祉職自身のことから一方的に話す。

2　介護福祉職は、共感と受容的な態度で利用者に接する。

3　事前に利用者の情報を把握し、その内容から先に伝える。

4　利用者の情報を把握できるまでは、消極的なコミュニケーションにとどめる。

5　親しさを感じてもらうために、最初はできるかぎり近づいて話す。

問題　4　利用者が「どうして、こんな病気になってしまったのかつらい」と話しかけてきた。介護福祉職の受容的な対応として、**最も適切なものを１つ**選びなさい。

1　「そんなこと悩んでもしかたないです」

2　「早く病気を治しましょう」

3　「病気のことは看護師に話してみてください」

4　「おつらいですね」

5　「リハビリを積極的にやりましょう」

問題　5　チーム運営に関する次の記述のうち、**適切なものを１つ**選びなさい。

1　コンティンジェンシー理論はリーダーシップ理論のひとつで、リーダーに必要とされる資質を身体的・精神的特性の面などから研究したものをいう。

2　アメリカのカーネギーメロン大学教授のケリーは、リーダーには、フォロワーの自律性を引き出し、フォロワーが能動的に動けるようにする役割があるとした。

3　日本の社会心理学者である三隅二不二（みすみじゅうじ）が提唱したPM理論によれば、理想的なリーダーとは、集団の維持には向いてなくても目標達成に対する指向が強いタイプとされている。

4　PDCAサイクルの「C」は、Choose（選択する）である。

5　PDCAサイクルは、医療・福祉分野の業種に限定された理論・方法である。

問題　6　人材の育成と管理に関する次の記述のうち、**適切なもの**を**1つ**選びなさい。

1　Off-JTとは、職場内で、具体的な仕事を通じて、仕事に必要な知識・技術・技能・態度などを指導教育するものをいう。

2　OJTとは、職場を離れて、業務の遂行の過程外で行われる研修をいう。

3　SDSとは、職場内外での職員の自主的な自己啓発活動を職場として認知し、時間面・経済面での援助や施設の提供などを行うものをいう。

4　スーパービジョン(supervision)の管理的機能には、人員配置は含まれない。

5　援助を展開するうえで特定の領域に関する知識や技術が必要になった際に、他職種から助言や指導を受けることをスーパービジョン(supervision)という。

社会の理解

問題　7　地域福祉に関する次の記述のうち、**最も適切なもの**を**1つ**選びなさい。

1　バリアフリーとは、障害のある人を特別視しないことが前提になっている。

2　ユニバーサルデザイン(universal design)とは、すべての人の行動や社会参加をはばむ、さまざまな障壁を取り除くことである。

3　ノーマライゼーション(normalization)とは、障害者の生活を障害がない人の生活に近づけることである。

4　ソーシャルインクルージョン(social inclusion)とは、すべての人を、排除などから援護し、社会の構成員として包み支え合うことである。

5　施設の社会化とは、入所者が、施設を退所し、地域で暮らすことである。

問題　8　社会保障制度における所得保障に関する次の記述のうち、**正しいもの**を**1つ**選びなさい。

1　生活保護受給者の介護保険料は、介護扶助から給付される。

2　児童手当は、小学校修了までの児童1人につき、一定の額(月額)が父母等に支給される。

3　国民年金第1号被保険者が出産した場合、産前産後期間の保険料が免除される。

4　社会手当は、資産調査や所得調査が支給の要件とされている。

5　児童扶養手当の対象は母子家庭のみとされている。

問題　9　「障害者虐待防止法」に関する次の記述のうち、**適切なもの**を**1つ**選びなさい。

1　対象となる虐待の種類は、身体的虐待、心理的虐待、性的虐待、ネグレクトの4つである。

2　使用者による虐待については定められていない。

3　身体的虐待に身体拘束は含まれない。

4　障害者虐待を発見した者は、市町村に通報するように努めなければならない。

5　障害者に対する虐待の禁止が明文化されている。

(注)　「障害者虐待防止法」とは、「障害者虐待の防止、障害者の養護者に対する支援等に関する法律」のことである。

問題　10　労働者災害補償保険制度に関する次の記述のうち、**適切なものを１つ**選びなさい。

1　公務員は、保険給付の対象外である。

2　パートやアルバイトは、保険給付の対象外である。

3　業務中に起きた事故による負傷は、医療保険から給付される。

4　保険料は、被保険者および事業主の負担する保険料と国庫負担で賄われる。

5　業務上の心理的負荷による精神障害は、保険給付の対象外である。

問題　11　介護保険の被保険者に関する次の記述のうち、**正しいものを１つ**選びなさい。

1　被保険者の資格をもつ者は、市町村に申請しなければならない。

2　第２号被保険者は、市町村の区域内に住所を有する40歳以上65歳未満の者のすべてが対象となる。

3　障害者支援施設に入所している40歳以上の者も被保険者となる。

4　国籍要件はなく、外国人でも被保険者となることができる。

5　第１号被保険者の資格の取得および喪失に関する事項は、被保険者本人が市町村に届け出なければならない。

問題　12　介護保険の要介護認定とサービスに関する次の記述のうち、**最も適切なものを１つ**選びなさい。

1　要介護認定等には有効期限があり、新規･区分変更認定の場合は原則として24か月である。

2　第２号被保険者が、特定疾病によって要介護状態または要支援状態になった場合、受給要件に該当する。

3　要介護認定の申請は本人、家族、親族が行うことができるが、民生委員や社会保険労務士はできない。

4　居宅介護支援は、サービス費用の１割が自己負担となる。

5　住宅改修支給限度基準額は、手すりの取付けや段差の解消など、住宅改修費について20万円まで支給される制度で、再支給は認められていない。

問題　13　**B**さん(19歳、男性)は、自宅で両親とともに暮らしている。視覚障害があり、身体障害者手帳6級を所持している。将来、就職して一人暮らしをしたいと思い、「障害者総合支援法」に基づくサービスを利用し、就労につながる支援を受けたいと希望している。

Bさんの利用が考えられるサービスとして、**正しいものを1つ**選びなさい。

1　同行援護

2　自立生活援助

3　就労移行支援

4　就労定着支援

5　自立訓練

(注)「障害者総合支援法」とは、「障害者の日常生活及び社会生活を総合的に支援するための法律」のことである。

問題　14「障害者総合支援法」のサービス利用の流れに関する次の記述のうち、**適切なものを1つ**選びなさい。

1　就労移行支援を利用する人は、障害支援区分の認定を受ける必要がある。

2　障害支援区分の審査・判定を行う場合、市町村審査会は、対象となる障害者の家族に意見を聞くことができる。

3　障害者の心身の状況など108項目についてアセスメント(assessment)を行う。

4　サービス等利用計画の作成は、サービス管理責任者が行う。

5　サービス担当者会議の開催は、介護支援専門員が行う。

(注)「障害者総合支援法」とは、「障害者の日常生活及び社会生活を総合的に支援するための法律」のことである。

問題　15「災害対策基本法」に関する次の記述のうち、**適切なものを１つ**選びなさい。

1　災害発生時には､炊き出しその他による食品の給与および飲料水の供給が定められている。

2　市町村長には、緊急避難場所の指定が義務づけられている。

3　都道府県知事には、避難行動要支援者名簿の作成が義務づけられている。

4　福祉避難所とは、公民館や学校など宿泊する場所や食事などが提供され、仮の生活ができる一時的な避難施設をいう。

5　福祉避難所には、要配慮者の家族は避難できない。

問題　16　個人情報の保護に関する次の記述のうち、**正しいものを１つ**選びなさい。

1　指定居宅介護支援事業者が、サービス担当者会議に利用者の個人情報を用いる場合は、本人の同意は不要である。

2　本人の同意のない個人情報の提供は、例外なく禁止されている。

3　文書や映像、音声は、個人情報の保護の対象とならない。

4　指紋は個人識別符号に含まれる。

5　個人情報取扱事業者には、国・地方公共団体も含まれる。

問題　17　成年後見制度に関する次の記述のうち、**最も適切なものを１つ**選びなさい。

1　成年後見人等が必要な場合には、地方裁判所に対して申立てを行う。

2　成年後見人等の職務は、本人のために財産管理を行うことと、身上監護として介護契約や入院契約の代行や介護行為を行うことである。

3　市町村長は、後見開始の申立てができない。

4　任意後見制度とは、制度を利用する本人の判断能力が低下する前に、自ら任意後見人を指名するものである。

5　成年後見人等になるための資格はとくにないが、法人は選任することができない。

問題　18　生活困窮者自立支援法に関する次の記述のうち、**正しいものを１つ**選びなさい。

1　生活困窮者とは、就労の状況、心身の状況などの事情により、現に経済的に困窮し、最低限度の生活を維持することができなくなった者をいう。

2　事業のすべてを社会福祉法人などに委託することができる。

3　就労準備支援事業の実施は任意である。

4　必須事業には、自立相談支援事業と一時生活支援事業がある。

5　基本理念として、生活困窮者の尊厳の保持を定めている。

◎ 領域：こころとからだのしくみ

こころとからだのしくみ

問題　19　血液と循環器系のしくみに関する次の記述のうち、**適切なもの**を**１つ**選びなさい。

1　リンパ球は、血液中において酸素の運搬に関わる。

2　肺静脈には、静脈血が流れている。

3　心臓には、２つの弁がある。

4　右心室から肺動脈を経て左心房に至る流れを肺循環という。

5　血小板は、たんぱく質や無機塩類などの物質の運搬、ホメオスタシス(homeostasis)の維持などに関わる。

問題　20　認知症(dementia)である**C**さん(85歳、女性)は、つい最近まで、70年以上に渡り着物を仕立てる仕事をしていた。現在、**C**さんは日常生活全般に支援が必要であるが、日頃は施設のぞうきんを上手に縫っている。

Cさんのように針を上手に使うために重要な役割を担う記憶として、**適切なもの**を**１つ**選びなさい。

1　感覚記憶

2　展望記憶

3　手続き記憶

4　エピソード記憶

5　意味記憶

問題　21　軽度の脱水でみられる症状に関する次の記述のうち、**適切なもの**を**１つ**選びなさい。

1　めまい

2　食欲の増進

3　痙攣(けいれん)

4　体重の増加

5　意識障害

問題　22　大脳の前頭葉にある機能局在として、**正しいものを１つ**選びなさい。

1　感覚性言語中枢(ウェルニッケ中枢)

2　自律神経系の中枢

3　平衡感覚の中枢

4　運動中枢

5　視覚中枢

問題　23　股関節を屈曲させるための代表的な骨格筋(主動作筋)として、**正しいものを１つ**選びなさい。

1　腸腰筋

2　三角筋

3　上腕二頭筋

4　大殿筋

5　前脛骨筋

問題　24　**D**さん(70歳、男性)は、最近ちょっとした段差でつまずいたり、転倒することが多くなった。また、**D**さんは、小刻みに歩いたり、前のめりに歩くことが目立ってきた。その他に、立ち上がり時にめまいも訴えている。

Dさんの状態の原因として考えられる疾患として、**最も適切なものを１つ**選びなさい。

1　筋萎縮性側索硬化症(amyotrophic lateral sclerosis：ALS)

2　脳梗塞(cerebral infarction)

3　レビー小体型認知症(dementia with Lewy bodies)

4　脊柱管狭窄症(spinal stenosis)

5　後縦靭帯骨化症(ossification of posterior longitudinal ligament)

問題　25　からだをつくる栄養素に関する次の記述のうち、**正しいものを１つ**選びなさい。

1　食物繊維は三大栄養素のひとつとして、エネルギー源になる。

2　ビタミンB_1(vitamin B_1)は、糖質の代謝を促進する。

3　脂溶性ビタミンは、体内に貯蔵されにくい。

4　脂質は、細胞質の構成成分となる。

5　カルシウム(Ca)が不足すると、味覚異常が起こる。

問題　26　食事で食物繊維の摂取制限が必要な疾患として、**最も適切なものを１つ**選びなさい。

1　高血圧症(hypertension)

2　糖尿病(diabetes mellitus)

3　心筋梗塞(myocardial infarction)

4　胃潰瘍(いかいよう)(gastric ulcer)

5　弛緩性便秘(しかんせいべんぴ)

問題　27　骨盤底筋群の機能低下により失禁してしまう排尿障害として、**正しいものを１つ**選びなさい。

1　切迫性尿失禁

2　溢流性尿失禁(いつりゅうせいにょうしっきん)

3　反射性尿失禁

4　真性尿失禁

5　腹圧性尿失禁

問題　28　睡眠のしくみに関する次の記述のうち、**正しいものを１つ**選びなさい。

1　ノンレム睡眠、レム睡眠を30分周期で繰り返している。

2　体内時計は視交叉上核(しこうさじょうかく)にある。

3　メラトニン(melatonin)は下垂体から分泌される。

4　ノンレム睡眠時、脳の機能は活動している。

5　高齢者は、ノンレム睡眠のなかでも深い段階のノンレム睡眠が多くなる。

問題　29　レム睡眠行動障害(REM sleep behavior disorder)に関する次の記述のうち、**適切なものを１つ**選びなさい。

1　脚がほてり、かきむしりたくなるような不快感やむずむずとした感覚が起こり、眠りが妨げられる。

2　睡眠中に、手足に痙攣(けいれん)などが起こることで、睡眠が中断される。

3　睡眠中に、10秒以上呼吸が停止した状態が繰り返される。

4　夕方に強い眠気を感じて入眠し、深夜に覚醒してしまう。

5　夢のなかの行動に応じて、睡眠中にもかかわらず、大声を上げたり、手足を激しく動かしたりしてしまう。

問題　30　がん末期である**E**さん(男性、90歳)は、キューブラー・ロス(Kübler-Ross, E.)の「死の受容過程」で「第５段階(受容)」の心理過程にある。最近、ますます食欲が落ちてきている。また、痛みも以前より強くなり、ほぼ寝たきり状態である。

このような**E**さんへの配慮として、**最も適切なもの**を**1つ**選びなさい。

1　食事量をいかに増やすか考える。

2　水分量をいかに増やすか考える。

3　活動量をいかに増やすか考える。

4　身体的苦痛をいかに取り除くか考える。

5　積極的に治療を受けられるよう、いかに励ますか考える。

発達と老化の理解

問題 31 乳幼児期の発達に関する次の記述のうち、**適切なものを１つ**選びなさい。

1 生後３か月頃になると、他者があやすと笑う新生児微笑がみられるようになる。
2 ２歳頃になると、「ママ」「パパ」などの１語文を話すようになる。
3 生後４～６か月頃になると、「あー」「うー」など意味のない発声がみられはじめる。
4 １歳半頃になると、急激に語彙（ごい）を学習するスピードが上がる語彙爆発が起きる。
5 生後８か月頃になると、ひとり歩きができるようになる。

問題 32 適応機制に関する次の記述のうち、**適切なものを１つ**選びなさい。

1 現実から目をそらし、つらい状態からのがれ、心の安定を図ろうとすることを退行という。
2 不得意な分野における劣等感を、ほかの分野における優越感で補おうとすることを代償という。
3 すぐには実現することのできない欲求を、社会的に価値の高い活動に置き換えて満たそうとすることを置き換えという。
4 表には出したくない欲求や感情と正反対の行動をとり、欲求や感情を隠そうとすることを抑圧という。
5 自分にとって都合のよい理由をつけて、自分の失敗を正当化しようとすることを合理化という。

問題 33 老年期の発達と老いの受容に関する次の記述のうち、**適切なものを１つ**選びなさい。

1 高齢者になれば、誰もが老いを受け入れる。
2 老いを受容することが、新しい生き方につながる。
3 老性自覚とは、客観的な老いの自覚のことである。
4 サクセスフル・エイジングとは、客観的な幸福感のことである。
5 定年により、喪失体験することはない。

問題 34 老化に伴う感覚機能の変化として、**適切なものを１つ**選びなさい。

1 視覚に関する変化として、近方視力が低下する。
2 聴覚については、とくに低い音が聞き取りづらくなる。
3 味覚については、とくに甘味を感じ取りにくくなる。
4 嗅覚に大きな変化はみられない。
5 皮膚感覚は過敏になる。

問題　35　循環器系の疾患に関する次の記述のうち、**適切なものを1つ**選びなさい。

1　日本高血圧学会のガイドラインによると、高血圧（Ⅰ度）の基準は、収縮期血圧が160mmHg以上、拡張期血圧が100mmHg以上である。

2　高血圧の食事療法では、塩分、カリウム（K）、脂肪の摂取を制限する。

3　心房細動（atrial fibrillation）は、脳塞栓の原因になる。

4　急性心筋梗塞（acute myocardial infarction）では、突発的で激しい胸痛が30分以上続くが、高齢者ではとくに強く痛みが現れる。

5　心不全（heart failure）のうち、右心不全ではチアノーゼ（cyanosis）や息苦しさ、左心不全ではむくみ（浮腫）が出現する。

問題　36　老化に伴う身体的機能の変化に関する次の記述のうち、**正しいものを1つ**選びなさい。

1　腸の蠕動運動の増加により、下痢になりやすい。

2　肺活量と残気量が共に低下する。

3　皮膚は乾燥しやすくなる。

4　下肢より上肢の筋力が先に衰える。

5　骨密度が高くなる。

問題　37　生活習慣病（life-style related disease）に関する次の記述のうち、**適切なものを1つ**選びなさい。

1　脳内出血は、休息中に突然起こることが多い。

2　糖尿病（diabetes mellitus）による高血糖では、意識障害は起きない。

3　胃がん（gastric cancer）は、糖分のとりすぎが主な原因で発症する。

4　がん（cancer）による日本人の死亡者数を部位別にみると、最も多いのは胃である。

5　くも膜下出血（subarachnoid hemorrhage）では、激しい頭痛、意識障害、嘔吐といった症状が出現する。

問題　38　2022年（令和4年）の「国民生活基礎調査」（厚生労働省）で示されている、介護が必要となった主な原因の第1位として、**正しいものを1つ**選びなさい。

1　脳血管疾患（cerebrovascular disease）

2　心疾患（heart disease）

3　認知症（dementia）

4　高齢による衰弱

5　骨折（fracture）・転倒

認知症の理解

問題　39　パーソン・センタード・ケア（person-centred care）に関する次の記述のうち、**適切なものを１つ**選びなさい。

1　「その人らしさ」「自分らしさ」を重視したケアのことである。
2　アメリカの哲学者ミルトン・メイヤロフ（Mayeroff, M.）が提唱した理念である。
3　認知症ケアマッピング（DCM）を発展させるために開発された理念である。
4　「見る」「話す」「触れる」「立つ」を４つの柱としている。
5　介護者本位で効率よく行うケアのことである。

問題　40　「認知症基本法」に関する次の記述のうち、**正しいものを１つ**選びなさい。

1　公共交通事業者等や金融機関などがサービスを提供するにあたり、認知症（dementia）の人に対して必要かつ合理的な配慮をすることが義務づけられている。
2　認知症施策推進基本計画案の作成にあたっては、認知症施策推進本部にあらかじめ設置される、専門家のみで構成される認知症施策推進関係者会議の意見を聴くこととされている。
3　国民の間に広く認知症（dementia）についての関心と理解を深めるため、認知症の日及び認知症月間が規定されている。
4　家族は、支援の対象外とされている。
5　厚生労働省に認知症施策推進本部を設置する。

（注）「認知症基本法」とは、「共生社会の実現を推進するための認知症基本法」のことである。

問題　41　軽度認知障害（mild cognitive impairment）に関する次の記述のうち、**最も適切なものを１つ**選びなさい。

1　記憶低下の愁訴はない。
2　全般的な認知機能の低下がみられる。
3　日常生活を送るうえで支障をきたす程度ではない認知障害である。
4　ほとんどがアルツハイマー型認知症（dementia of the Alzheimer's type）に進行する。
5　軽度の見当識障害を認める。

問題　42　認知症(dementia)による実行機能障害に関する次の記述のうち、**最も適切なもの**を**1つ**選びなさい。

1　聞いたばかりの話や自分がとった行動を思い出せない。
2　なじみの場所でも、どこにいるのかわからなくなる。
3　物事を段取りよく、進めることができない。
4　いつも購入している商品が売り切れのとき、別のもので代替できない。
5　複数の対象に、同時に注意を向けることができない。

問題　43　クロイツフェルト・ヤコブ病(Creutzfeldt-Jakob disease)に関する次の記述のうち、**適切なもの**を**1つ**選びなさい。

1　ミオクローヌスと呼ばれる不随意運動を伴う。
2　中脳の黒質に異常が起こる疾患である。
3　認知機能低下、歩行障害、尿失禁、意欲の低下などの症状がみられる。
4　早期発見で改善が可能な認知症(dementia)である。
5　10年以内に死に至る場合が多い。

問題　44　認知症(dementia)の行動・心理症状(BPSD)の例として、**適切なもの**を**1つ**選びなさい。

1　服を着るときに、表・裏や上・下をまちがえてしまう。
2　物の置き場所や約束を忘れたり、新しい出来事が覚えられなくなったりする。
3　左側にある物に気づかずにぶつかったり、食事のときに左側にある食べ物に全く手をつけなかったりする。
4　介護者である夫に向かって、「夫に迎えに来るように電話してください」と頼む。
5　「財布を盗まれた」と言って探し回る。

問題　45　Ｆさん(80歳、女性)は、数年前からもの忘れが多くなっている。最近は同じことを何度も尋ねたり、手馴(てな)れたことができないこともある。専門医の診断の結果、アルツハイマー型認知症(dementia of the Alzheimer's type)と診断された。日中、１人でいることが多く、しだいに近所に出かけることも少なくなった。そこで家族は「得意な料理をしていきいきしてほしい」と勧めても、うまく調理を進めることができなくなっている。

Ｆさんの症状として、**最も適切なもの**を**1つ**選びなさい。

1　理解・判断力の低下
2　実行機能障害
3　見当識障害
4　記憶障害
5　失行

問題　46　アルツハイマー型認知症(dementia of the Alzheimer's type)の症状に関する次の記述のうち、**最も適切なもの**を**1つ**選びなさい。

1　人格水準は比較的保たれる。
2　初期に病識がある。
3　症状により、発作型と緩徐型に分類される。
4　人物、場所、時間の順で見当識が低下する。
5　いつとはなしにもの忘れが始まり、緩徐に進行していく。

問題　47　認知症(dementia)の人やその家族に対する地域のサポート体制に関する次の記述のうち、**適切なもの**を**1つ**選びなさい。

1　プライバシーを保護する観点から、近隣の住民や商店主などと認知症高齢者の情報を共有することは避ける。
2　認知症(dementia)の人へのサポート体制づくりは、都道府県単位で実施されることが主流になっている。
3　認知症カフェは、認知症(dementia)の人や家族の介護における悩み、介護方法などについて、認知症介護の専門家や経験者などに電話相談できる場所である。
4　認知症サポーターは、国が実施主体となって養成講座を行っている。
5　認知症疾患医療センターは、地域の認知症医療の連携を強化する役割をもつ。

問題　48　認知症(dementia)の人を介護している家族への支援に関する次の記述のうち、**適切なもの**を**1つ**選びなさい。

1　認知症(dementia)の人を介護している家族へ助言・指導を行う場合は、家族における認知症(dementia)の受容の過程にとらわれないようにする。

2　認知症(dementia)の人を施設に短期入所させることは、レスパイトケア(respite care)に含まれない。

3　認知症高齢者の家族会は、同じような介護経験をもつ家族が苦労や悩みなどを話し合い、互いに成長していくことを目的としている。

4　認知症(dementia)の人を介護している家族が困難に直面している場合、介護福祉職が家族の負担を軽減するために、家族の代わりをすべて担うことが望ましい。

5　認知症(dementia)の人の家族など、同じ問題を抱えた人がお互いに支え合うことを、インクルージョン(inclusion)と呼ぶ。

障害の理解

問題　49　統合失調症(schizophrenia)に関する次の記述のうち、**適切なもの**を**1つ**選びなさい。

1　心因性精神障害に分類される。
2　学童期に発症することが多い。
3　気分が異常に高揚する。
4　振戦せん妄がみられる。
5　継続的な薬物療法が行われる。

問題　50　高次脳機能障害(higher brain dysfunction)のある人への支援として、**適切なもの**を**1つ**選びなさい。

1　注意障害のある人には、取り組む作業をひとつずつ説明していく。
2　失行のみられる人には、正しいやり方を指導することが重要である。
3　社会的行動障害のある人には、多くの人と関われるような環境を設定する。
4　運動性失語のある人は言葉の理解ができないため、ゆっくり話しかける。
5　半側空間無視のある人は下肢に対する認識が失われるため、転倒に気をつける。

問題　51　視覚障害に関する次の記述のうち、**正しいもの**を**1つ**選びなさい。

1　加齢黄斑(おうはん)変性症(age-related macular degeneration)は原因不明の炎症性疾患で、難病のひとつとされている。
2　糖尿病性網膜症(diabetic retinopathy)は、血糖値のコントロールを行う必要がある。
3　網膜色素変性症(retinitis pigmentosa)は、黄斑の萎縮(いしゅく)などにより、視力の低下や物のゆがみなどが生じる。
4　緑内障(glaucoma)は、症状が進行すると網膜剝離(はくり)(retinal detachment)を引き起こし、失明に至る。
5　白内障(cataract)は、眼圧が上昇し、視神経が障害を受ける。

問題 52 自閉症スペクトラム障害(autism spectrum disorder)のある人の特徴として、**適切なものを1つ**選びなさい。

1 言葉を使って相手に何かを伝えることに、問題はない。
2 聞く、話す、読む、書くなどの学習能力のうち、特定の能力に障害がみられる。
3 興味をもっていることが限定的で、執着しやすい。
4 協調したり、仲間をつくったりすることは、比較的得意である。
5 幻覚や妄想などの症状が現れやすい。

問題 53 障害受容に関する次の記述のうち、**最も適切なものを1つ**選びなさい。

1 先天性障害と中途障害の障害受容のプロセスは変わらない。
2 障害を受容するためには、ピア・サポート(peer support)を必ず行う。
3 すべての障害者は、障害受容のプロセスを経る。
4 障害を受容するということは「あきらめる」ことではない。
5 早期に障害受容できるよう支援が必要である。

問題 54 脳性麻痺(cerebral palsy)の特徴に関する次の記述のうち、**適切なものを1つ**選びなさい。

1 中年の女性に多くみられる。
2 痙直(けいちょく)型、アテトーゼ型(athetosis)、失調型の3つに分類される。
3 不随意運動がみられる。
4 交通事故などによる後天的な障害が原因である。
5 着衣失行が生じる。

問題 55 知的障害に関する次の記述のうち、**正しいものを1つ**選びなさい。

1 知的障害者福祉法には、知的障害の定義は示されていない。
2 知的障害者への療育手帳の交付は、厚生労働大臣が行う。
3 正常に発達した知的機能が、なんらかの原因で慢性的に低下することで発症する。
4 知的障害の出生前の危険因子に、親の喫煙や飲酒習慣は含まれない。
5 原因のひとつであるフェニルケトン尿症を早期に発見する方法はない。

問題　56「障害者差別解消法」に関する次の記述のうち、**適切なもの**を**1つ**選びなさい。

1　都道府県は、障害者差別解消支援地域協議会を設置しなければならない。

2　差別に関する具体的な定義が示されている。

3　合理的配慮は、2006年(平成18年)に国連が採択した「障害者の権利に関する条約」で初めて取り上げられた概念である。

4　差別行為を行った者への罰則規定がある。

5　事業者は、障害者から合理的配慮の提供を求められた場合、実施に伴う負担が過重であっても必ず対応しなければならない。

(注)「障害者差別解消法」とは、「障害を理由とする差別の解消の推進に関する法律」のことである。

問題　57　**G**さん(20歳、男性)は、バイクによる交通事故で第4頸髄節(けいずいせつ)(C4)を損傷し、入院している。

Gさんの退院に向けたリハビリテーションとして、**最も適切なもの**を**1つ**選びなさい。

1　ハンドリムを動かして自走する標準型車いすの練習

2　ベッドからポータブルトイレに移乗するためのプッシュアップの練習

3　短下肢装具と松葉つえを利用した歩行練習

4　口に棒をくわえてパソコンのキーボードを打つ練習

5　自助具を使った食事摂取の練習

問題　58　障害者支援における地域のサポート体制に関する次の記述のうち、**適切なもの**を**1つ**選びなさい。

1　必要とされる社会資源としては、保健医療や福祉の専門職で形成されるフォーマルな資源だけが機能している。

2　指定一般相談支援事業者は、市町村長によって指定される。

3　「障害者総合支援法」における地域生活支援事業は、市町村が単独で行う。

4　サービス管理責任者はサービスの質の向上のため、個別支援計画の作成、職員への指導・助言などに携わり、直接的な生活支援は行わない。

5　「障害者総合支援法」に基づき設置される協議会は、障害者への支援体制の整備を目的とする機関である。

(注)「障害者総合支援法」とは、「障害者の日常生活及び社会生活を総合的に支援するための法律」のことである。

◎ 領域：医療的ケア

医療的ケア

問題 59 2011年（平成23年）の社会福祉士及び介護福祉士法改正に伴い、介護福祉士が「医療的ケア」として行えることになった医行為に関する次の記述のうち、**正しいものを1つ**選びなさい。

1 利用者の表情やバイタルサイン（vital signs）などに異常がないことを確認し、経管栄養を実施する。
2 口腔の喀痰吸引は、喉頭の手前までを限度とする。
3 気管カニューレ内部の喀痰吸引は、認められていない。
4 医療的ケアの実施は、看護師の指示書のもと行われる。
5 経鼻経管栄養実施時、栄養チューブが胃に挿入されているかを確認する。

問題 60 喀痰吸引時に想定されるトラブルのうち、看護職へ連絡する必要のない内容として、**適切なものを1つ**選びなさい。

1 吸引器が正しく作動しない。
2 利用者の動脈血酸素飽和度が88％まで低下した。
3 吸引中に大量に出血した。
4 吸引中に利用者が嘔吐した。
5 利用者の呼吸状態が悪化した。

問題 61 喀痰吸引実施の留意事項に関する次の記述のうち、**正しいものを1つ**選びなさい。

1 気管カニューレ内部吸引時、口腔・鼻腔用と同じ吸引チューブを使用してよい。
2 気管カニューレ内部吸引後、吸引チューブの内側に水道水で通水する。
3 子どもの吸引を行う場合も、成人と同じ圧で吸引する。
4 吸引チューブを回しながら痰を吸引する。
5 1回の吸引はできるだけ時間をかけて行う。

問題　62　経管栄養法に関する次の記述のうち、**正しいものを1つ**選びなさい。

1　鼻から胃までチューブを挿入して、栄養剤を注入する方法は、胃ろう経管栄養法である。

2　高齢者で、むせが多くなり、誤嚥の危険性がある人は、すべて胃ろうとなる。

3　経管栄養実施時、栄養剤の濃度が濃いと便秘になる。

4　消化態栄養剤は、医師の処方の必要がない栄養剤である。

5　在宅胃ろう管理では、外見上の理由や抜けにくさ、家族の管理のしやすさを考えてチューブの種類を選択する。

問題　63　**H**さん(70歳、男性)は、介護老人保健施設に入所中である。脳梗塞(cerebral infarction)の後遺症による嚥下障害があるため、胃ろうによる経管栄養を行っている。**H**さんはベッド上で過ごす時間が長いが、褥瘡はない。ある日、医師の指示にしたがい、介護福祉士が経管栄養を行うことになった。

介護福祉士が留意すべき点として、**最も適切なものを1つ**選びなさい。

1　冷蔵保存していた栄養剤は、温めずに使用する。

2　栄養剤の注入速度は、**H**さんの意向を最優先して決める。

3　栄養剤注入中の体位は、**H**さんが楽な仰臥位とする。

4　栄養剤の注入終了後しばらくは、**H**さんに上半身を起こした姿勢でいてもらう。

5　使用した器具の消毒は、0.1%の次亜塩素酸ナトリウムに10分程度浸して行う。

第１回　予想問題

午　後

介護の基本	**問題 64 ～ 73**
コミュニケーション技術	**問題 74 ～ 79**
生活支援技術	**問題 80 ～105**
介護過程	**問題106～113**
総合問題	**問題114～125**

（注意）

1　午後の試験問題数は、上記の62問です。

2　解答時間は、２時間を目安としてください。

3　出題形式は五肢択一形式となっています。各問題には１から５まで５つの答えがありますので、そのうち、問題に対応した答えを解答用紙に解答してください。

◎ **領域：介護**

介護の基本

問題　64　ICF（International Classification of Functioning, Disability and Health：国際生活機能分類）に関する次の記述のうち、**適切なもの**を**1つ**選びなさい。

1　解剖学的構造の異常や機能低下・制限が、社会的な不利益をもたらすとした。

2　従来の社会モデルから、医学モデルの視点で障害をとらえた。

3　生活機能に影響を与える背景因子として、環境因子と個人因子を掲げている。

4　3つの生活機能（心身機能・身体構造、活動、参加）は、それぞれ一方向的に背景因子と作用し合っている。

5　生活機能のひとつである活動には、社会的役割の実行が含まれる。

問題　65　リハビリテーションに関する次の記述のうち、**最も適切なもの**を**1つ**選びなさい。

1　リハビリテーションという言葉の意味は、障害を負う前と同じ状態に戻すことである。

2　医学的リハビリテーションは、急性期、回復期、維持期の順で進められる。

3　医師の指示のもと、視機能に障害のある人に対する矯正訓練や必要な検査を行うことができるのは、視能訓練士だけである。

4　地域リハビリテーションとは、障害のある人に対して、職業を通じて社会参加や自己実現、経済的自立の機会をつくり出していく援助のことである。

5　訪問リハビリテーションとは、要介護者の居宅で、心身機能の維持回復や生活の自立を助けるために行われる理学療法のことをさす。

問題　66　「育児・介護休業法」に関する次の記述のうち、**正しいもの**を**1つ**選びなさい。

1　育児休業の分割取得は原則認められていない。

2　有期契約労働者は、雇用期間にかかわらず育児休業・介護休業を取得することができない。

3　法で定める対象家族には、労働者と別居している祖父母は含まれない。

4　介護休暇には、対象家族の通院の付き添いも含まれる。

5　子の看護休暇制度は、中学校就学前の子を養育する労働者に適用される。

（注）「育児・介護休業法」とは、「育児休業、介護休業等育児又は家族介護を行う労働者の福祉に関する法律」のことである。

問題　67　「障害者虐待調査結果」に関する次の記述のうち、**適切なもの**を**1つ**選びなさい。

1　養護者による障害者虐待についての被虐待者の障害種別では、「身体障害」が最も多い。

2　被虐待障害者からみた虐待を行った養護者の続柄は、「父」が最も多い。

3　障害者福祉施設従事者等による虐待の事実が認められた施設・事業所の種別では、「放課後等デイサービス」が最も多い。

4　障害者福祉施設従事者等による障害者虐待についての虐待行為の類型では、「心理的虐待」が最も多い。

5　使用者による障害者虐待についての相談・通報・届出者は、「家族・親族」が最も多い。

(注)　「障害者虐待調査結果」とは、「『2022年度(令和4年度)障害者虐待の防止、障害者の養護者に対する支援等に関する法律』に基づく対応状況等に関する調査結果報告書」(厚生労働省)のことである。

問題　68　**A**さん(70歳、女性)は、息子(45歳)と2人暮らしである。2型糖尿病(diabetes mellitus, type2)で、朝食前にインスリン(insulin)の自己注射をしている。もともと足も悪く、要介護1で、現在、週1回の通所介護(デイサービス)を利用している。最近、部屋にいても羞明(しゅうめい)を感じたり、全体的にかすんでぼやけて見えることが多くなった。**A**さんは、「目がよく見えなくてインスリン(insulin)の量がわからない」と話す。

介護福祉職の対応として、**最も適切なもの**を**1つ**選びなさい。

1　「手が震えたり、冷汗などは出ませんか」と質問し、症状などを介護支援専門員に報告する。

2　「インスリン(insulin)の量をまちがえると大変なことになりますよ」と教える。

3　「誰でも歳を重ねれば、目も悪くなりますよ」と話す。

4　「明日からの自己注射は中止してください」と話し、介護支援専門員に報告する。

5　「目が見えにくいのであれば、息子さんに頼むといいですよ」と話す。

問題　69　共生型サービスに関する次の記述のうち、**適切なもの**を**1つ**選びなさい。

1　サービスの対象は、ホームヘルプサービスとデイサービスの2つである。

2　居宅介護事業所において、介護保険制度のサービスを利用することはできない。

3　地域共生社会の実現に向けた施策のひとつとして創設された。

4　サービスの対象に障害児は含まれていない。

5　予防給付は対象外とされている。

問題　70　チームアプローチ(team approach)と各専門職の業務に関する次の記述のうち、**適切なものを１つ**選びなさい。

1　チームアプローチ(team approach)とは、多職種が専門職としての能力を活用して、それぞれ独自に支援することである。

2　チームを構成するメンバーは、介護支援専門員や介護福祉士、医師や看護師などの専門職にかぎられる。

3　保健師は、名称独占の国家資格であり、保健指導に従事することを業とする。

4　作業療法士は、名称独占の国家資格であり、医師の処方のもと、義肢や装具の装着部位の採型、製作、身体適合を行うことを業とする。

5　栄養士は、厚生労働大臣から免許を受けて、栄養士の名称を用いて栄養の指導に従事することを業とする。

問題　71　身体拘束(しんたいこうそく)や虐待(ぎゃくたい)防止に関する次の記述のうち、**正しいものを１つ**選びなさい。

1　皮膚をかきむしらないように、ミトン型の手袋をつけることは、身体拘束にあたらない。

2　身体拘束を認める要件に該当しなくなった場合でも、しばらくは様子を見てそのままの状態を保つ。

3　虐待の種類のうち、ネグレクトとは、心理的外傷を与える言動をさす。

4　2022年度(令和４年度)の「高齢者虐待調査結果」によれば、虐待の種類で最も多いのは、身体的虐待である。

5　虐待について定めている法律は、「高齢者虐待防止法」だけである。

(注)１　「高齢者虐待調査結果」とは、「高齢者虐待の防止、高齢者の養護者に対する支援等に関する法律に基づく対応状況等に関する調査結果」(厚生労働省)のことである。

(注)２　「高齢者虐待防止法」とは、「高齢者虐待の防止、高齢者の養護者に対する支援等に関する法律」のことである。

問題　72　介護福祉職の腰痛予防に関する次の記述のうち、**適切なもの**を**1つ**選びなさい。

1　移動の支援では、リフトなどの福祉用具の使用は避ける。

2　静的ストレッチングが効果的である。

3　介護中の姿勢は、前傾中腰を基本とする。

4　移乗の支援では、介護福祉職のからだをひねって介護する。

5　移乗の支援では、利用者を抱えて行う。

問題　73　感染対策に関する次の記述のうち、**最も適切なもの**を**1つ**選びなさい。

1　感染予防の原則は、感染源の排除、感染経路の遮断の２つである。

2　感染経路の遮断には、感染源(病原体)を持ち込まないこと、持ち出さないことが重要である。

3　手袋を着用した場合には、手洗いをしなくてもよい。

4　MRSA(メチシリン耐性黄色ブドウ球菌)は、接触感染によって感染する。

5　白癬(tinea)では、咳と痰、ときに血痰などの呼吸器症状がみられる。

コミュニケーション技術

問題　74　介護福祉職が利用者に質問をするときの技法に関する次の記述のうち、**最も適切なもの**を**1つ**選びなさい。

1　オープン・クエスチョンとは、質問の内容を広くオープンに公表して、誰もがわかるようにした質問の技法である。

2　できるだけ早く情報を聞き出すために、クローズド・クエスチョンを多用するとよい。

3　より多くの情報が得られ、かつ利用者や家族の満足感が高いのはクローズド・クエスチョンである。

4　なにも答えない「沈黙」も、場合によってはどんなに多くの言葉よりも心の内を物語ることがある。

5　事実を確認するときや、利用者に負担の大きい質問のときは、オープン・クエスチョンを用いる。

問題　75　失語症(aphasia)の特徴に関する次の記述のうち、**正しいもの**を**1つ**選びなさい。

1　失語症(aphasia)とは、脳卒中(stroke)や頭部外傷などにより、大脳の言語中枢が障害を受けて起こる言語障害で、左片麻痺(ひだりかたまひ)があることが多い。

2　心理的ショックや精神的ストレスが原因で発症することもある。

3　程度の差はあるが、「聞く」「話す」「読む」「書く」「計算する」といったすべての能力に障害を受けると、訓練により改善されることはない。

4　知的能力や記憶、人格の保持は難しくなる。

5　失語症(aphasia)は、運動性失語と感覚性失語に大別される。

問題　76　サービス担当者会議に関する次の記述のうち、**正しいもの**を**1つ**選びなさい。

1　利用者と家族には聞かせたくないので、関係者だけで行った。

2　できるだけたくさんの意見を聞きたかったので、終了時間は決めなかった。

3　家族の希望により、ケアプランにとらわれない話をした。

4　より短時間で質の高い会議にするため、専門用語や略語を使った。

5　会議で配布する資料について、あらかじめ利用者と家族に説明して了解を得た。

問題　77　**B**さん(82歳、女性)は、アルツハイマー型認知症(dementia of the Alzheimer's type)である。数年前に認知症対応型共同生活介護(グループホーム)に入所し、最近「服が盗まれる」と言って入浴を拒否するようになった。介護福祉職の対応として、**最も適切なもの**を**1つ**選びなさい。

1　「誰も盗む人なんかいませんよ」
2　「**B**さんの番ですから、早くお風呂に入ってください」
3　「お風呂に入ったら気持ちいいですよ」
4　「お風呂に入らないと不潔になりますよ」
5　「『服が盗まれる』と心配されているのですね。何かよい方法を一緒に考えましょう」

問題　78　加齢性難聴(presbycusis)の利用者とのコミュニケーションに関する次の記述のうち、**最も適切なもの**を**1つ**選びなさい。

1　時間がないので早口でまくしたてた。
2　耳元で大きな声で話した。
3　メモを書いて手渡した。
4　にぎやかな場所で話した。
5　後ろから静かに話しかけた。

問題　79　記録に関する次の記述のうち、**正しいもの**を**1つ**選びなさい。

1　正確な時間がわからなかったので、時間の記載はしなかった。
2　車いすからずり落ちたが、大したけがもなかったので、記録はしなかった。
3　１年が経過したので記録を処分した。
4　記録するときは、修正液が使えないので、消すことのできるペンを使用した。
5　トラブルがあって記録する時間がなかったので、上司の許可を得てから残業して記録した。

生活支援技術

問題　80　利用者の生活支援を行うにあたり、**最も適切なもの**を**1つ**選びなさい。

1　利用者が1人で生活行為ができることを目的として行う。
2　利用者のニーズより現状の介護サービスに適合させることを優先する。
3　生活全体よりも生活動作を中心とした視点で支援する。
4　介護福祉職だけで、利用者の生活を支えられるようにしていく。
5　利用者の「できること」に着目し、意欲を引き出す。

問題　81　**C**さん(65歳、男性)は、パーキンソン病(Parkinson disease)で姿勢反射障害がみられる。自宅で妻と2人暮らしであるが、入浴に一部介助が必要なため、週に1回、訪問介護(ホームヘルプサービス)と通所介護(デイサービス)を利用している。家の中の移動は手すりや家具につかまり歩行している。**C**さんは自宅の環境を整え、妻に負担をかけずにできるだけ自宅で生活したいと願っている。

Cさんへの環境整備のアドバイスとして、**最も適切なもの**を**1つ**選びなさい。

1　廊下を車いすで移動できるように広くする。
2　段差解消のためスロープを多用する。
3　障害物になる余計な荷物を片づける。
4　浴室の扉を開き戸にする。
5　浴槽の出入りをしやすくするために、リフトを設置する。

問題　82　廊下・階段の環境整備に関する次の記述のうち、**適切なもの**を**1つ**選びなさい。

1　階段の片側に手すりを設置する場合は、上るときに健側(けんそく)となる側に設置する。
2　足元灯を設置する。
3　廊下の壁には、間隔をあけて手すりを設置する。
4　手すりの高さは、床から1,000mm程度とする。
5　廊下側に開く扉を設置する。

問題　83　専門的な管理が必要ない高齢者の爪切りに関する次の記述のうち、**適切なもの**を**1つ**選びなさい。

1　爪は、斜め方向から切る。
2　爪の先端の白い部分を1mmぐらい残して切る。
3　爪は、一度に大きく切る。
4　爪やすりは、中央から端に向けてかける。
5　爪は、十分に乾燥させてから切る。

問題　84　**D**さん(75歳、男性)は、脳梗塞(cerebral infarction)の後遺症により右片麻痺となった。発症前は妻と2人暮らしであったが、妻も高齢なため夫の介護は困難であり、介護老人福祉施設へ入所となった。病気を発症する前の**D**さんはとてもおしゃれが好きで身じたくにも気を配っていたが、車いすの生活になってしまった今はまったく興味をもたなくなってしまった。**D**さんは人との交流には昔からあまり積極的ではなかったが、街の写真を撮るのが好きでよく出かけていた。妻は**D**さんに「以前のようにおしゃれに関心を向けてほしい」と望んでいる。

Dさんに身じたくに関心をもってもらうための工夫に関する次の記述のうち、**最も適切なもの**を**1つ**選びなさい。

1　外の景色を見るために外出する。
2　レクリエーションに参加し、人と交流する機会をつくる。
3　職員が身じたくの意義を伝える。
4　自宅に外泊する。
5　朝夕は着替えをしてメリハリをつける。

問題　85　口腔ケアに関する次の記述のうち、**最も適切なもの**を**1つ**選びなさい。

1　総義歯を洗うときは、歯みがき剤を使用するとよい。
2　ベッド上での口腔ケアは、ベッドをギャッジアップして行う。
3　経鼻経管栄養の利用者は、口で咀嚼しないため口腔ケアの必要はない。
4　ブラッシングする際、歯ブラシは力強く握るようにする。
5　握力が弱く、歯ブラシを持つことができない利用者は、全介助をする。

問題　86　右片麻痺がある利用者の杖歩行介助をするときに介護者の位置する場所として、**適切なもの**を**1つ**選びなさい。

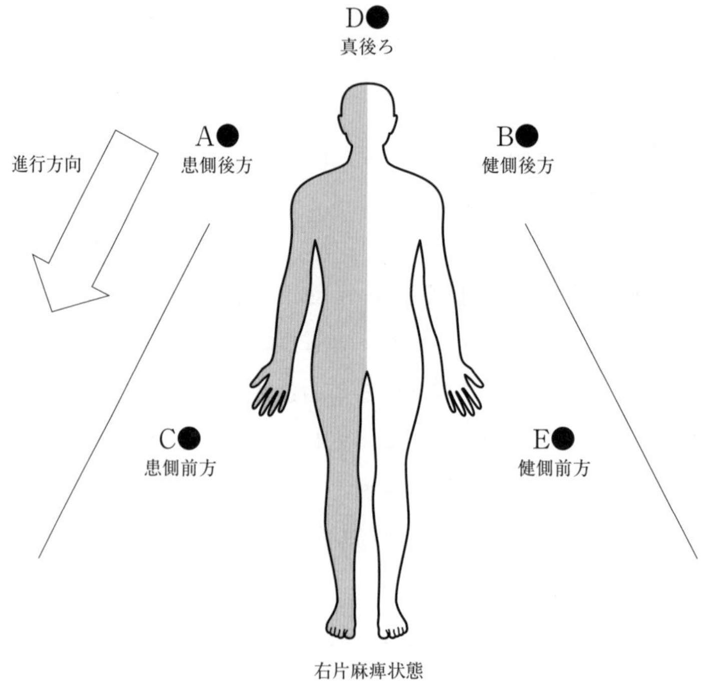

1　A

2　B

3　C

4　D

5　E

問題　87　側臥位で褥瘡が発生する部位として、**最も頻度の高いもの**を**1つ**選びなさい。

1　仙骨部

2　座骨結節部

3　大転子部

4　耳介部

5　踵部

問題　88　右片麻痺の利用者の車いすの介助方法として、**最も適切なものを１つ**選びなさい。

1　ベッドから車いすに移乗するときは、車いすを利用者の右側に置いた。

2　車いすの停止中は、ブレーキを解除したままにした。

3　両手がアームサポートにのっていることを確認した。

4　レッグサポートが取り付けられ、ふくらはぎが支えられているか確認した。

5　走行時は、タイヤの空気圧を低くする。

問題　89　パーキンソン病(Parkinson disease)で筋固縮や無動・寡動のある人のベッドからの起き上がりから立ち上がるまでの介護に関する次の記述のうち、**最も適切なものを１つ**選びなさい。

1　マットは、柔らかめを使うと動きやすくなる。

2　からだをひねるようにして起き上がる。

3　難しい動作は、がんばりましょうと声をかけるだけにする。

4　動作がゆっくりしているので、先回りして介助をする。

5　動作を具体的に示して伝える。

問題　90　テーブルで食事をする利用者の介護を行うときの留意点に関する次の記述のうち、**適切なものを１つ**選びなさい。

1　床につま先をつけてもらう。

2　いすに浅く腰かけてもらう。

3　テーブルは、肘が楽にテーブルに乗り、腕が自由に動かせる高さのものを用意する。

4　テーブルとからだの間を20cm離す。

5　顎を上げてもらう。

問題　91　利用者の状態・状況に応じた食事介助の方法として、**最も適切なものを１つ**選びなさい。

1　尿量の減少や皮膚の乾燥がみられた場合は、水分を多く含む果物や野菜の摂取を勧める。

2　嚥下障害がある利用者に対する食事の温度は、体温より温かいほうがよい。

3　口腔内が乾燥している利用者には、食後に唾液腺マッサージを勧める。

4　誤嚥を引き起こしにくくするためには、口腔や咽頭を通過するときに変形しにくく、粘膜にくっつきにくい形態にすることが望ましい。

5　一般的に、１日に必要な水分摂取量は、約1,000mℓとされている。

問題　92　心臓機能に障害のある人の食事について、**適切なもの**を**1つ**選びなさい。

1　野菜や果物など、食物繊維を多く含む食品を摂取する。

2　植物油、植物性マーガリンは控える。

3　コレステロールの多い食品を摂取する。

4　ラーメンなどのつゆは飲み干す。

5　肉は脂身の多い部位を選択する。

問題　93　入浴介護に関する次の記述のうち、**最も適切なもの**を**1つ**選びなさい。

1　埋込式ペースメーカーを装着している人は、浴槽につかるのを控える。

2　血液透析を受けている人は、透析後はシャワー浴にする。

3　心臓疾患のある人は、熱めの湯に長めにつかる。

4　呼吸器機能障害のある人は、食後1時間以内に入浴する。

5　回腸ストーマの人は、食後に入浴する。

問題　94　軽い右片麻痺（みぎかたまひ）があり、一部介助があれば歩行できる利用者の入浴介護として、**適切なもの**を**1つ**選びなさい。

1　浴槽の出入り口に段差がある場合は、右足から下がり、左足から上る。

2　シャワーをかけるときは、利用者の右手の手のひらからかける。

3　からだを洗うときは、麻痺側（まひそく）を介護者が洗う。

4　浴槽に入るときは、右足からまず浴槽に入れ、次に左足を入れる。

5　湯につかるのは、肩までの高さにする。

問題　95　安全で的確な清潔保持の方法として、**適切なもの**を**1つ**選びなさい。

1　足浴は全身の爽快感をもたらし、眠気を取り除く効果がある。

2　全身清拭（ぜんしんせいしき）では羞恥心（しゅうちしん）に配慮して、早く終了することを意識し、皮膚に残った水分は最後にまとめて拭き取る。

3　全身清拭では、55 ～ 60℃のお湯を用意する。

4　女性の利用者に対して陰部洗浄を行うときは、後ろから前に向かって拭くようにする。

5　ベッド上で洗髪する場合は、泡がとれにくいため、大量のお湯を使って速やかに泡を洗い流すようにする。

問題　96　膀胱留置カテーテルを使用している人への対応として、**適切なものを１つ**選びなさい。

1　膀胱留置カテーテルは、排尿障害などがある場合に利用するもので、清潔保持は汚染したときに行えばよい。

2　カテーテルの位置は、男性は下腹部に、女性は大腿部に固定する。

3　蓄尿袋がいっぱいにならないように、水分摂取を控えるように伝える。

4　異常にすぐ気づくことができるように、蓄尿袋のカバーはできるかぎりはずしておく。

5　カテーテルを引っ張って抜いてしまうことのないように、利用者の手を固定しておく。

問題　97　排泄介護に関する次の記述のうち、**最も適切なものを１つ**選びなさい。

1　おむつを使用している利用者の排泄介助では、交換するたびに陰部洗浄を行う。

2　差し込み便器は、側臥位の状態で使用する。

3　男性の場合、尿器を使用するときは、ベッドの足元を高くする。

4　紙おむつのテープは、まっすぐ真横に留める。

5　女性の陰部を清拭するときは、尿道から肛門へ向かって拭く。

問題　98　食中毒に関する次の記述のうち、**正しいものを１つ**選びなさい。

1　腸炎ビブリオによる食中毒は、生鮮魚介類を真水で十分に洗うことで予防できる。

2　サルモネラ菌による食中毒は、生の鶏肉からの感染が多い。

3　カンピロバクターによる食中毒は、卵を十分に加熱することで予防できる。

4　ノロウイルス(Norovirus)による食中毒は、夏場に起こりやすい。

5　黄色ブドウ球菌は、常温で保存すると増殖し、熱に強い芽胞をつくる。

問題　99　洗濯に関係する次の記述のうち、**適切なものを１つ**選びなさい。

1　洗剤の量を多く入れるほど、汚れがよく落ちる。

2　洗剤の主成分の界面活性剤は、水になじむ親水性の部分と、油となじむ親油性の部分がある。

3　毛や絹を洗うときは、弱アルカリ性洗剤を使うとよい。

4　塩素系漂白剤は漂白力が強いため、どのような繊維にも使うことができる。

5　ドライクリーニングは中性洗剤を使って洗濯する方法で、型崩れしにくいものを洗う方法である。

問題　100　2023年（令和５年）の「家計調査」（総務省）に関する記述として、**正しいものを１つ**選びなさい。

1　税金や社会保険料は、支出にあたる。

2　可処分所得とは、実収入と非消費支出を足したものである。

3　高齢単身無職世帯の最も多い収入は、事業・内職収入である。

4　高齢単身無職世帯の最も多い支出は、住居費である。

5　高齢単身無職世帯の家計の収支を、可処分所得と消費支出の差からみると、黒字である。

問題　101　安眠を促す介助の技法に関する次の記述のうち、**最も適切なものを１つ**選びなさい。

1　熱めの湯で足浴をし、からだを温めてもらう。

2　食事をとったあとに、すぐに眠るように促す。

3　利用者が不眠を訴える場合、介護福祉職は睡眠導入剤の服用を促す。

4　中途覚醒によって夜間に寝つけない場合、日中は居室のカーテンを閉ざしてゆっくりと過ごしてもらう。

5　利用者の睡眠のリズム、睡眠に関わる生活習慣を把握した支援を行う。

問題　102　**Ｅ**さん（90歳、男性）は、介護老人保健施設に入所している。難聴（hearing loss）のため人との関わりが少なく、日中はテレビを見ているか傾眠している。そのため、夜中に目が覚めてトイレに何度も起きてしまう。

Ｅさんへの対応に関する次の記述のうち、**最も適切なものを１つ**選びなさい。

1　レクリエーションに参加し、からだを動かすことを勧める。

2　夕食後なるべく早くベッドにつくよう勧める。

3　本を読んだりして、眠くなったらベッドに入るように勧める。

4　昼間１時間以上、昼寝をすることを勧める。

5　紅茶を飲むことを勧める。

問題　103　人生の最終段階を迎え、食欲が低下してきた利用者の食事介護に関する次の記述のうち、**最も適切なもの**を**1つ**選びなさい。

1　食事は栄養面を重視したものにする。

2　食事や水分の摂取量をチェックする。

3　経管栄養を勧める。

4　1回の食事量を増やす。

5　1日3回、決まった時間に食べる。

問題　104　人生の最終段階において利用者自らが望む医療・ケアについて、医療・ケアチーム等と話し合い、共有することを表す用語として、**正しいもの**を**1つ**選びなさい。

1　リビングウィル(living will)

2　アドバンス・ケア・プランニング(advance care planning：ACP)

3　サービス担当者会議

4　デスカンファレンス(death conference)

5　インフォームド・コンセント(informed consent)

問題105　以下の図のうち、関節リウマチ(rheumatoid arthritis)のある利用者が使用する杖として、**最も適切なもの**を**1つ**選びなさい。

1　2　3　4　5

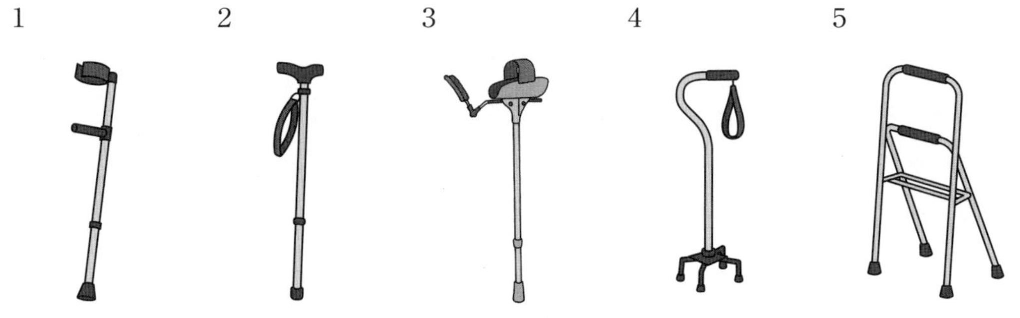

介護過程

問題　106　介護過程のアセスメント(assessment)に関する次の記述のうち、**最も適切なもの**を**1つ**選びなさい。

1　アセスメント(assessment)は、生活課題の明確化から始まる。
2　情報は、客観的情報のみを集める。
3　利用者の全体像を把握する際の情報収集ツールとして、ICF(International Classification of Functioning, Disability and Health：国際生活機能分類)を活用することができる。
4　情報収集は、介護福祉職が自らの価値観に基づいて行う。
5　複数の生活課題がある場合でも、優先順位はつけないようにする。

問題　107　介護計画の立案に関する次の記述のうち、**最も適切なもの**を**1つ**選びなさい。

1　目標には、量・時間などを明確に記述する必要はない。
2　目標は、介護福祉職の視点で設定する。
3　介護計画は、均一化の視点に立って立案する。
4　支援内容・支援方法は、誰が読んでも同じ行動がとれるよう記述する。
5　長期目標と短期目標は、とくに期間を決めずに設定する。

問題　108　「介護計画に基づいてサービスが実施されているかどうか、有効であるかどうかを点検すること」を表す用語として、**適切なもの**を**1つ**選びなさい。

1　インテーク(intake)
2　インフォーマルサポート
3　モニタリング(monitoring)
4　リスクマネジメント
5　アセスメント(assessment)

問題　109　介護老人福祉施設に入居しているＦさん(75歳、男性)は、脳梗塞(cerebral infarction)の既往がある。先月、風邪をひいて以降、ベッドに臥床(がしょう)している時間が多くなっている。車いす座位は可能だが、座位が長時間続くと左に大きく傾いてしまうことがある。最近では、趣味のカラオケにも参加しないことが増えてきて、活動意欲が乏しくなり、「運動すると疲れる」と話している。

Ｆさんに対するアセスメント(assessment)の結果として、**最も適切なもの**を**１つ**選びなさい。

1　介護福祉職の判断で役割を与える。
2　ベッドでの臥床時間を増やすようにする。
3　趣味のカラオケに参加するという目標を**Ｇ**さんと共に立てる。
4　転倒の危険性があるため、車いすへの移乗は控えることにする。
5　排泄(はいせつ)ケアはおむつ使用に変更する。

問題　110　介護過程の実施や評価に関する次の記述のうち、**最も適切なもの**を**１つ**選びなさい。

1　実施段階の記録は、介護福祉職のみ活用するものである。
2　目標を達成している場合は、再アセスメントはしない。
3　介護計画に定めた時期を早めて評価を行うことは違法である。
4　客観的事実を根拠に評価する。
5　記録は、実施した支援の内容・方法に絞って記述する。

問題　111　介護老人福祉施設で行われる介護過程の評価の実施に責任をもつ者として、**最も適切なもの**を**１つ**選びなさい。

1　介護支援専門員
2　利用者
3　家族
4　施設長
5　介護福祉職

次の事例を読んで、**問題112**、**問題113**について答えなさい。

〔事　例〕

Gさん(87歳、女性、要介護２)は早くに夫を亡くしている。長男は結婚後、他県に居住しており年末年始には帰郷している。

Gさんは、骨粗鬆症(こつそしょうしょう)(osteoporosis)による腰椎圧迫骨折を繰り返し、何とか自分でシルバーカーを押して買い物に出かけることができている。**G**さんは「この痛みがなくなればいいのに、思うように動けないのが辛い」といつも言っている。腰痛がひどく、最近は家にひきこもることが多くなった。お風呂も１人で入るのが怖いからと入浴していないようである。

Gさんは生活援助の訪問介護(ホームヘルプサービス)を週に３回、配食サービスを週に３回利用している。**G**さんの居宅介護サービス計画の方針は「住み慣れた自宅で安心して暮らせるように支援すること」である。

問題　112　訪問介護員は、居宅介護サービス計画の変更を提案したいと考えている。**G**さんの主観的情報を得る方法として、**正しいものを１つ**選びなさい。

1　**G**さんの表情から気持ちを推測する。
2　**G**さんの現在の思いを聞く。
3　実際に歩行してもらい歩行状況を観察する。
4　入浴の状況を確認する。
5　長男に協力の有無を聞く。

問題　113　チームアプローチ(team approach)での訪問介護員の役割として、**最も適切なものを１つ**選びなさい。

1　配食サービスの他に、食材等の宅配サービスも増やすように計画を変更する。
2　廊下に手すりを取り付けるため、住宅改修の見積もりを業者に依頼する。
3　入浴用いすなどの入浴補助用具を**G**さんに勧める。
4　現在の**G**さんの状況と思いをカンファレンス(conference)で報告する。
5　腰痛予防のリハビリテーションを行う。

総合問題

（総合問題１）

次の事例を読んで、**問題114から問題116まで**について答えなさい。

〔事　例〕

Hさん(55歳、男性)は、会社員であった。会社では課長の職にあり、家庭では妻と大学生、高校生になる息子がいる。

仕事は熱心でまじめに取り組み、上司や部下からも信頼されていた。しかし、ここ２か月ほど、会社で会議を無断で欠席したり、スーパーで支払いを済ませないまま品物を持ち帰ろうとし、従業員に止められるなどの行動がみられた。家族は、**H**さんの変化に対して不安を抱き、**H**さんを連れて病院を受診した。受診の結果、若年性認知症(dementia with early onset)と診断された。

診断後、**H**さんは会社を早期退職した。これから先の家庭の経済面や自分自身のことを考えると不安になりすべてにおいて無気力の状態となり、時折、感情的になることもある。妻と息子２人は**H**さんにどのように接してよいかわからずストレスを感じている。

問題　114　**H**さんの妻はスーパーでパートとして働いていたが、**H**さんの介護のために退職した。現在は、妻が**H**さんを主にみているが、身体的、精神的負担が増加していると考えられ、表情は暗い。

介護福祉職の妻への対応として、**最も適切なもの**を**１つ**選びなさい。

1　「奥さんが**H**さんのことをいちばんわかっています。がんばってください」
2　「気分転換が必要です。ショートステイを利用しましょう」
3　「**H**さんはきっとよくなりますから、悲観的にならないようにしましょう」
4　「奥さんよりもつらいのは**H**さんなんですよ」
5　「１人で抱え込む必要はないんですよ。一緒に**H**さんを支えていきましょう」

問題　115　**H**さんは、毎日の整容もままならないほど意欲をなくし、自宅で過ごし、外に出ることはない。家族との会話も少なく、妻が話しかけても「ほっといてくれ」と返答するのみである。

ある日、自宅に来た介護福祉職に**H**さんは「このままではいけないことはわかっている。同じ病気の仲間に会って、認知症(dementia)を抱えながらどのように生活することができるのか聞いてみたい」と話した。

このとき、介護福祉職が**H**さんに利用を勧める場として、**最も適切なもの**を**1つ**選びなさい。

1　地域包括支援センター

2　特別養護老人ホーム

3　セルフヘルプグループ(self-help group)

4　若年性認知症コールセンター

5　認知症対応型共同生活介護(グループホーム)

問題　116　**H**さんは、認知症(dementia)を抱えていてもできることはたくさんあるのではないかと前向きに考えることができるようになっている。現在、**H**さんは障害の受容の過程における努力期にある。

この時期の介護福祉職の対応について、**最も適切なもの**を**1**つ選びなさい。

1　**H**さんが、先の将来を思い描け、行動できるための情報提供を行う。

2　無気力や抑うつ状態(depressive state)といった**H**さんの心理面の観察を行う。

3　**H**さんが正しく認知症(dementia)を理解できるように客観的情報を伝える。

4　残された機能の活用や価値観の転換を一緒に行っていく。

5　認知症(dementia)に伴う障害について気づき始めているため、その後の混乱へ備える。

(総合問題２)

次の事例を読んで、**問題117から問題119まで**について答えなさい。

〔事　例〕

Ｊさん(55歳、女性)は、中学校の教員をしている夫と大学生になる娘２人とマンションで暮らしている。**Ｊ**さんは小学校の教員をしていたが、今から２か月前に脳梗塞(cerebral infarction)を発症し、失語症(aphasia)の後遺症がある。失語症(aphasia)のタイプは運動性失語症(motor aphasia)と診断を受けている。**Ｊ**さんと家族は、退院後に介護保険のサービスを利用することを希望していたが、介護保険制度についての知識が全くなかったため、病院の医療ソーシャルワーカーに相談した。医療ソーシャルワーカーから説明を受けた**Ｊ**さんは、入院中に要介護認定の申請を行い、要介護３の認定を受けた経緯がある。

Ｊさんは退院し自宅に戻ったが、失語症(aphasia)のため、家族とのコミュニケーションが困難な場面があり、本人はいらだってしまうこともある。

問題　117　入院中の**Ｊ**さんと家族から相談を受けた際、医療ソーシャルワーカーは、**Ｊ**さんが介護保険サービスを利用するために必要な条件として、特定疾病への該当確認と、もう１つの条件を確認した。その内容として、**正しいもの**を**１つ**選びなさい。

1　年金保険料の支払い期間
2　医療保険加入の有無
3　日本国籍の有無
4　資産の状況
5　扶養家族の有無

問題　118　**J** さんも、家族も、失語症(aphasia)のためにコミュニケーションが取りづらいことに悩んでいる。先日も、**J** さんが夫に何かを訴えていたが夫が理解できずに **J** さんは怒りの感情を表し、夫も **J** さんに厳しい口調で対応し、**J** さんが泣いてしまうという出来事があった。このままでは、お互いにストレスがたまり、一緒に暮らしていける自信がなく、何とかコミュニケーションが取れる方法を探している、と家族は介護福祉職に話す。

このときの介護福祉職の対応として、**最も適切なもの**を **1 つ**選びなさい。

1　手話を覚えて、手話でのコミュニケーションを行うよう提案する。

2　なるべく大きな声で **J** さんに話しかけるようにするよう提案する。

3　家族が話す際には、ジェスチャーなどの身振りを取り入れるよう提案する。

4　**J** さんの言葉が出てこない際は、すぐに会話をやめるよう提案する。

5　うなずいたり、首をふることで答えることができるような問いかけの仕方で **J** さんに話しかけるようにするよう提案する。

問題　119　**J** さんの脳梗塞(cerebral infarction)の発症から半年が経過した。介護保険サービスを利用しながら **J** さんなりの生活スタイルをつくりつつある。夫は **J** さんの介護に熱心であり、ショートステイを使う際は、利用日の前日に、**J** さんの数日間の様子の他、施設での過ごし方の指示、介護方法などを細かく記入したメモを施設に渡している。少しでも不明な点があれば施設に行き、聞き取ることもある。自宅では機能回復を意識し、時間をかけてでも **J** さん自身にやってもらう対応をしている。夫は「**J** の面倒をみるのが自分の役目」と口癖のように話しているが、娘２人は父親が **J** さんへ過剰な関わりをしており、いつか倒れるのではないかと不安に思っている。

J さんの夫への介護福祉職の対応として、**最も適切なもの**を **1 つ**選びなさい。

1　夫の行動に施設が困っていることを伝える。

2　**J** さんへの過剰な関わりは、廃用症候群(disuse syndrome)(生活不活発病)を引き起こすことを伝える。

3　息抜きのため娘２人との家族旅行を提案する。

4　**J** さんが利用しているすべての事業所の担当者と夫の情報を共有し、連携する。

5　夫に **J** さんの心理状態を理解してもらうため、心理テストを行ってもらう。

（総合問題３）

次の事例を読んで、**問題120から問題122まで**について答えなさい。

〔事　例〕

Kさん(80歳、男性)は、自宅で妻(84歳)と二人暮らしである。子どもはおらず、親類もいない。１年前に慢性閉塞性肺疾患(chronic obstructive pulmonary disease)の診断を受けて、現在は在宅酸素療法を行っている。さらに**K**さんは、「呼吸器の機能の障害による家庭内での日常生活活動が著しく制限されているもの」という身体障害者手帳３級の交付を受け、要介護２でもある。妻も歩行が不安定であり、つえや手すりがなければ歩行が難しく、要介護１である。**K**さんは、現在、自宅内のリビングからトイレまでの４ｍの距離の移動でも息切れがしてしまうが、妻も自分のことで精一杯で、週２回の訪問介護(ホームヘルプサービス)を利用しながら着替えなど身の回りのことは、休みながらも自分で行っている。

問題　120　慢性閉塞性肺疾患(chronic obstructive pulmonary disease)の原因として、**最も適切なもの**を**１つ**選びなさい。

1　飲酒
2　過剰な塩分摂取
3　運動不足
4　遺伝
5　喫煙

問題　121　**K**さんは、訪問介護員に「自分は最後まで妻と自宅で暮らしたいと考えているが、病気が進行したら自宅での生活は難しくなると思う。これ以上悪くならないためにはどういう点に気をつけていけばよいのか」と尋ねた。

Kさんへの訪問介護員の対応として、**最も適切なもの**を**１つ**選びなさい。

1　酸素量を増やす。
2　気道感染症に注意する。
3　１時間以上の運動を行う。
4　入浴回数を週２回にする。
5　日中は、ベッド上で安静にする。

問題　122　**K**さんの妻は、最近、簡単な計算に手間取ったり、預金通帳の保管場所を忘れたりする。**K**さん自身も金銭の管理に不安を抱いている。**K**さんは「頼る人もいないし、どうしたらよいかわからない。年金の受け取りなどの手続きにも困っている」と話している。

Kさんの不安を軽減できる支援として、**最も適切なもの**を**1つ**選びなさい。

1　日常生活自立支援事業

2　生活福祉資金貸付制度

3　介護予防・日常生活支援総合事業

4　認知症サポーター

5　自立支援プログラム

(総合問題４)

次の事例を読んで、**問題123から問題125まで**について答えなさい。

〔事　例〕

Lさん(54歳、男性)は、妻と高校１年生になる息子が１人いる。大手商社の会社員だったが、1年前に趣味の登山に出かけた際に滑落し、そのときに腰髄を損傷した。そのため両下肢麻痺(りょうかしまひ)の対麻痺(ついまひ)となった。身体障害者手帳１級を所持し、障害支援区分５の認定を受けている。上肢は使えるので車いすを自走し移動することはできるが、就寝時などのほかは車いす上での生活となった。そのため、仕事を続けることができず約30年間勤めた会社は退職した。**L**さんは、車いすでの生活になる以前は、月に１回は家族と外食することを楽しみとしていた。しかし、現在、自宅には車はなく、バスや電車といった公共交通機関を利用するしかないため、移動の介助だけで家族は疲れてしまい、外食の回数も減ってしまっている。

問題　123　**L**さんは対麻痺のほか排尿障害もあり、膀胱留置(ぼうこうりゅうち)カテーテル(バルーンカテーテル)を留置している。**L**さんへの対応として、**最も適切なものを１つ**選びなさい。

1　バルーン内の尿の異常が発見しやすいように、常に尿が見える状態にしておく。
2　蓄尿バッグが床に着かないよう、車いすのハンドグリップに架ける。
3　バルーン内に尿がたまっている場合は、尿の破棄のみ行い、陰部の観察は省略してよい。
4　バルーン内の尿を破棄した際は、排液口を消毒綿で拭く。
5　バルーンチューブは引っかからないよう、折って束ねて短くしておく。

問題　124　**L**さんは移動の制限により、外食の回数が減少してしまった参加制約の状況である。「障害者総合支援法」によるサービスのうち、**L**さんのニーズに合うものとして、**最も適切なものを１つ**選びなさい。

1　重度訪問介護
2　行動援護
3　同行援護
4　療養介護
5　居宅介護

(注)「障害者総合支援法」とは、「障害者の日常生活及び社会生活を総合的に支援するための法律」のことである。

問題　125　現在、**L**さん家族を経済的に支えているのは障害年金である。

Lさんが受給している障害年金に関する次の記述のうち、**最も適切なもの**を**1つ**選びなさい。

1　**L**さんは会社を退職しているため、障害基礎年金のみ受給できる。

2　**L**さんの障害年金には、子の加算がつく。

3　**L**さんは、特別障害給付金を受給できる。

4　**L**さんの身体障害者手帳の等級と障害年金の等級は、同等である。

5　**L**さんは、障害手当金も併せて受給できる。

MEMO

別冊２

【問題冊子ご利用時の注意】

「問題冊子」は、この**色紙を残したまま、ていねいに抜き取り**、ご利用ください。

- 抜き取り時のケガには、十分お気をつけください。
- 抜き取りの際の損傷についてのお取替えはご遠慮願います。

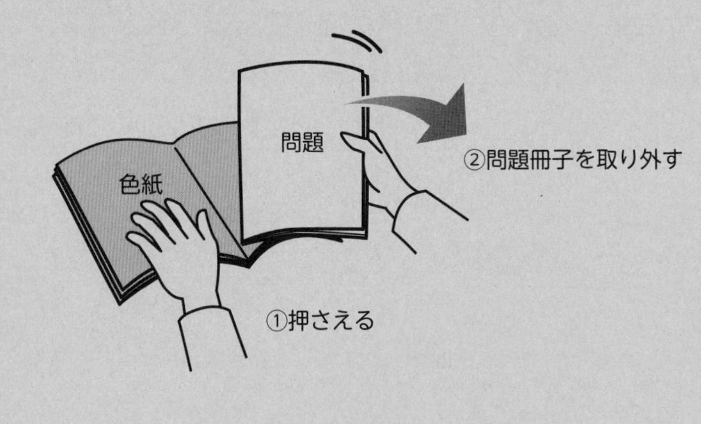

第２回　予想問題

午　前

人間の尊厳と自立	**問題１～２**
人間関係とコミュニケーション	**問題３～６**
社会の理解	**問題７～18**
こころとからだのしくみ	**問題19～30**
発達と老化の理解	**問題31～38**
認知症の理解	**問題39～48**
障害の理解	**問題49～58**
医療的ケア	**問題59～63**

（注意）

1　午前の試験問題数は、上記の63問です。

2　解答時間は、１時間40分を目安としてください。

3　出題形式は五肢択一形式となっています。各問題には１から５まで５つの答えがありますので、そのうち、問題に対応した答えを解答用紙に解答してください。

◎ **領域：人間と社会**

人間の尊厳と自立

問題1　ノーマライゼーション(normalization)の理念を８つの原理にまとめた人物として、**正しいもの**を**１つ**選びなさい。

1　糸賀一雄
2　ニィリエ(Nirje, B.)
3　メイヤロフ(Mayeroff, M.)
4　バンク-ミケルセン(Bank-Mikkelsen, N.)
5　ヴォルフェンスベルガー(Wolfensberger, W.)

問題　2　**A**さん(75歳、女性、要介護４)は、３年前にアルツハイマー型認知症(dementia of the Alzheimer's type)と診断され、現在、指定介護老人福祉施設に入所中である。夫(72歳)と長女夫婦は近県に住んでいる。**A**さんは、両下肢の筋力低下がみられ、自立歩行が困難であるにもかかわらず、日中に車いすから立ち上がろうとしたり、夜間はベッドから降りようとしたりするなど、転倒の危険性が非常に高く、常に見守りが欠かせない状況である。

施設職員の**A**さんに対する支援のうち、**最も適切なもの**を**１つ**選びなさい。

1　**A**さんがどのような状況であっても身体拘束は一切認められていないため、施設職員による見守りで対応する。
2　**A**さんの体幹や四肢をひも等でベッドに縛りつける場合、事前に**A**さんやその家族に説明をする必要はない。
3　**A**さんに向精神薬を過剰に服用させる。
4　緊急やむを得ず身体拘束を行う場合、その内容や時間、理由、利用者の心身の状況などを必ず記録する。
5　**A**さんが車いすから立ち上がらないように車いすテーブルをつけることは、身体拘束にはあたらない。

人間関係とコミュニケーション

問題　3　自己開示に関する次の記述のうち、**適切なもの**を**1つ**選びなさい。

1　自己開示とは、自分自身に関する情報を本人の意思とは別に、特定の他者に言語を介して伝達することである。

2　適切な自己開示をしているかを判断するには、「量」「状況」「深さ」「人」という4つの基準がある。

3　利用者と介護福祉職との間では、介護福祉職が自分の自己開示の傾向を知らなければ利用者の自己開示の傾向を知ることができず、利用者に合わせた支援ができない。

4　利用者が最も開示しやすい部分は、自分も他人もすでに知っている情報で、ジョハリの窓(Johari Window)における「未知部分」に該当する。

5　加齢に伴い、利用者の多くは、自己開示の機会が増える。

問題　4　**B**さん(72歳、女性、要介護3)は認知症(dementia)を発症し、1か月前に認知症対応型共同生活介護(グループホーム)に入居した。明るく穏やかな性格だが、半年前に夫が他界した寂しさから抜け出せないでいる。施設内での家事も他の入居者とともに問題なく行うことができるが、周囲の人間関係に溶け込むことができずにいる。

介護福祉職の対応として、**最も適切なもの**を**1つ**選びなさい。

1　できるだけ夫の死を思い出すことがないよう、同じ経験をした入居者との接点をつくらないようにする。

2　施設内では入居者同士の関係が重要であるため、介護福祉職が**B**さんと信頼関係を築く必要はない。

3　**B**さんの担当職員を毎日変更するなど、コミュニケーションを促す環境づくりを検討した。

4　**B**さんが安心して話せる環境の下で、周囲の人と溶け込めない理由を聞いてみた。

5　**B**さんに、早く周囲に溶け込むためには感情をコントロールし、社交的に振る舞う努力が必要だと伝える。

問題　5　組織の構造に関する次の記述のうち、**適切なものを1つ**選びなさい。

1　アメリカの経営学者バーナードによると、組織設立の条件には、共通目的と貢献意欲の2つの要素が必要であるとしている。

2　組織の構造の決定には、専門化、権限・責任一致、命令一元化、統制範囲適正化の4原則がある。

3　ライン・アンド・スタッフ組織とは、指揮命令系統がしっかりした、ピラミッド型の組織をいう。

4　ファンクショナル組織(機能別組織)とは、1つの企業を、事業分野ごとに独立性を高めた複数の企業の集合体に見立てて組織する形態をいう。

5　プロジェクト組織とは、特定の目的を遂行するために、複数の部門から選抜された人員で形成された組織をいう。

問題　6　スーパービジョン(supervision)に関する次の記述のうち、**適切なものを1つ**選びなさい。

1　スーパービジョン(supervision)には、仕事に対する満足度を高め、バーンアウト(burnout)(燃え尽き症候群)や離職を軽減させる効果もある。

2　スーパービジョン(supervision)の目的は、スーパーバイザーに対する支持的な関わりや教育・訓練などを行うことで、クライエントに対するより良い援助を提供することにある。

3　スーパービジョン(supervision)には、教育的機能と支持的機能の2つがある。

4　個人スーパービジョンとは、自分自身で行う形態をいい、他者との時間設定や場所の調整が不要という長所がある。

5　グループ・スーパービジョンとは、ピア(仲間)や同僚同士で実施する形態をいい、比較的すぐに実施することができるという長所がある。

社会の理解

問題　7　人口動態に関する次の記述のうち、**正しいもの**を**1つ**選びなさい。

1　「日本の将来推計人口(令和5年推計〈出生中位・死亡中位〉)」(国立社会保障・人口問題研究所)によれば、日本の総人口は、2070年(令和52年)には約1億人になると推計されている。

2　「人口動態統計」(厚生労働省)によれば、2022年(令和4年)の合計特殊出生率は1.50を上回っている。

3　「人口動態統計」(厚生労働省)によれば、2022年(令和4年)の性・部位別にみた悪性新生物死亡数では、男女ともに大腸がん(colorectal cancer)が第1位となっている。

4　「人口推計(2023年(令和5年)3月報)」(総務省統計局)によれば、高齢化率が初めて21%を超えて超高齢社会となった。

5　「令和4年簡易生命表」(厚生労働省)によれば、2022年(令和4年)の平均寿命は、男女ともに前年を上回っている。

問題　8　2022年(令和4年)の「国民生活基礎調査」(厚生労働省)に関する次の記述のうち、**最も適切なもの**を**1つ**選びなさい。

1　世帯構造では、「単独世帯」よりも、「夫婦と未婚の子のみの世帯」の割合のほうが多い。

2　世帯類型では、「母子世帯」よりも「高齢者世帯」の割合のほうが多い。

3　65歳以上の者のいる世帯では、「親と未婚の子のみの世帯」の割合が最も多い。

4　「高齢者世帯」の「単独世帯」は、男の単独世帯の割合のほうが多い。

5　65歳以上の者のいる世帯では、「三世代世帯」の割合が半数を超えている。

問題　9　社会福祉協議会に関する次の記述のうち、**適切なもの**を**1つ**選びなさい。

1　特定非営利活動法人(NPO法人)である。

2　法定後見制度の後見人に選任されることはない。

3　民生委員の推薦に関わっている。

4　地域生活支援事業の実施主体である。

5　地域福祉の推進を図ることを目的とした団体である。

問題　10　特定非営利活動法人(NPO法人)に関する次の記述のうち、**適切なもの**を**1つ**選びなさい。

1　収益活動は禁じられている。

2　認定特定非営利活動法人は、税制上の優遇措置を受けることができる。

3　社会福祉法に基づいて法人格を取得した法人である。

4　政治活動や宗教活動などを主たる目的とする団体もある。

5　まちづくりの推進を図る活動が最も多い。

問題　11　後期高齢者医療制度に関する次の記述のうち、**正しいもの**を**1つ**選びなさい。

1　保険者は都道府県である。

2　患者の自己負担割合は、原則として2割である。

3　生活保護受給者も被保険者に含まれる。

4　被保険者には、一定の障害があると認定された65～74歳の者も含まれる。

5　根拠法は「老人保健法」である。

問題　12　雇用保険制度に関する次の記述のうち、**正しいもの**を**1つ**選びなさい。

1　雇用保険は、失業等給付と雇用保険二事業に分類される。

2　雇用保険の保険料は、全額事業主が負担する。

3　65歳以上の労働者も、雇用保険に新規加入できる。

4　介護休業を取得した労働者には、雇用継続給付から介護休業給付金は支給されない。

5　育児休業を取得した労働者には、雇用継続給付から育児休業給付金が支給される。

問題　13　2017年(平成29年)に改正された介護保険制度の内容として、**正しいものを１つ**選びなさい。

1　居宅介護サービス計画費について自己負担が導入された。

2　一定以上所得のある第１号被保険者の介護保険サービス利用時の自己負担割合が２割に引き上げられた。

3　指定介護予防支援事業者の対象に、指定居宅介護支援事業者が追加された。

4　介護保険制度と障害福祉制度に共生型サービスが創設された。

5　指定居宅サービス事業者の指定権限が都道府県から市町村に移譲された。

問題　14　「障害者総合支援法」における専門職の役割に関する次の記述のうち、**最も適切なものを１つ**選びなさい。

1　サービス管理責任者は、サービス等利用計画を作成しなければならない。

2　サービス管理責任者は、生活支援員を兼任することができない。

3　相談支援専門員は、介護支援専門員の資格が必要となる。

4　相談支援専門員は、５年に１回現任研修を受講しなければならない。

5　相談支援専門員は、実務経験が２年以上必要である。

(注)　「障害者総合支援法」とは、「障害者の日常生活及び社会生活を総合的に支援するための法律」のことである。

問題　15「障害者総合支援法」における障害福祉サービスの種類や内容に関する次の記述のうち、**最も適切なもの**を**1つ**選びなさい。

1　重度訪問介護の対象は、重度の肢体不自由者にかぎられる。

2　居宅介護は知的・精神障害により行動上著しい困難があり、常時の介護が必要な人に危険を回避するために必要な援助を行うものである。

3　生活介護とは、常時の介護が必要な人に、主に昼間、入浴、排泄（はいせつ）、食事などの介護や、創作的活動や生産活動の機会を提供するものである。

4　就労継続支援とは、就労を希望する障害者等に、生産活動などの機会を提供して、就労に必要な知識・能力向上のための訓練を行うものである。

5　基幹相談支援センターは、市町村に設置することが義務づけられている。

（注）「障害者総合支援法」とは、「障害者の日常生活及び社会生活を総合的に支援するための法律」のことである。

問題　16「成年後見関係事件の概況（令和５年１月～12月）」（最高裁判所事務総局家庭局）に関する次の記述のうち、**正しいもの**を**1つ**選びなさい。

1　主な申立ての動機として最も割合が高いのは、身上保護である。

2　申立人と本人との関係をみると、最も割合が高いのは市区町村長である。

3　審判開始の申立件数で最も多いのは、補助である。

4　成年後見人等と本人との関係をみると、親族以外で最も多いのは社会福祉士である。

5　任意後見の利用者数は、全体の約２割を占めている。

問題　17　次のマークに関する記述のうち、**正しいものを１つ**選びなさい。

1　障害者が利用できる建物、施設に表示される。

2　聴覚障害のある人が運転する自動車であることを表す。

3　国に登録された第三者認証機関により、品質が保証された製品に表示される。

4　オストメイトのための設備があることなどを表す。

5　内部障害や難病などのある人が援助や配慮を必要としていることを表す。

問題　18　生活保護制度に関する次の記述のうち、**適切なものを１つ**選びなさい。

1　民生委員が要保護者本人に代わって申請することも認められている。

2　生活保護は、社会保険のひとつである。

3　介護扶助は、原則として金銭給付である。

4　被保護者に対しては、原則として後発医薬品が給付される。

5　生活保護は、個人を単位として要否・程度が定められる。

◎ **領域：こころとからだのしくみ**

こころとからだのしくみ

問題　19　マズロー（Maslow, A. H.）の欲求階層説に関する次の記述のうち、**正しいものを１つ**選びなさい。

1　生理的欲求は、経験や学習から獲得される欲求である。

2　安全の欲求は、最も基底にある欲求である。

3　承認・自尊の欲求とは、自分自身の価値を自己で認めることである。

4　生理的欲求から承認・自尊の欲求までを、欠乏欲求という。

5　最上位の自己実現の欲求は、発達欲求といわれている。

問題　20　記憶に関する次の記述のうち、**正しいものを１つ**選びなさい。

1　子どものときの体験や生活史の再生のように、一定の時間的経過の後に思い出せる記憶は、短期記憶である。

2　学習したり、覚え込むことは、記憶の段階でいうと保持である。

3　一般的な知識や概念に関する記憶は、手続き記憶である。

4　記憶を時間的な経過で分類すると、陳述記憶と非陳述記憶に分類される。

5　本日の昼食のメニューなど、自分に起こった出来事に関する記憶は、エピソード記憶である。

問題　21　神経・関節・筋肉に関する次の記述のうち、**正しいものを１つ**選びなさい。

1　上腕二頭筋と上腕三頭筋は、協働して肩関節の運動を支配している。

2　腸腰筋と大殿筋は、拮抗（きっこう）する筋肉である。

3　中枢神経の種類には、体性神経と自律神経がある。

4　運動神経のうち、錐体路系（すいたいろけい）は不随意運動を支配する。

5　副交感神経が優位にはたらくと、気道は収縮し、消化液の分泌は低下する。

問題　22　血液の成分に関する次の記述のうち、**正しいものを１つ**選びなさい。

1　動脈血の鮮紅色は、赤血球中のクレアチニンによる。

2　通常、成人の白血球数は450万～500万／mm^3である。

3　リンパ球は、血液中の白血球の約70％を占める。

4　血小板は、血液の凝固に必要である。

5　血漿（けっしょう）の約90％は、たんぱく質などの固形成分である。

問題　23　次の骨折(fracture)のうち、高齢者の寝たきりの原因となる骨折(fracture)として、**最も多いもの**を**１つ**選びなさい。

1　大腿骨頸部骨折(femoral neck fracture)

2　上腕骨近位端骨折(fracture of upper end of humerus)

3　肋骨骨折

4　鎖骨骨折

5　踵骨骨折

問題　24　疾患に伴う歩行の特徴として、**正しいもの**を**１つ**選びなさい。

1　パーキンソン病(Parkinson disease)では、間欠性跛行がみられる。

2　脊髄小脳変性症(spinocerebellar degeneration)では、鶏歩がみられる。

3　腓骨神経麻痺(peroneal nerve paralysis)では、小刻み歩行がみられる。

4　脊柱管狭窄症(spinal stenosis)では、失調性歩行がみられる。

5　筋ジストロフィー(muscular dystrophy)では、動揺性歩行がみられる。

問題　25　摂食・嚥下の５段階に関する次の記述のうち、**適切なもの**を**１つ**選びなさい。

1　先行期は、飲み込みやすい食塊をつくる段階である。

2　準備期は、舌の運動によって、食塊を咽頭に送り込む段階である。

3　食道期では、誤嚥を防ぐため、喉頭蓋が気管をふさぐ。

4　咽頭期では、食塊が鼻腔に入るのを防ぐため、軟口蓋が鼻腔をふさぐ。

5　口腔期では、食道の反射運動と蠕動運動によって、食塊が胃に送られる。

問題　26　入浴による心身の機能への影響に関する次の記述のうち、**最も適切なもの**を**１つ**選びなさい。

1　胃液の分泌を促進するため、食事の前に熱めの湯(42℃以上)に入るとよい。

2　静水圧作用により、半身浴では肺活量が減少する。

3　湯の温度が高温の場合は、交感神経がはたらき、心拍数が増加する。

4　ぬるめの湯(38℃程度)に長く入ると、血圧が高くなる。

5　脱衣室の温度は、血圧の上昇を防ぐため、浴室よりも低く設定する。

問題　27　便秘の原因になるものとして、**正しいものを１つ**選びなさい。

1　インスリン製剤

2　麻薬性鎮痛薬

3　暴飲暴食

4　食中毒(foodborne disease)

5　カフェイン(caffeine)

問題　28　施設に入所している**C**さん(80歳、女性)は移動に全介助が必要である。日頃、便意をもよおしても、朝のトイレは集中してしまい、順番を待つことが多くなっている。そのため、入所してから、便秘を訴えている。

このような**C**さんの状態で考えられる便秘として、**最も適切なものを１つ**選びなさい。

1　弛緩性便秘

2　嵌入便

3　器質性便秘

4　痙攣性便秘

5　直腸性便秘

問題　29　**D**さん(75歳、男性)は家族の都合により、１週間の予定で短期入所した。パーキンソン病(Parkinson disease)を発症しているが、服薬により状態は落ち着いている。**D**さんにとってはじめての利用なので、睡眠状態に変化が起こらないか家族は心配している。

考えられる**D**さんの睡眠の特徴として、**最も適切なものを１つ**選びなさい。

1　睡眠周期が不規則になる。

2　ノンレム睡眠の割合は、50％である。

3　概日リズム(サーカディアンリズム(circadian rhythm))は、睡眠周期には影響しない。

4　パーキンソン病(Parkinson disease)は、睡眠に直接的に影響する。

5　全般的に眠りが深く、中途覚醒は少ない。

問題　30　死にゆく人のこころとからだのしくみに関する次の記述のうち、**最も適切なものを１つ**選びなさい。

1　健康なときの死に対する考え方は、病気になってからとは全く異なる。

2　尊厳死とは、十分な延命治療を行うことである。

3　インフォームド・コンセント(informed consent)は、利用者の知る権利とは関係が薄い。

4　キューブラー・ロス(Kübler-Ross, E.)による死の受容過程は、「怒り」から始まる。

5　死についての自分の希望や意思を書面に表すことを、リビングウィル(living will)という。

発達と老化の理解

問題　31　人間の発達に関する次の記述のうち、**適切なものを１つ**選びなさい。

1　ピアジェ(Piaget, J.)は、人間の発達の基本的な要素は、環境的要因と遺伝的要因それぞれの相互作用によるものであると示した。

2　ハヴィガースト(Havighurst, R.)は、発達課題について、発達段階ごとに獲得すべき心理特性ととらえた。

3　エリクソン(Erikson, E.)は、発達課題に対する心理社会的危機を乗り越えることで、心理特性が獲得されるととらえた。

4　フロイト(Freud, S.)は、青年期の体験を重視し、人格が発達するのは青年期として、とくにその原動力はリビドー(性的欲求)であると唱えた。

5　スキャモン(Scammon, R. E.)は、乳幼児期における愛着の形成が、子どもの発達に重要であると唱えた。

問題　32　**E**さん(82歳、男性)は、妻と２人暮らしである。町内会活動や、施設でのボランティア活動に積極的に参加し、施設の職員や、利用者から慕われている。

ライチャード(Reichard, S.)の老年期における人格の５類型のうち、**E**さんに相当するものとして、**正しいものを１つ**選びなさい。

1　自責(内罰)型

2　憤慨(外罰)型

3　装甲(自己防衛)型

4　安楽いす(ロッキングチェアー)型

5　円熟型

問題　33　高齢者の定義に関する次の記述のうち、**正しいものを1つ**選びなさい。

1　「高齢者虐待防止法」では、65歳以上を高齢者と定義している。

2　老人福祉法では、原則として60歳以上を施策の対象としている。

3　介護保険制度では、65歳以上を第２号被保険者としている。

4　後期高齢者医療制度では、60歳以上を対象としている。

5　世界保健機関(WHO)では、70歳以上を高齢者と定義している。

(注)「高齢者虐待防止法」とは、「高齢者虐待の防止、高齢者の養護者に対する支援等に関する法律」のことである。

問題　34　フレイル(frailty)に関する次の記述のうち、**適切なものを１つ**選びなさい。

1　加齢に伴う骨格筋量の減少のことである。

2　体重減少、歩行速度低下など５つの基準のうち、１項目でも該当すればフレイル(frailty)とみなされる。

3　老年症候群のひとつである。

4　進行しても、寝たきりや廃用症候群(disuse syndrome)になることは稀である。

5　適切な介入・支援があっても、健常に近い状態への改善や進行を遅らせることはできない。

問題　35　高齢者の疾患の特徴や症状の現れ方に関する次の記述のうち、**適切なものを１つ**選びなさい。

1　高齢者の症状の現れ方は定型的で、決まってその疾患の症状が現れる。

2　かゆみは、皮膚疾患以外の原因で現れることもある。

3　半身のしびれをもたらす原因としては、末梢神経障害（まっしょうしんけいしょうがい）が考えられる。

4　激しい頭痛を感じたときは、狭心症(angina pectoris)を疑う必要がある。

5　若年者と比べて、薬による副作用が起こりにくい。

問題　36　呼吸器系の疾患に関する次の記述のうち、**適切なものを1つ**選びなさい。

1　誤嚥性肺炎（aspiration pneumonia）は、高齢者ではあまり起こらない。

2　「人口動態統計」（厚生労働省）によれば、2022年（令和４年）の日本の死因順位では、脳血管疾患（cerebrovascular disease）が第１位となっている。

3　インフルエンザ（influenza）では、微熱が現れる。

4　慢性閉塞性肺疾患（chronic obstructive pulmonary disease）は、慢性気管支炎と肺がん（lung cancer）を含めた疾患群で、高齢者に多くみられる。

5　気管支喘息（bronchial asthma）の特徴的な症状には、「ヒューヒュー」「ゼーゼー」といった音を立てる喘鳴がある。

問題　37　変形性膝関節症（knee osteoarthritis）に関する次の記述のうち、**適切なものを1つ**選びなさい。

1　中年期以降の肥満した男性に多くみられる。

2　症状が進行すると、足がＸ脚（外反型）に変形する。

3　洋式の生活から和式の生活に環境を整える。

4　安静時でも痛みを伴う。

5　大腿四頭筋などの筋肉を鍛える。

問題　38　高齢者に多い疾患に関する次の記述のうち、**正しいものを1つ**選びなさい。

1　下肢の血流が悪くなり、血栓が生じ、肺動脈を詰まらせてしまうのは、深部静脈血栓症（deep vein thrombosis）である。

2　高齢者の高血圧は、二次性高血圧症が多い。

3　Ｂ型肝炎（hepatitis B）は、生食や飲み水などから経口的に感染して起こる。

4　緑内障（glaucoma）では、眼圧が低下する。

5　心臓内でつくられた血栓が原因となって、脳の血管を詰まらせるのは、くも膜下出血（subarachnoid hemorrhage）である。

認知症の理解

問題　39「認知症施策推進大綱」に関する次の記述のうち、**適切なものを１つ**選びなさい。

1　新オレンジプランのことである。

2　対象期間は、団塊の世代が75歳以上となる2025（令和７）年までとしている。

3　７つの柱に沿って施策を推進している。

4　2020（令和２）年度までに認知症サポーター養成数を2,000万人にすることを目標としている。

5　予防とは、「認知症（dementia）にならない」という意味で用いられている。

問題　40　リアリティ・オリエンテーション（reality orientation）に関する次の記述のうち、**正しいものを１つ**選びなさい。

1　時間や場所がわからないなどの見当識障害を軽減するための訓練である。

2　人生をふりかえり、コミュニケーションを促進させたりする療法である。

3　認知症（dementia）の人の主観的な世界を尊重した援助方法である。

4　軽度認知障害（mild cognitive impairment）の人が少人数で見当識プログラムに沿って、自ら進行する訓練である。

5　視覚的題材を用いて内容を正確に表現できるようにする療法である。

問題　41　血管性認知症（vascular dementia）に関する次の記述のうち、**適切なものを１つ**選びなさい。

1　発症は女性に多い。

2　βたんぱくの沈着が原因である。

3　喫煙や飲酒は危険因子にはならない。

4　脱抑制がみられる。

5　パーキンソン症状がみられる。

問題　42　レビー小体型認知症(dementia with Lewy bodies)に関する次の記述のうち、**適切なもの**を**1つ**選びなさい。

1　CTやMRIの検査では、前頭葉の萎縮が目立つ。

2　末期になると、精神症状としてのうつ病(depression)がみられるようになる。

3　プリオンと呼ばれるたんぱく質の沈着によって発症する。

4　男性よりも女性に多くみられる。

5　代表的な症状として、パーキンソン症状がみられる。

問題　43　認知症高齢者の日常生活自立度判定基準「ランクⅡ」の内容として、**正しいもの**を**1つ**選びなさい。

1　著しい精神症状や問題行動あるいは重篤な身体疾患が見られ、専門医療を必要とする。

2　日常生活に支障をきたすような症状・行動や意思疎通の困難さが多少見られても、誰かが注意していれば自立できる。

3　夜間を中心として、日常生活に支障をきたすような症状・行動や意思疎通の困難さがときどき見られ、介護を必要とする。

4　日常生活に支障をきたすような症状・行動や意思疎通の困難さが頻繁に見られ、常に介護を必要とする。

5　なんらかの認知症(dementia)を有するが、日常生活は家庭内および社会的にほぼ自立している。

問題　44　高齢者にみられるせん妄(delirium)の特徴として、**適切なもの**を**1つ**選びなさい。

1　夜間よりも昼間に生じやすい。

2　症状は徐々に進行する。

3　薬の副作用で生じることがある。

4　意識レベルは清明である。

5　幻覚や妄想がみられることは稀である。

問題　45　Fさん(82歳、女性)は3年前に夫を亡くし、一人暮らしである。1か月ほど前、外出したときに路地から飛び出してきた子どもの自転車を避けようとして、転倒した。その際、膝と頭部を打撲したが、軽い膝痛を訴えるくらいでとくに変わった様子もなく過ごしていた。しかし、最近になって半身の麻痺(まひ)や言語障害が起こり、もの忘れも急にひどくなった。

Fさんの疾患として、**最も適切なものを1つ**選びなさい。

1　アルツハイマー型認知症(dementia of the Alzheimer's type)
2　老年期うつ病(senile depression)
3　前頭側頭型認知症(frontotemporal dementia)
4　慢性硬膜下血腫(chronic subdural hematoma)
5　クロイツフェルト・ヤコブ病(Creutzfeldt-Jakob disease)

問題　46　若年性認知症(dementia with early onset)に関する次の記述のうち、**適切なものを1つ**選びなさい。

1　原因となる主な疾患は、レビー小体型認知症(dementia with Lewy bodies)が最も多い。
2　40歳以下の年齢で発症したものを、若年性認知症(dementia with early onset)という。
3　比較的女性に多くみられる。
4　老年期に起こる認知症(dementia)に比べ、経済的負担や心理的負担が大きい。
5　失認などの神経症状を認めることは稀である。

問題　47　適切な治療により症状が改善する可能性のある認知症(dementia)として、**最も適切なものを1つ**選びなさい。

1　前頭側頭型認知症(frontotemporal dementia)
2　血管性認知症(vascular dementia)
3　アルツハイマー型認知症(dementia of the Alzheimer's type)
4　正常圧水頭症(normal pressure hydrocephalus)
5　レビー小体型認知症(dementia with Lewy bodies)

問題　48　認知症初期集中支援チームに関する次の記述のうち、**適切なもの**を**1つ**選びなさい。

1　支援の対象年齢は65歳以上である。

2　施設に入所している人も支援の対象に含まれる。

3　すでに医療サービスや介護サービスを受けている人への支援は含まれない。

4　地域包括支援センターなどに設置される。

5　チームのメンバーには、介護福祉士は含まれない。

障害の理解

問題 49 国連による障害者施策の流れに関する次の記述のうち、**正しいものを１つ**選びなさい。

1 国連総会で「知的障害者の権利宣言」が採択されてから10年後に、「障害者の権利宣言」が採択された。

2 「国際障害者年」は、「一般参加と平等」をテーマに実施された。

3 「国連・障害者の十年」の終了後に、国連総会で「障害者の機会均等化に関する標準規則」が採択された。

4 「アジア太平洋障害者の十年」は、「国連・障害者の十年」と同時期に実施された。

5 日本では、「障害者の権利に関する条約」の発効に向けた法整備の一環として、介護保険法が改正された。

問題 50 肢体不自由に関する次の記述のうち、**正しいものを１つ**選びなさい。

1 厚生労働省による2016年(平成28年)の「生活のしづらさなどに関する調査(全国在宅障害児・者等実態調査)」によると、肢体不自由の障害種別人数では、下肢の肢体不自由が最も多い。

2 頸髄損傷(cervical cord injury)を原因とする麻痺は、両側の下肢に現れる。

3 脊髄損傷(spinal cord injury)による症状として、自律神経の過反射による血圧の低下がある。

4 関節リウマチ(rheumatoid arthritis)では、夜間に手足のこわばりを感じることが多い。

5 脳性麻痺(cerebral palsy)には、筋緊張が亢進するアテトーゼ型(athetosis)や、不随意運動を主な症状とする痙直型などがある。

問題 51 内部障害のある人の日常生活における留意点として、**正しいものを１つ**選びなさい。

1 肝臓機能障害がある人は、感染に関して十分な予防を行う必要がある。

2 慢性腎不全(chronic renal failure)の人の食事は、低たんぱく質、低カロリー、低カリウム、低食塩にする。

3 慢性閉塞性肺疾患(chronic obstructive pulmonary disease)の人は、仰臥位で安静にしていると楽である。

4 回腸ストーマを造設している人の便は、固形便になる。

5 心臓ペースメーカーを装着している人は、心臓に負担をかけないよう、運動は厳禁である。

問題　52　注意欠陥多動性障害(ADHD)の特性に関する次の記述のうち、**適切なもの**を**1つ**選びなさい。

1　計算するのが苦手である。

2　コミュニケーション能力に障害がみられる。

3　成人になってから発現することが多い。

4　集中力を保てない。

5　社会性の獲得に障害がみられる。

問題　53　精神障害に関する次の記述のうち、**正しいもの**を**1つ**選びなさい。

1　厚生労働省の2020年(令和２年)の「患者調査」によると、「精神及び行動の障害」のある入院患者は、外来患者よりも多い。

2　精神障害者保健福祉手帳の障害等級は、１級から５級まである。

3　統合失調症の利用者に対しては、リアリティ・オリエンテーション(現実見当識訓練)を行うことで、社会復帰を支援していく。

4　うつ病(depression)では、抑うつ気分により悲観的になりやすく、頭痛や肩こりなどの身体症状を訴えることもある。

5　アルコール依存症(alcohol dependence)では、強い精神依存がみられるが、身体依存はみられない。

問題　54　てんかん(epilepsy)に関する次の記述のうち、**適切なもの**を**1つ**選びなさい。

1　てんかん(epilepsy)は児童にのみ発症する。

2　精神障害がある場合、てんかん(epilepsy)の合併率が高くなる。

3　発作時は、仰臥位にして顔を上に向かせる。

4　発作時は、からだを揺すって止める。

5　１回の発作が５分間以上続いて止まらない場合は、救急車を呼ぶ。

問題　55　学習障害(LD)に関する次の記述のうち、**最も適切なもの**を**1つ**選びなさい。

1　学習障害は、努力不足であり、しっかりした専門教育が必要である。

2　書字障害では、知的能力や理解能力などの異常はないが、文字を読むことに著しい困難を抱える。

3　読字障害では、同年齢の子どもに比べて、字や綴(つづ)りをうまく書けない、文法をまちがえる、文章構成に困難を抱えるなどがみられる。

4　算数障害では、繰り上がり、繰り下がりが理解できない、数の大きい、小さいがよくわからないなど算数に関して困難を抱える。

5　学習障害は、脳の障害ではなく、環境や育て方によるものといわれている。

問題　56「難病法」における難病の定義に関する次の記述のうち、**最も適切なもの**を**1つ**選びなさい。

1　発病の機構が明らかである。

2　治療方法が確立していない。

3　希少な疾病ではない。

4　長期にわたる療養を必要としない。

5　難病のうち、患者数が一定の人数に達しているものを指定難病という。

(注)「難病法」とは、「難病の患者に対する医療等に関する法律」のことである。

問題　57　**G**さん(42歳、男性)は、2年前に筋萎縮性側索硬化症(amyotrophic lateral sclerosis：ALS)を発症し、現在、人工呼吸器を装着中である。眼球の動きを利用して意思疎通を図っている。

Gさんとのコミュニケーションの方法として、**最も適切なもの**を**1つ**選びなさい。

1　絵カードを指さしてもらう。

2　パソコンのキーボードを利用する。

3　透明文字盤を利用する。

4　口話法を利用する。

5　筆談を利用する。

問題　58　障害者の家族への支援に関する次の記述のうち、**適切なもの**を**1つ**選びなさい。

1　障害を受容するための支援は、障害者本人にだけ行えばよい。

2　身体介護に関する視点からのみ、必要な支援を見定めていくようにする。

3　障害者の家族を支援するためには、まず、サービスの提供者が適切なサービスを積極的に選択することが重要である。

4　レスパイトケア(respite care)として、障害福祉サービスに含まれる短期入所(ショートステイ)などの利用が想定される。

5　家族の介護力を引き出す視点は不要である。

◎ **領域：医療的ケア**

医療的ケア

問題　59　医療的ケアの安全な実施に関する次の記述のうち、**適切なものを1つ**選びなさい。

1　利用者に起こってしまった事故で、利用者に与える影響が大きいものを「ヒヤリ・ハット」という。

2　大きな問題が起きた場合にだけ、報告と記録を残す。

3　１人の命を救うために、多くの人が救命処置に関わることを「救命の連鎖」という。

4　医療的ケアの実施に関しては、指示どおりの手順を覚えて行うことのみを重視する。

5　リスクマネジメントは、事故対策が重要であり、予防対策は含まれてない。

問題　60　吸引を受ける利用者の気持ちや対応に関する次の記述のうち、**適切なものを1つ**選びなさい。

1　痰（たん）の吸引を実施するときは、利用者にそのつど説明する必要はない。

2　看護師が吸引前に利用者の健康状態を確認していれば、吸引を行う介護福祉職は確認しなくてもよい。

3　利用者が抵抗するときは、利用者の手を押さえてでも吸引を優先する。

4　コミュニケーションのとれない利用者には、無言で実施してもよい。

5　痰の吸引終了後は、利用者にねぎらいの声をかける。

問題　61　喀痰吸引（かくたんきゅういん）の実施に関する次の記述のうち、**正しいものを1つ**選びなさい。

1　痰がたまっているほうを下にした姿勢となるよう、体位を整える。

2　保管容器に吸引チューブを乾燥させて保管する方法を、浸漬法（しんしほう）という。

3　吸引圧の指示は、あらかじめ決められているわけではない。

4　吸引後、吸引チューブの外側は洗浄する必要はない。

5　吸引後、常に痰の色、量、粘稠度（ねんちゅうど）などを報告し記録に残す。

問題　62　経管栄養の実施に関する次の記述のうち、**正しいものを1つ**選びなさい。

1　経管栄養における注入速度は、30分あたり200mℓを基準とする。

2　注入前、注入中、注入後、顔色・腹部症状・発汗の状況について観察し続ける。

3　半固形の栄養剤は、主に経鼻経管栄養で使用する。

4　イルリガートルの液面の高さは、とくに配慮する必要はない。

5　経管栄養を行っている利用者の場合、口腔（こうくう）ケアの必要性は低い。

問題　63　経管栄養実施時に想定されるトラブルと介護福祉職の対応に関する次の記述のうち、**適切なものを1つ**選びなさい。

1　経鼻経管栄養チューブが抜けそうになっていたが、チューブを押し込んで注入を続けた。

2　胃ろうから栄養剤の注入開始後、しゃっくりがでたので、注入速度を速くした。

3　栄養剤が滴下せず、止まってしまったので、イルリガートルの高さを高くした。

4　嘔吐（おうと）がみられたので、ただちに注入を中止し、顔を横に向けた。

5　下痢の症状がある利用者に対して、注入速度を速くした。

第２回　予想問題

午　後

介護の基本	**問題 64 ～ 73**
コミュニケーション技術	**問題 74 ～ 79**
生活支援技術	**問題 80 ～105**
介護過程	**問題106～113**
総合問題	**問題114～125**

（注意）

1　午後の試験問題数は、上記の62問です。

2　解答時間は、２時間を目安としてください。

3　出題形式は五肢択一形式となっています。各問題には１から５まで５つの答えがありますので、そのうち、問題に対応した答えを解答用紙に解答してください。

◎ 領域：介護

介護の基本

問題 64 社会福祉士及び介護福祉士法に基づく、介護福祉士に関する次の記述のうち、**適切なもの**を**1つ**選びなさい。

1 秘密保持義務は、2007年(平成19年)の法改正によって、新たに規定された。

2 介護福祉士の業務には、介護者に対する指導も含まれている。

3 介護福祉士ではない者が、介護福祉士という名称を使用した場合、1年以下の懲役が科される。

4 介護福祉士となる資格を有する者が、介護福祉士となるためには、都道府県知事に申請し、登録を受けなければならない。

5 介護福祉士に、喀痰吸引(かくたんきゅういん)の実施は認められていない。

問題 65 **A**さん(80歳、男性)は、20年前から高血圧にて内服治療中で、1か月前に脳梗塞(cerebral infarction)を発症し入院した。右片麻痺(みぎかたまひ)があり、リハビリテーションを行っている。ときどき、「こんな姿ではずかしい」「孫に会えなくてさびしい」などの発言がある。要介護3で介護老人保健施設に来週、転院予定である。

Aさんの生活の質(QOL)を考慮した転院支援について、**最も適切なもの**を**1つ**選びなさい。

1 濃い味つけが好みの**A**さんのために、減塩しょうゆを持参するよう家族に指導する。

2 介護老人保健施設に転院する前夜は不安があるため、睡眠薬を処方する。

3 はじめての施設では、トイレ歩行は危険なのでおむつを使用する。

4 清拭時(せいしきじ)の着衣は浴衣がよいため、家族に購入を依頼する。

5 孫との思い出の写真を持参するよう伝える。

問題 66 Bさん(72歳、女性)は左片麻痺(ひだりかたまひ)があり、自宅で娘夫婦と同居し、訪問介護(ホームヘルプサービス)を利用している。訪問介護(ホームヘルプサービス)では、調理、洗濯、掃除などの生活援助を受けている。Bさんへの支援のあり方として、**最も適切なもの**を**1つ**選びなさい。

1 Bさんから、娘夫婦の分も作ってほしいと言われたので、多めに調理した。
2 Bさんから、年末なので自分の部屋の大掃除をしてほしいと言われ、大掃除をした。
3 物干し竿を使うかハンガーを使うかなど、Bさんに聞きながら洗濯物を干した。
4 Bさんから、Bさん宅の掃除機での掃除を依頼されたが、掃除機が重く扱いにくいので、自宅から掃除機を持参し、掃除した。
5 Bさんの栄養状態を考えながら、1人で献立を決めて調理した。

問題 67 ICF(International Classification of Functioning, Disability and Health：国際生活機能分類)に関する次の記述のうち、**最も適切なもの**を**1つ**選びなさい。

1 ICF(International Classification of Functioning, Disability and Health:国際生活機能分類)は、人間の生活機能と障害に関して約1,000の項目に分類され、アルファベットと数字を組み合わせてコード化されている。
2 生活機能には、「心身機能・身体構造」「能力障害」「社会的不利」の3つのレベルを含む。
3 「歩くときのバランスが不安定なため、地域の友人と交流する機会が減少した」は、「心身機能・身体構造」と「参加」の関係を示すものである。
4 アセスメント(assessment)で得た「友人と買い物に行くのが日課だった」は、「環境因子」に分類される。
5 「健康状態」とは、生活機能の低下を引き起こす可能性がある、心身の状態の変化のことをさす。

問題 68 ノロウイルス(Norovirus)による感染症に関する次の記述のうち、**適切なもの**を**1つ**選びなさい。

1 感染経路は、主に飛沫(ひまつ)感染である。
2 集団感染になることは稀(まれ)である。
3 感染性胃腸炎を引き起こす。
4 感染者の嘔吐物(おうとぶつ)のついた床は、アルコールで消毒する。
5 感染者の嘔吐物のついた衣類は、ぬるま湯で洗濯する。

問題　69　「介護労働実態調査結果」に関する次の記述のうち、**正しいものを１つ**選びなさい。

1　介護事業所全体の人材の不足感は、約３割である。

2　従業員の職種別過不足状況をみると、「不足感」が最も高いのは看護職員である。

3　訪問介護員、介護職員の離職率は増加傾向が続いている。

4　介護職員処遇改善加算を算定した事業所は、全体の７割を超えている。

5　65歳以上の労働者のいる事業所は、全体の約３割である。

（注）「介護労働実態調査結果」とは、「令和４年度『介護労働実態調査』結果の概要について」（介護労働安定センター）のことである。

問題　70　高齢者虐待（こうれいしゃぎゃくたい）に関する次の記述のうち、**正しいものを１つ**選びなさい。

1　高齢者虐待とは、身体的虐待、介護等放棄、心理的虐待、性的虐待の４つをいう。

2　「高齢者虐待防止法」における「高齢者虐待」とは、養護者による高齢者虐待をいう。

3　「高齢者虐待防止法」では、高齢者を65歳以上としている。

4　「高齢者虐待調査結果」によれば、被虐待高齢者からみた虐待を行った養護者の続柄は「息子の配偶者（嫁）」が最も多い。

5　「高齢者虐待調査結果」によれば、虐待を行った養介護施設従事者等の職種では、「看護職」が最も多い。

（注）1　「高齢者虐待防止法」とは、「高齢者虐待の防止、高齢者の養護者に対する支援等に関する法律」のことである。

（注）2　「高齢者虐待調査結果」とは、「2022年度（令和４年度）高齢者虐待の防止、高齢者の養護者に対する支援等に関する法律に基づく対応状況等に関する調査結果」（厚生労働省）のことである。

問題　71　プライバシーの保護に関する次の記述のうち、**最も適切なものを１つ**選びなさい。

1　多職種連携のために、すべての個人情報を共有した。

2　利用者の秘密は、介護福祉職の家族にも話さないようにした。

3　勤務中に知り得た利用者情報は、介護福祉士をやめるまで秘密にした。

4　本人の許可を得て、認知症利用者の写真をホームページに掲載した。

5　保険会社からの問い合わせがあったため、亡くなったことを教えた。

問題　72　**C**さん(70歳、男性)は、要介護３で、自宅で妻と２人暮らしである。２か月前に脳梗塞(cerebral infarction)を発症し、右片麻痺(みぎかたまひ)が残ったが、短下肢装具(たんかしそうぐ)を利用して歩行は可能である。

Cさんの安全に配慮した住宅に関する次の記述のうち、**最も適切なものを１つ**選びなさい。

1　転倒の恐れがあるため、毛足の長いカーペットを敷く。

2　３cmの段差のある敷居であれば、つまずく可能性は低い。

3　浴槽にバスボードを設置するとよい。

4　トイレのドアは手前に開くドアがよい。

5　玄関アプローチはスロープにするとよい。

問題　73　介護福祉職が安心して働ける環境づくりに関する次の記述のうち、**最も適切なものを１つ**選びなさい。

1　労働基準法で定められた産前産後休業は、正社員のみ取得することができる。

2　介護休暇は、要介護状態にある家族１人につき、年５日まで取得できる。

3　労働安全衛生法では、労働時間が６時間を超える場合は少なくとも45分間、８時間を超える場合は少なくとも１時間の休憩時間を与えなければならないとしている。

4　労働安全衛生法では、事業者に対して、労働者が従事する業務に関する安全または衛生のための教育を行うよう努めなければならないとしている。

5　介護休業は、要介護状態にある家族１人につき、通算で31日まで取得できる。

コミュニケーション技術

問題　74　コミュニケーションの技法に関する次の記述のうち、**最も適切なもの**を**1つ**選びなさい。

1　「なぜ」や「どうして」を多用する。
2　利用者の話がなかなかまとまらなかったので、そのまま聞き流した。
3　利用者の話がわかりづらくても、最後まで聴いたうえで内容を要約して伝えた。
4　利用者が話す内容を聞き返すのは失礼にあたる。
5　利用者と家族の意見が対立していたので、家族の意見を尊重した。

問題　75　**D**さん(66歳、女性)は、両変形性膝関節症(りょうへんけいせいしつかんせつしょう)で、要介護２である。１か月前に右側(みぎがわ)人工膝関節置換術(じんこうしつかんせつちかんじゅつ)を受けた。現在は自宅で一人暮らしである。

Dさんの自立支援を考慮したコミュニケーションとして、**最も適切なもの**を**1つ**選びなさい。

1　「左側も手術できれば以前のようになるのにね」と話す。
2　「日常生活に早く慣れるよう正座したほうがいいですよ」と話す。
3　「転んだら大変ですからポータブルトイレを使ってください」と話す。
4　「なるべく歩かないことが大切ですから、すべて介護福祉職が行いますよ」と話す。
5　「適度な運動を毎日行うことが大切ですよ」と話す。

問題　76　利用者の**E**さん(85歳、女性)は、一人暮らしである。最近、認知症(dementia)の症状が目立ってきており、週２回の生活援助の訪問介護(ホームヘルプサービス)を利用している。コンビニに買い物に行き、レジで670円の支払いをする際、財布の中に小銭がたくさんあるのに、一万円札で支払いをしようとした。

買い物に同行した訪問介護員(ホームヘルパー)の**E**さんに対する言葉かけとして、**最も適切なもの**を**1つ**選びなさい。

1　「お店は小銭が必要だから小銭で払いましょう」と大きな声で指示した。
2　「後ろに並んでいる人がいるので急ぎましょう」とせかした。
3　時間がかかりそうだったので、「私が払っておきますよ」と立て替えて支払った。
4　「財布の中に千円札もあるじゃないの」と注意した。
5　「小銭で払えるから」と支払いを手伝った。

問題　77　**F**さん(82歳、女性)は、息子夫婦と同居している。アルツハイマー型認知症(dementia of the Alzheimer's type)であり、現在、要介護３と認定され、週３回の通所介護(デイサービス)を利用している。最近は、もの盗られ妄想がひどくなってきており、家族は対応に困っている。デイサービスセンターでの昼食後、カバンの中にあった財布が盗まれたと大騒ぎをしていた。

このとき、介護福祉職のとった対応として、**最も適切なもの**を**1つ**選びなさい。

1　「財布なんてはじめからなかった」と言って諦めさせた。
2　「嫁が持っていった」と言って、その場にいない嫁のせいにした。
3　「警察へ連絡しましょう」と言って、警察に通報した。
4　「一緒にカバンの中を探しましょう」と声をかけた。
5　「そんなことはいいから」と食事を勧めた。

問題　78　ICT(Information and Communications Technology：情報通信技術)を活用した記録の留意点に関する次の記述のうち、**適切なもの**を**1つ**選びなさい。

1　介護記録は、間違いに気づいた者がデータを修正してもよい。
2　USBフラッシュメモリは小さく持ち運びしやすいので、介護記録などのデータを外部へ持ち出すのに適している。
3　端末のパスワードは、誰でも推測可能なものにする。
4　電子メールで利用者の記録を送信する場合は、匿名化する。
5　データのバックアップをとる必要はない。

問題　79　報告・連絡・相談に関する次の記述のうち、**適切なもの**を**1つ**選びなさい。

1　「利用者の様子がいつもと違う」「具合が悪そうだ」と感じた場合、早期の報告・連絡・相談をこころがける。
2　小さな事故やトラブルは、報告すると事を大きくしてしまう。
3　連絡は常にメールで行うことが望ましい。
4　連絡をとったときは、忘れないように注意をしていればよい。
5　相談の経過や結果は、とくに報告しなくてもよい。

生活支援技術

問題　80　生活に関する次の記述のうち、**適切なものを1つ**選びなさい。

1　生活時間は、どのライフステージ(life stage)でも同じである。

2　生活とは、家庭で行われる活動をさす。

3　家事行為が滞ると、生活の基盤が崩れる原因となる。

4　年齢による生活圏の違いはない。

5　介護が必要になると、社会的役割はなくなる。

問題　81　介護保険の給付対象となる住宅改修として、**適切なものを1つ**選びなさい。

1　電磁調理器に交換する。

2　屋外の門扉を引き戸に取り替える。

3　扉を自動ドアに変更した場合の動力部分。

4　和式浴槽から洋式浴槽へ取り替える。

5　洗浄機付便器を設置する。

問題　82　安全で心地よい生活の場づくりに関して、**適切なものを1つ**選びなさい。

1　車いす利用者には、外開きのドアが適している。

2　高齢者が階段を昇降する場合、照度は30～75ルクスにする。

3　室内の湿度は、40%以下にすることが望ましい。

4　ユニバーサルデザイン(universal design)は、誰にとっても利用しやすい物や環境をつくろうという考え方で、8つの原則から成り立っている。

5　便器は、洋式便器にするのが望ましい。

問題　83　施設等での集住に関する次の記述のうち、**最も適切なものを1つ**選びなさい。

1　ユニット型施設は、1ユニット5人の生活単位を基本とする。

2　認知症高齢者グループホームでは、利用者が混乱しないように、居室の内装を統一する。

3　ユニットケア、認知症高齢者グループホームでは、個室対応とする。

4　職員の人員不足から、利用者が下りられないように、ベッドをサイドレールで囲むことが認められている。

5　ユニットケア、認知症高齢者グループホームでは、各居室にトイレを設置しなければならない。

問題　84　義歯の手入れに関する次の記述のうち、**適切なものを１つ**選びなさい。

1　洗浄するときは、熱湯を使用する。
2　総義歯(総入れ歯)を装着するときは下顎から行う。
3　洗浄するときは、柔らかめの歯ブラシを用いる。
4　毎食後に外して洗浄する。
5　外した義歯は、よく乾燥させてから保管する。

問題　85　介護を必要とする高齢者の衣服とその支援に関する次の記述のうち、**最も適切なものを１つ**選びなさい。

1　身体機能の低下した人の場合、下衣のウエストゴムは緩めのものが適している。
2　円背(えんぱい)の人の場合、前身ごろの丈は長く、後ろ身ごろは短めのものが適している。
3　麻痺(まひ)や拘縮がある場合、袖や襟ぐりは伸縮性の少ない素材のものを選ぶ。
4　認知症(dementia)で季節に対する感覚が鈍くなった人への援助では、季節に合っていない衣服でも利用者の意思を尊重して思うままに着てもらう。
5　巧緻性(こうちせい)の低下した人の場合、ブラウスのボタンは小さめのものを選ぶ。

問題　86　整容の支援が必要な高齢者に関する次の記述のうち、**適切なものを１つ**選びなさい。

1　利用者が剃(そ)り残したひげを、T字かみそりを使って介助した。
2　片麻痺(かたまひ)の利用者の爪切りは、介護福祉職が行う。
3　視覚障害のある人は、鏡を見ることが困難なため、介護者が整髪を行う。
4　ひげ剃り介助後は、かみそり負けを起こしやすいため、クリームや化粧水をつけて皮膚の保湿をする。
5　目の周囲を清拭(せいしき)するときは、目尻から目頭に向って拭く。

問題　87　ボディメカニクスを活用した介護に関する次の記述のうち、**適切なものを１つ**選びなさい。

1　車いすへ移乗する際は、介護者の足先は利用者に向ける。
2　押すより手前に引くほうが、少しの力で動かすことができる。
3　大の字で寝ている利用者は、からだを持ち上げて上方へ移動する。
4　座位の利用者を車いすへ移乗する場合は､介護者は前にかがんで目線を合わせて介助する。
5　立位の介助は、利用者にできるだけ密着して行う。

問題　88　右片麻痺(みぎかたまひ)のある利用者がベッドから起き上がり、車いすへ移乗する場合の車いすを設置する位置として、**最も適切なもの**を**1つ**選びなさい。

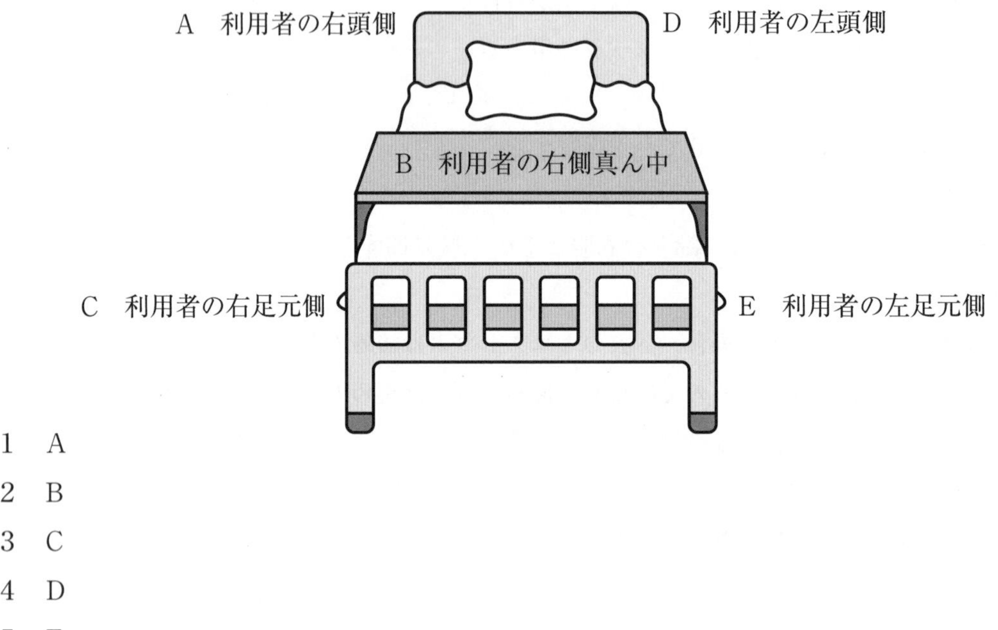

1　A
2　B
3　C
4　D
5　E

問題　89　視覚障害者の移動介助に関する次の記述のうち、**適切なもの**を**1つ**選びなさい。

1　歩行時、介護者は視覚障害者のやや後方に位置する。
2　階段の上り下りでは、視覚障害者がつま先で階段の縁(ふち)を確認しているかを見届ける。
3　介護者は視覚障害者の肘の少し上を握って歩く。
4　階段を下りる場合、介護者は視覚障害者より1段高い段に位置する。
5　乗用車への乗車は、介護者が先、降車は視覚障害者が先である。

問題　90　介助が必要な利用者の状況に応じた食事提供に関する次の記述のうち、**最も適切なものを1つ**選びなさい。

1　関節リウマチ(rheumatoid arthritis)の人には、柄(え)の細いスプーンやフォークを使う。

2　左半側空間無視の人には、トレー(tray)を左側に置く。

3　視覚障害のある人には、食器の位置を手で触れてもらう。

4　失行のある利用者には、全介助する。

5　口にいっぱい詰め込んで食べる人には、食器に盛る量を多くする。

問題　91　呼吸器機能に障害のある人の食事支援に関する次の記述のうち、**適切なものを1つ**選びなさい。

1　にんにくなど、においの強い食品は控える。

2　プリン体を控える。

3　減塩、低脂肪、低コレステロールの食事を心がける。

4　生野菜や果物を控える。

5　少量ずつ、数回に分けて食べる。

問題　92　加齢に伴う身体機能の変化と食事に関する記述として、**適切なものを1つ**選びなさい。

1　味覚の低下は、舌の味蕾(みらい)が増加することで起きる。

2　唾液(だえき)の分泌量が減少してきた場合は、パンを主食にする。

3　腸の蠕動運動(ぜんどううんどう)が低下してきた場合は、たんぱく質を多く含む献立を提供する。

4　口渇感の悪化に対しては、水分を多く含む食事を勧める。

5　嚥下機能(えんげきのう)の低下に対しては、ひと口の量を多めにする。

問題　93　Gさん(85歳、女性)は、狭心症(angina pectoris)と高血圧の既往がある。週２回通所介護(デイサービス)を利用している。本日、デイサービスセンターに来た**G**さんは、何となくぼんやりしていて元気がない。排泄(はいせつ)の回数もいつもより少なく、尿の色も濃いと言っている。唇も乾燥しており、水分も朝からコップ１杯(150㎖)しか飲んでいないということだった。

介護福祉職が**G**さんに勧める飲み物として、**最も適切なものを１つ**選びなさい。

1　コーラ
2　緑茶
3　紅茶
4　ビール
5　麦茶

問題　94　入浴介助に関する次の記述のうち、**適切なものを１つ**選びなさい。

1　利用者が浴槽内でおぼれそうになった場合は、速やかに浴槽の栓を抜き、湯を流す。
2　右片麻痺(みぎかたまひ)の利用者の入浴では、介護者が利用者の全身を洗うようにする。
3　自立支援が重要になるため、利用者に麻痺(まひ)があっても、シャワーを浴びるときは、利用者が自ら湯温の確認を行う。
4　高血圧や心疾患(heart disease)のある利用者の入浴では、湯温を普段よりぬるめにする。
5　片麻痺(かたまひ)のある利用者が浴槽から出るとき、利用者が大丈夫と言っている場合は、本人の意思を尊重し、バスボードなどの福祉用具は活用しない。

問題　95　足浴・手浴に関する次の記述のうち、**適切なものを１つ**選びなさい。

1　夜眠れないときは、足浴が効果的である。
2　足浴は、臥床(がしょう)して行うほうがよい。
3　足が冷たいときの足浴は避ける。
4　足浴・手浴の前に爪切りを行う。
5　足浴・手浴の後はタオルで拭きとらず、自然乾燥させる。

問題　96　下痢が続いている要介護高齢者への対応に関する次の記述のうち、**最も適切なものを1つ**選びなさい。

1　脱水予防のため、冷水で水分補給する。
2　普段は排泄行為(はいせつこうい)が自立していても、おむつを使用する。
3　下腹部を「の」の字にマッサージする。
4　排泄物を感染源と考え、対応する。
5　食事は、普段の時間にいつもどおり提供する。

問題　97　**H**さん(75歳、女性)は、介護老人福祉施設に入所している。左片麻痺(ひだりかたまひ)があり、最近は筋力の低下も目立ち、トイレまでの移動が困難になってきた。そこで、日中はトイレを使用し、夜間はポータブルトイレを使用することになった。**H**さんの使用しているポータブルトイレは、プラスチック製の背もたれと肘かけがついているものである。

Hさんがポータブルトイレを使用するときの排泄介護(はいせつかいご)に関する次の記述のうち、**最も適切なものを1つ**選びなさい。

1　ポータブルトイレの足元にバスタオルを敷く。
2　ポータブルトイレは左の足元に置く。
3　ベッドとポータブルトイレの高さは、ポータブルトイレを高めにセットする。
4　ポータブルトイレへ移動後は、バスタオルや膝かけをかける。
5　最後まで介護者は**H**さんのそばに付き添う。

問題　98　排泄介護(はいせつかいご)に関する次の記述のうち、**最も適切なものを1つ**選びなさい。

1　自己導尿を行う利用者の介護では、カテーテルを尿道口から挿入する介助を行う。
2　浣腸の介護では、利用者に立位になってもらい、浣腸器を挿入する。
3　座薬の介護では、利用者にはゆっくり呼吸しリラックスしてもらう。
4　座薬を挿入するときは、肛門(こうもん)に人差し指を奥まで挿入する。
5　ストーマ装具のパウチにたまった排泄物の除去では、肌に密着したパウチの取り替えを行う。

問題　99　衣服のしみ抜きに関する次の記述のうち、**適切なものを1つ**選びなさい。

1　しょうゆのしみは、ベンジンなどの有機溶剤を含ませた布でたたいて落とす。
2　チョコレートのしみは、氷で冷やしてから爪ではがす。
3　口紅のしみは、水を含ませたブラシなどでたたいて落とす。
4　ガムは、乾燥させた後にブラッシングで落とす。
5　墨汁のしみは、歯磨き粉をつけてもみ洗いする。

問題　100　安眠を促す介助に関する次の記述のうち、**最も適切なものを1つ**選びなさい。

1　早く眠るように、と利用者に声をかける。

2　就寝する1時間以内に、熱いお風呂に入るように勧める。

3　アルコールを飲むように勧める。

4　薄暗い程度に小さな明かりをつける。

5　就寝する直前まで飲み食いするように勧める。

問題　101　危篤時の身体変化に関する次の記述のうち、**最も適切なものを1つ**選びなさい。

1　体温は上昇する。

2　尿量が増え頻尿となる。

3　脈拍数は正常である。

4　血圧が下降する。

5　橈骨動脈で触知しやすい。

問題　102　人生の最終段階における介護に関する次の記述のうち、**最も適切なものを1つ**選びなさい。

1　事前の意思確認は、十分な話し合いをすれば、その内容を文書にまとめておく必要はない。

2　死への恐怖をやわらげるため、利用者から訴えがあっても否定する。

3　からだを動かすことで負担をかけないよう、同じ体位を保つようにする。

4　死が近づきバイタルサイン(vital signs)が変化すると、苦痛緩和のために医療職が計画を立ててケアを実践するので、介護福祉職は積極的に関わらなくてよい。

5　意識がなくなってからも、声かけを行う。

問題　103　人生の最終段階を迎えた利用者の家族への関わり方として、**最も適切なものを1つ**選びなさい。

1　家族はケアの対象者に含まれない。

2　利用者に対する清拭(せいしき)は、家族から希望があれば、行ってもらうようにする。

3　事前の意思確認は、利用者本人とだけ話し合えばよい。

4　介護福祉職は、家族から利用者が服用している薬剤の主作用などを聞かれた場合、答えられなくてもよい。

5　グリーフケア(grief care)は、医療職が中心になって行う。

問題　104　施設で行われるデスカンファレンス(death conference)に関する次の記述のうち、**適切なもの**を**1つ**選びなさい。

1　利用者とその家族のケアに関わった介護福祉職にのみ参加を呼びかける。
2　利用者の危篤時に行う。
3　職員に対するグリーフケア(grief care)の意味もある。
4　他者の意見に対して反論する。
5　利用者への関わり方を振り返り、反省する場である。

問題　105　介護ロボットに関する次の記述のうち、**適切なもの**を**1つ**選びなさい。

1　厚生労働省は介護ロボットを、利用者の自立支援および介護者の負担軽減に役立つ機器と明確に定義している。
2　開発が重点的に進められている分野は、移乗支援と見守り・コミュニケーションのみである。
3　2020(令和２)年の介護保険法改正において、介護ロボットの導入により業務の効率化・省人力化を図るなどの基本的な考え方が示された。
4　介護保険の福祉用具貸与では、ロボット技術を応用した福祉用具は対象外とされている。
5　介護分野では、ICT(Information and Communications Technology：情報通信技術)やIoTを活用した新しい福祉用具の開発が進められている。

介護過程

問題　106　介護過程の意義と目的に関する次の記述のうち、**最も適切なもの**を**1つ**選びなさい。

1　介護福祉職が望む、よりよい人生を実現する。
2　利用者の思いどおりの介護を展開する。
3　画一的なケアの実践が可能となる。
4　施設で継承されてきた風習や文化に合わせた介護の実践を目指す。
5　関係職種が共通の目的をもち、多職種協働・連携による適切な支援の提供をする。

問題　107　介護福祉職の情報収集に関する次の記述のうち、**最も適切なもの**を**1つ**選びなさい。

1　介護福祉職による主観的情報を中心に記録する。
2　近隣の人からの情報を先に集め、先入観をもち情報を収集する。
3　プライバシーに関する情報は触れない。
4　多角的・継続的に情報を入手する。
5　現在実行している活動は把握しない。

問題　108　**J**さん(72歳、女性)は介護老人福祉施設で生活している。関節リウマチ(rheumatoid arthritis)があり、関節可動域制限や指先の変形がみられる。今までは髪をとかすことができたが、それができなくなり、痛みから意欲も低下し、最近、身だしなみに気を配らなくなってきている。そのため、他の利用者と会うのも避けるようになった。**J**さんは、以前はとてもおしゃれで髪型にこだわりをもっていた。

優先的に解決すべき**J**さんの生活課題として、**最も適切なもの**を**1つ**選びなさい。

1　1人で髪をとかすことができるようになること。
2　痛みを取り除くために、介護福祉職がマッサージをすること。
3　他者と積極的に会うようになること。
4　身だしなみへの関心を取り戻すこと。
5　膝や骨への負担を減らすために、体重を増やさないようにすること。

問題　109　**K**さん(77歳、男性)は、自宅を改修するため、その間、介護老人保健施設で生活している。**K**さんはアルツハイマー型認知症(dementia of the Alzheimer's type)であり、自分がなぜ介護老人保健施設で生活しているのかわからず不安になり、職員にたびたびなぜここにいるのか、ここはどこなのかを確認することがある。

Kさんへの介護目標として、**最も適切なもの**を**1つ**選びなさい。

1　自宅の改修工事が終わるまで介護老人保健施設で穏やかに過ごす。

2　行動・心理症状(BPSD)を改善する。

3　不安な症状が出てきたときは、精神安定剤を服用する。

4　**K**さんに現在いる場所と理由が覚えられるように指導する。

5　気分転換を図るため、レクリエーションに参加する。

問題　110　介護計画に関する次の記述のうち、**最も適切なもの**を**1つ**選びなさい。

1　総合的な視点で、標準的な方法と手順をそのまま計画する。

2　達成が難しくても高い目標を掲げ、それに向けた支援計画を作成する。

3　介護者が望ましいと思う利用者像に向け計画する。

4　課題解決に向けた目標を立て、具体的な支援方法を計画する。

5　専門用語と略語を用いて支援内容を計画する。

問題　111　チームアプローチ(team approach)に関する記述のうち、**最も適切なもの**を**1つ**選びなさい。

1　チームアプローチ(team approach)の中心は、介護福祉職である。

2　チーム内では、職種ごとに専門的な視点から利用者を理解する。

3　チーム内では、各職種がそれぞれの目標に向かって支援をする。

4　チーム内では、互いにメンバーの役割を知らなくてもよい。

5　ケアプランの内容について協議・検討するサービス担当者会議では、介護福祉士が司会進行を担う。

次の事例を読んで、**問題112**、**問題113**について答えなさい。

〔事　例〕

Lさん(73歳、男性、要介護１)は妻の死後１人で暮らしていたが、もの忘れや火の不始末がみられるようになり、他県に住む長女夫婦と同居することになった。最近、**L**さんは、もの忘れが増え、「財布を盗られた」「ご飯を食べさせてもらえない」と言うようになり、大声を上げたり、暴れたりするなどの行動が続くようになった。また、「妻がいる自宅に帰る」と出ていき、道に迷うこともみられるようになってきたので、小規模多機能型居宅介護を利用することとなった。

問題　112　**L**さんに関する情報の解釈として、**最も適切なもの**を**１つ**選びなさい。

1　被害妄想がある。
2　幻覚がある。
3　異食がある。
4　抑うつ症状がある。
5　心気症状がある。

問題　113　**L**さんの生活課題の設定において、**最も優先すべきもの**を**１つ**選びなさい。

1　**L**さんの財布をさがすこと。
2　**L**さんの長女夫婦の介護ストレスを軽減すること。
3　慣れない環境への不安を解消すること。
4　妻のいる自宅に帰ることができるようにすること。
5　暴力をなくすこと。

総合問題

(総合問題1)

次の事例を読んで、**問題114から問題116まで**について答えなさい。

〔事　例〕

Mさん(82歳、女性、要介護３)は３年前から指定介護老人福祉施設に入所している。脳梗塞(cerebral infarction)の既往歴があり、左片麻痺(ひだりかたまひ)の後遺症がある。

食事は、自助スプーン、自助皿を使用し、食べ終わるまでに40分程度かかるが自分で食べることができている。食形態は、主食はご飯であり、副食は一口大にしてある。

Mさんはここ最近、食事の際にむせ込むことがあり、「気をつけているがむせ込んでしまう。また、飲み込みに多少負担を感じる」という。

問題　114　**M**さんが食事の際にむせ込むという状況を踏まえた介護福祉職の対応として、**最も適切なもの**を**１つ**選びなさい。

1　食形態を変える。
2　介護福祉職が食事介助する。
3　むせ込んだ際の食べ物を記録する。
4　自助スプーンを変える。
5　**M**さんによく噛(か)んで飲み込むよう伝える。

問題　115　**M**さんが入所している施設では、嚥下機能(えんげきのう)が低下している高齢者に対して、多職種が連携して食事観察(ミールラウンド)をしながら、経口からの食事継続や嚥下機能維持を行っており、**M**さんもその対象者となった。

この取り組みには医師も加わるが、医師の専門分野として、**最も適切なもの**を**１つ**選びなさい。

1　内科医
2　歯科医
3　外科医
4　皮膚科医
5　精神科医

問題　116　**M**さんは、嚥下内視鏡検査を受けることになった。検査の結果、嚥下の機能が低下しており、そのため食事が気管に入ってしまいむせ込むということがわかった。そして、現在の食形態では誤嚥のリスクが高いと判断された。しかし、**M**さんは「病人の食事なんて食べたくない」と現在の食形態を強く希望している。そのため、カンファレンス(conference)を開き、**M**さんへの今後の対応について話し合うことになった。

介護福祉職の**M**さんへの対応として、**最も適切なもの**を**1つ**選びなさい。

1　**M**さんにはカンファレンス(conference)の決定事項を後日伝える。

2　**M**さんに、誤嚥のリスクが高く施設では責任がもてない旨を伝える。

3　家族から**M**さんに食形態の変更の説得をしてもらう。

4　**M**さんに検査結果、食形態変更のメリット、デメリットを説明し情報提供する。

5　医師が食形態変更の手続きを行う。

(総合問題２)

次の事例を読んで、**問題117から問題119まで**について答えなさい。

〔事　例〕

Nさん(80歳、女性)は、半年前から指定介護老人福祉施設に入所している。施設はユニット型で、**N**さんを含めて10人の利用者が暮らしている。**N**さんはアルツハイマー型認知症(dementia of the Alzheimer's type)を発症しており、見当識障害がある。自分の居室と他の居室がわからずに入ってしまい、トラブルを起こしたこともある。毎日、介護福祉職がリビングから居室まで誘導するが、自分の居室へまちがわずに１人で行くことができない。また、ユニット内のトイレの場所がわからず、トイレを探して別方向に行ってしまい、そのたびに介護福祉職がトイレまで誘導している。最近は、トイレを探している途中で間に合わずに尿失禁してしまうことがあり、**N**さん自身もそのたびに泣いてしまったり、ときには落ち着かなくなることもある。

問題　117　**N**さんのように見当識障害のためにトイレがわからず、尿失禁してしまう排尿障害として、**最も適切なもの**を**１つ**選びなさい。

1　機能性尿失禁
2　腹圧性尿失禁
3　切迫性尿失禁
4　混合性尿失禁
5　持続性尿失禁

問題　118　**N**さんは失敗をするたびに対応する介護福祉職に「私は死んだほうがましだ」と泣いて訴える。

そのときの介護福祉職の対応として、**最も適切なもの**を**１つ**選びなさい。

1　「そんな悲しいことは言わないでください」
2　「泣かれるほど、おつらいのですね」
3　「泣いているとみんなが心配するので泣くのはやめましょう」
4　「他の人も失敗しているので安心してください」
5　「私は物事を否定的に考える人には共感できません」

問題　119　介護福祉職は、尿失禁により落ち着きを失う**N**さんへの対応についてカンファレンス(conference)を開催し、検討した。

Nさんへの介護福祉職の対応として、**最も適切なもの**を**1つ**選びなさい。

1　リアリティ・オリエンテーション(reality orientation)を毎日行う。

2　失禁してもよいように紙パンツを使用する。

3　膀胱留置（ぼうこうりゅうち）カテーテルを使用する。

4　レクリエーションに参加するなど気分転換をしてもらう。

5　**N**さんがトイレとわかりやすいように表示の工夫をする。

（総合問題３）

次の事例を読んで、**問題120から問題122まで**について答えなさい。

〔事　例〕

Oさん(35歳、男性)は、転落事故によって第５頸椎(けいつい)を骨折し、両側の上下肢に麻痺(まひ)が生じた。受傷直後は病院でリハビリテーションに取り組んでいたが、数日後には病室に閉じこもるようになり、職場の人が見舞いに来ても拒否するようになった。

偶然、病院の食堂で同じ症状の人と話をする機会があり、家族のためにも職場に復帰しなくてはいけないという気持ちが、再び芽生えてきた。不安を抱えつつも、それからはリハビリテーションを積極的に行うようになった。

今夏の在宅復帰を目指して、生活動作を身につけるため障害者支援施設に入所し、現在は自助具を使用して食事や整容ができるようになっている。

介護福祉職は、受傷後はじめての夏を迎える**O**さんに、体温調節に注意した援助を行うことにした。

問題　120　想定される**O**さんの受傷時の麻痺の状態として、**適切なもの**を**１つ**選びなさい。

1　片麻痺
2　対麻痺
3　四肢麻痺
4　両麻痺
5　単麻痺

問題　121　**O**さんの現時点の状態を、障害の受容の過程にあてはめたときの段階として、**適切なもの**を**１つ**選びなさい。

1　ショック期
2　否認期
3　混乱期
4　努力期
5　受容期

問題　122　Oさんの頸髄損傷（cervical cord injury）と体温調節に注意した援助に関する次の記述のうち、**最も適切なもの**を**1つ**選びなさい。

1　発汗の障害により体内に熱がこもり、めまいや吐き気、頭痛などの症状が現れることに注意する。

2　体温調節が難しくなることを考慮して、冷房の使用を控える。

3　体温の上昇がみられた場合、車いすを後方に倒して頭部を低くする。

4　体温の上昇がみられた場合、安静にして様子を見守る。

5　体温の上昇がみられた場合、解熱剤の服用が最優先される。

（総合問題４）

次の事例を読んで、**問題123から問題125まで**について答えなさい。

〔事　例〕

Pさん(21歳、女性)は、母親(67歳)と生活をしている。**P**さんはダウン症候群(Down's syndrome)で軽度の知的障害があり、特別支援学校を卒業後、自分に合う仕事があれば働きたいという希望はあるが、人と話すことが苦手なこともあり、自宅で何もせずに１日を過ごしている。

母親は、持病の心疾患(heart disease)が悪化しており、医師から入院を勧められている。家事などはすべて母親が行っているが、最近は臥床（がしょう）する時間が長くなってきた。相談支援事業所を訪ねた**P**さんは、相談支援専門員との相談を経て、居宅介護を利用することになった。

問題　123　ダウン症候群(Down's syndrome)に関する次の記述のうち、**正しいもの**を**１つ**選びなさい。

1　18番目の染色体が１つ多い。
2　高齢出産による発症率が高い。
3　知的障害の程度は、常に軽度である。
4　先天性代謝異常(inborn errors of metabolism)が原因となる。
5　合併症は、ほとんどみられない。

問題　124　居宅介護を行う訪問介護員(ホームヘルパー)の初回訪問時の対応として、**最も適切なもの**を**１つ**選びなさい。

1　**P**さんに気を遣わせないよう、訪問介護員が１人で訪問する。
2　今後の支援内容について、時間をかけて、詳しく説明をする。
3　**P**さんは人と話すことが苦手なので、母親から必要な情報を聞くようにする。
4　**P**さんが、今後の希望を話せるような雰囲気をつくる。
5　親しみを感じさせるために、名前をちゃん付けで呼ぶように心がける。

問題　125　就業を希望しているＰさんが利用するサービスとして、**最も適切なものを１つ**選びなさい。

1　同行援護
2　短期入所
3　生活介護
4　就労移行支援
5　自立訓練(機能訓練)

第1回

午前問題

解答・解説

第１回　午前問題・解答一覧

人間の尊厳と自立　／2点

問題　1	①	②	③	❹	⑤
問題　2	①	②	❸	④	⑤

人間関係とコミュニケーション　／4点

問題　3	①	❷	③	④	⑤
問題　4	①	②	③	❹	⑤
問題　5	①	❷	③	④	⑤
問題　6	①	②	❸	④	⑤

社会の理解　／12点

問題　7	①	②	③	❹	⑤
問題　8	①	②	❸	④	⑤
問題　9	①	②	③	④	❺
問題　10	❶	②	③	④	⑤
問題　11	①	②	③	❹	⑤
問題　12	①	❷	③	④	⑤
問題　13	①	②	❸	④	⑤
問題　14	①	❷	③	④	⑤
問題　15	①	❷	③	④	⑤
問題　16	①	②	③	❹	⑤
問題　17	①	②	③	❹	⑤
問題　18	①	②	③	④	❺

こころとからだのしくみ　／12点

問題　19	①	②	③	❹	⑤
問題　20	①	②	❸	④	⑤
問題　21	❶	②	③	④	⑤
問題　22	①	②	③	❹	⑤
問題　23	❶	②	③	④	⑤
問題　24	①	②	❸	④	⑤
問題　25	①	❷	③	④	⑤
問題　26	①	②	③	❹	⑤
問題　27	①	②	③	④	❺
問題　28	①	❷	③	④	⑤
問題　29	①	②	③	④	❺
問題　30	①	②	③	❹	⑤

※頻出項目解説〔(4)～(11)　ページ)〕の各科目の目標得点が取れるまで、繰り返し解いてみましょう。

発達と老化の理解　／8点

問題　31	①	②	③	❹	⑤
問題　32	①	②	③	④	❺
問題　33	①	❷	③	④	⑤
問題　34	❶	②	③	④	⑤
問題　35	①	②	❸	④	⑤
問題　36	①	②	❸	④	⑤
問題　37	①	②	③	④	❺
問題　38	①	②	❸	④	⑤

認知症の理解　／10点

問題　39	❶	②	③	④	⑤
問題　40	①	②	❸	④	⑤
問題　41	①	②	❸	④	⑤
問題　42	①	②	❸	④	⑤
問題　43	❶	②	③	④	⑤
問題　44	①	②	③	④	❺
問題　45	①	❷	③	④	⑤
問題　46	①	②	③	④	❺
問題　47	①	②	③	④	❺
問題　48	①	②	❸	④	⑤

障害の理解　／10点

問題　49	①	②	③	④	❺
問題　50	❶	②	③	④	⑤
問題　51	①	❷	③	④	⑤
問題　52	①	②	❸	④	⑤
問題　53	①	②	③	❹	⑤
問題　54	①	②	❸	④	⑤
問題　55	❶	②	③	④	⑤
問題　56	①	②	❸	④	⑤
問題　57	①	②	③	❹	⑤
問題　58	①	②	③	④	❺

医療的ケア　／5点

問題　59	❶	②	③	④	⑤
問題　60	❶	②	③	④	⑤
問題　61	①	②	③	❹	⑤
問題　62	①	②	③	④	❺
問題　63	①	②	③	❹	⑤

合　計	／63点

領域：人間と社会

人間の尊厳と自立

問題1　正解　4　●――自立生活運動　重要度★★

●自立生活運動（IL運動）は、重度障害があっても自分の人生を自立して生きることを求めた運動で、現在の自立の概念の基礎となっている。概要を押さえておく。

教科書 CHAPTER 1・SECTION 2

1　×　自立生活運動は、1960年代に**アメリカ**のカリフォルニア大学バークレー校で起こった運動である。

2　×　他人から援助を受けても、障害者**自ら選択し決定する**ことを自立としている。

3　×　自立生活運動は、重度の身体障害のある**ロバーツ**をはじめとする**障害者が中心**となって展開された運動である。

4　○　記述のとおり。自立生活運動で求めた主張が世の中に広まることで、現在の自立の概念の基礎となった。

5　×　障害があっても**自分の人生を自立して生きる**ことに力点が置かれており、生活の主体は、専門職ではなく**障害者自身**である。

問題2　正解　3　●――高齢者虐待　重要度★★★

●「高齢者虐待防止法」では、虐待を受けた高齢者を保護するための措置について定めている。虐待発見時の対応について押さえておく。

教科書 CHAPTER 9・SECTION 3

1　×　「**高齢者虐待防止法**」では、養護者から虐待を受けたと思われるが、高齢者の生命・身体に重大な危険が生じていない場合には、速やかに**市町村**に通報するよう**努めなければならない**（**努力義務**）とされている。選択肢は、生命や身体に**重大な危険が生じている**場合の対応である。

2　×　同法では、介護福祉職など**高齢者の福祉に職務上関係のある者**は、高齢者虐待の**早期発見に努める**ことと定められている。Aさんが「何でもない。大丈夫」と答えても、しばらく様子を見るのではなく、訪問介護事業所の上司や担当の介護支援専門員（ケアマネジャー）に相談する。

3　○　入浴介助時は、利用者の全身の状態を把握しやすい状況である。背中以外の部位にもあざがないか観察することは、介護福祉職の対応として適切である。

4　×　選択肢2の解説のとおり、訪問介護事業所の上司に相談し、対応を検討する必要がある。

5　×　介護福祉職の業務には、利用者の介護だけでなく、利用者やその家族に対して

介護に関する指導を行うことも含まれている。**A**さんの娘を厳しく叱責するのではなく、娘がどのように**A**さんに接しているか観察し、必要に応じて適切な指導を行うことが求められる。

人間関係とコミュニケーション

問題3　正解 2 ●──ラポールの形成　重要度 ★★

●ラポール形成の基本は、利用者のことを知ろうとする姿勢である。

教科書 CHAPTER 2・SECTION 1

1 ×　適度に介護福祉職自身のことを話す**自己開示**は必要であるが、一方的にではなく、心から**利用者の話に耳を傾け、聴くことに徹する**のが大切である。

2 ○　介護福祉職の基本的姿勢として、利用者の立場になって感じる**共感**と、利用者の思いをありのままに受け止める**受容的態度**で接することが重要である。

3 ×　ラポールの形成においては、**利用者が自由に語れる**ようにすることが大切である。事前に把握した情報を、利用者より先に介護福祉職が伝えると、利用者の不信感をまねく可能性が高くなる。

4 ×　ラポールを形成するためには、利用者の感情に対して**積極的に関心を示し、受け入れていく**姿勢が大切である。

5 ×　対人距離には物理的距離と心理的距離があり、ラポールの形成により、**心理的距離**は縮まる。しかし、ラポールを形成する前に**物理的距離**を縮めてしまうと、逆に**心理的距離**が離れてしまう場合がある。

問題4　正解 4 ●──受容の原則　重要度 ★★

●受容とは、相手の言葉や感情表現をそのまま受け入れることである。コミュニケーション技法としては、傾聴、共感、受容、非審判的態度、自己決定ができるよう支援をすることが必要となる。

教科書 CHAPTER 2・SECTION 1

1 ×　利用者の訴えを**否定**している対応であり、適切でない。

2 ×　共感しているようであるが、利用者の訴えを理解していない対応であり、適切でない。

3 ×　利用者の話を受け止めずに、避けている対応であり、適切でない。

4 ○　利用者の気持ちを**ありのままに受け止めている**対応であり、最も適切である。

5 ×　利用者の感情を受け止めずに、介護福祉職の考えを押しつける対応であり、適切でない。

問題5　正解　2　●――チーム運営　重要度 ★★

●チームによる支援においては、チームのなかで影響力をもつ人物（リーダー）の役割が重要である。チーム運営の基本となるリーダーシップ、フォロワーシップ、PDCAサイクルについて押さえておく。

☞ 教科書　CHAPTER 2・SECTION 2

1　×　**コンティンジェンシー理論**は、状況や環境に応じてリーダーのスタイルや行動を変えるべきであるとするものをいう。選択肢は、**特性理論**（資質論）の説明である。

2　○　記述のとおり。アメリカのカーネギーメロン大学教授のケリーは、フォロワー（部下）がリーダーを支える力を**フォロワーシップ**と定義し、リーダーシップに影響を与えるものであるとする**フォロワーシップ理論**を提唱した。

3　×　日本の社会心理学者である三隅二不二（みすみじゅうじ）が提唱した**PM理論**とは、リーダーシップに必要な能力を、❶集団目標を**達成**させる機能（P機能）、❷集団を**維持**しまとめていく機能（M機能）に大別し、その機能の高低で集団の生産性の傾向を理論化したものである。理想的なリーダーとは、目標達成と集団の維持の**どちらにも力を発揮**するタイプ（PM型）とされている。

4　×　PDCAサイクルの「C」は、**Check**（評価する）である。PDCAサイクルとは、❶P（Plan：**計画を立てる**）、❷D（Do：**実行する**）、❸C（Check：**評価する**）、❹A（Act：**改善する**）の4つの各工程で得られた知見を次の計画の立案に用いて、それを循環的に繰り返していく取り組みのことである。

5　×　PDCAサイクルは、医療・福祉分野の業種に限定された理論・方法ではなく、**さまざまな業種**での業務改善に利用することができる。

問題6　正解　3　●――人材の育成と管理　重要度 ★★

●人材の育成と管理には、職場研修とスーパービジョン、コンサルテーションがある。職場研修の種類とスーパービジョンの３つの機能、スーパービジョンとコンサルテーションの違いについて押さえておく。

☞ 教科書　CHAPTER 2・SECTION 2

1　×　**Off-JT**は、Off-the-Job Trainingの略で、**職場を離れて**、業務の遂行の過程外で行われる研修をいう。

2　×　**OJT**は、On-the-Job Trainingの略で、**職場内**で、具体的な仕事を通じて、仕事に必要な知識・技術・技能・態度などを指導教育するものをいう。

3　○　記述のとおり。**SDS**はSelf Development Systemの略で、**自己啓発援助制度**のことである。

4 × スーパービジョンの**管理的機能**とは、職場や組織の業務に関する管理的な機能のことで、**人員配置**や**職場環境の整備**、**組織改革**も**含まれる**。

5 × スーパービジョンとは、**援助者同士**で支持的な関わりや教育・訓練などを行うことをいう。選択肢は、**コンサルテーション**の説明である。

社会の理解

問題7　正解　4　●――地域福祉の理念　　重要度 ★★

●地域福祉とは、地域において人々が安心して暮らせるよう、地域住民や公私の社会福祉関係者が互いに協力して、地域社会の福祉課題の解決に取り組むことである。

☞ 教科書　CHAPTER 3・SECTION 2

1　×　**バリアフリー**とは、すべての人の行動や社会参加をはばむ、さまざまな**障壁を取り除く**ことである。

2　×　**ユニバーサルデザイン**とは、すべての人が**利用可能**であるように配慮された**デザイン**のことである。

3　×　**ノーマライゼーション**とは、障害のある人の**普通の生活の実現**を目指すことである。

4　○　**ソーシャルインクルージョン**は、**社会的包摂**(ほうせつ)、**社会的包含**(ほうがん)ともいう。

5　×　**施設の社会化**とは、施設が閉鎖的にならないように施設の機能を**地域に開放**するとともに、**住民参加**による運営を進めることである。

問題8　正解　3　●――社会保障制度　　重要度 ★★

●社会保障制度の所得保障は、医療保障とともに社会保障の重要な役割を担っている。また、所得がとぎれてしまった状態の人に対して、各種の最低生活水準の保障をする制度である。

☞ 教科書　CHAPTER 3・SECTION 3

1　×　生活保護受給者の介護保険料は、介護扶助ではなく、**生活扶助**から給付される。

2　×　児童手当の支給対象は、小学校修了ではなく、**中学校修了までの児童**である。なお、児童手当法の改正により2024（令和６）年10月分からは、支給対象が**高校修了**までに拡充される。

3　○　次世代育成支援の観点から、**国民年金第１号被保険者**の**産前産後期間**（出産予定日または出産日が属する月の前月から４か月間〈多胎妊娠の場合は、出産予定日または出産日が属する月の３か月前から６か月間〉）の国民年金保険料が**免除**される制度が2019（平成31）年４月に創設された。

4　×　社会手当は、資産調査や所得調査が支給要件とはされていない。

5　×　児童扶養手当の対象は、以前は母子家庭のみとされていたが、児童扶養手当法の改正により、2010（平成22）年８月から**父子家庭も対象**となった。

問題9 正解 5 ●――障害者虐待防止法 重要度★★★

●「障害者虐待防止法」は、家庭や障害者支援施設などでの障害者虐待の防止、養護者への支援を目的として、2012（平成24）年に施行された。法の目的や虐待の定義、虐待者の範囲、通報義務について押さえておく。

教科書 CHAPTER 3・SECTION15

1 × 「障害者虐待防止法」で定める虐待の種類は、**身体的虐待**、**心理的虐待**、**性的虐待**、**ネグレクト**、**経済的虐待**の**5つ**である。

2 × 同法では、使用者（事業主など）による虐待についても**定めている**。

3 × 身体的虐待には、**正当な理由なく**障害者の身体を拘束することが**含まれている**。

4 × 虐待を受けたと思われる障害者を発見した人は、速やかな**市町村**への通報が**義務づけられている**（使用者による虐待を発見した場合は、**市町村**または**都道府県**に通報する）。

5 ○ 同法第3条において、「何人（なんびと）も、障害者に対し、虐待をしてはならない」と定められている。

問題10 正解 1 ●――労働者災害補償保険制度 重要度★★★

●労働者災害補償保険は「労災保険」とも呼ばれ、業務中または通勤途上の災害や事故を原因として、労働者が負傷や死亡などした場合に、労働者や遺族の生活の安定を図るために、保険給付を行う制度である。

教科書 CHAPTER 3・SECTION 5

1 ○ 公務員が公務災害や通勤災害に遭った場合は、**国家公務員災害補償法**や**地方公務員災害補償法**から保険給付が行われるため、労働者災害補償保険からは**給付されない**。

2 × パートやアルバイトを含む**すべての労働者**が**保険給付の対象**となる。

3 × **業務中**または**通勤途上**の災害や事故を原因として、労働者が**負傷**したり、**病気**（業務上の**心理的負荷**による精神障害を含む）にかかったり、**死亡**したりした場合には、医療保険ではなく、**労働者災害補償保険**から給付される。

4 × 労働者災害補償保険の保険料は、**全額雇用主**が**負担**する。

5 × 選択肢3の解説のとおり。

問題11　正解　4　●――介護保険の被保険者　重要度 ★★★

●介護保険制度における被保険者は、制度に加入し、保険料を支払うことで、その制度の目的である事由（要介護状態等）が生じた際に、保険給付を受けることができる。また第１号被保険者と第２号被保険者の資格要件や保険料徴収の要件は異なっている。

教科書　CHAPTER 3・SECTION 8

1　×　介護保険は被保険者の資格が法律によって定められ、**強制加入**となっている。

2　×　第２号被保険者は、市町村の区域内に住所を有する**40歳以上65歳未満の者**でなおかつ、**医療保険に加入している者**である。

3　×　障害者支援施設は長期に継続して入所している人が多く、介護保険サービスを受ける可能性が低い。また、施設が介護に相当するサービスをすでに提供している等のことから、**適用除外施設**となっている。

4　○　日本に長期にわたり居住する在日外国人等は**住民基本台帳法**の適用対象であり、住民票が作成されるため、**本人の意思とは関係なしに、何らの手続きをせず**に被保険者となる**強制適用**のしくみとなっている。

5　×　第１号被保険者の資格の取得および喪失に関する市町村への届け出は、**被保険者本人**のほか、その被保険者がいる**世帯の世帯主**が代わって行うことができる。

問題12　正解　2　●――要介護認定とサービス　重要度 ★★

●介護保険サービスを利用するためには、市町村から要介護認定・要支援認定を受ける必要がある。要介護認定・要支援認定は、市町村への申請から始まり、認定調査 → 一次判定 → 二次判定を経て、認定結果が被保険者に通知される。

教科書　CHAPTER 3・SECTION 9

1　×　新規・区分変更認定の場合は原則**6か月**である。また、更新認定は原則**12か月**となっている。

2　○　特定疾病には、**末期のがん、関節リウマチ、筋萎縮性側索硬化症、初老期における認知症**など、16種類がある。

3　×　**民生委員**、社会保険労務士のほか、成年後見人、**地域包括支援センター**、指定居宅介護支援事業者なども申請代行ができる。

4　×　居宅介護支援は、**居宅介護サービス計画費**として、費用の**全額**（10割）が**現物給付**されるので、自己負担はない。

5　×　住宅改修費は、**転居**した場合は**再支給が認められている**。また、**要介護状態区分等が著しく重くなった**場合も、**再支給が認められている**（**1回限り**）。

問題13 正解 3 ●——自立支援給付 重要度 ★★★

●自立支援給付は個別の障害者を対象としたサービスで、介護給付、訓練等給付、自立支援医療、補装具、相談支援などがある。介護給付、訓練等給付におけるサービスの内容、対象者を押さえておこう。

教科書 CHAPTER 3・SECTION14

1 × 同行援護は「障害者総合支援法」における**介護給付**のひとつで、**視覚障害**によって移動に著しい困難を有する者を対象としたサービスである。介護給付は、**介護**による支援を必要としている者を対象としており、就労につながる支援を希望しているBさんの利用が考えられるサービスではない。

2 × 自立生活援助は**訓練等給付**のひとつで、**施設入所支援**や**共同生活援助**を利用していた者等を対象としたサービスである。Bさんは自宅で両親とともに暮らしており、Bさんの利用が考えられるサービスではない。

3 ○ 就労移行支援は**訓練等給付**のひとつで、❶就労を希望し、通常の事業所での雇用が可能と見込まれる障害者、❷通常の事業所に雇用され、一定の事由により事業所での就労に必要な知識・能力の向上のための支援を一時的に必要とする障害者に、**生産活動**などの機会を提供して、**就労**に必要な知識・能力の向上のための訓練を行うサービスである。

4 × 就労定着支援は**訓練等給付**のひとつで、就労移行支援等の利用を経て**一般就労へ移行**した障害者等を対象としたサービスである。Bさんは就労につながる支援を受けたいと希望している段階であり、Bさんの利用が考えられるサービスではない。

5 × 自立訓練は**訓練等給付**のひとつで、障害者が**自立**した日常生活や社会生活を営むことができるように、**身体機能や生活能力の向上**のために必要な訓練を行うサービスである。就労につながる支援を希望しているBさんの利用が考えられるサービスではない。

問題14 正解 2 ●——サービス利用までの流れ 重要度 ★★★

●「障害者総合支援法」による障害福祉サービスを利用するには、市町村に申請する必要がある。申請からサービス利用までの流れを確実に押さえる。

教科書 CHAPTER 3・SECTION14

1 × 障害支援区分の認定を受ける必要があるのは、**介護給付**に含まれるサービスを利用する場合である。就労移行支援は**訓練等給付に含まれる**ので、認定を受ける必要はない。

2 ○ 記述のとおり。**市町村審査会**は、市町村が行った一次判定の結果や医師の意見書などに基づいて、**二次判定**を行う。

3 × 市町村の調査員などが行うアセスメントは、障害者の心身の状況など**80項目**について調査する。

4 × サービス等利用計画は、市町村の指定を受けた**指定特定相談支援事業所**に配置された**相談支援専門員**が作成する。サービス管理責任者は障害福祉サービス事業所に配置され、**個別支援計画**の作成、関係機関との連絡調整、職員への指導や助言などを行う。

5 × 「障害者総合支援法」におけるサービス担当者会議の開催は、**相談支援専門員**が行う。介護支援専門員は、**介護保険法**におけるサービス担当者会議を開催する。

問題15　正解 2 ●――災害対策基本法　重要度 ★★

●「災害対策基本法」とは、1961（昭和36）年に制定された災害対策の基本を定めた法律である。同法に規定される市町村長の責務や指定避難所の種類について押さえておく。

教科書 CHAPTER 3・SECTION16

1 × 選択肢は、「災害対策基本法」ではなく、「**災害救助法**」で定められている。

2 ○ 「**災害対策基本法**」では、**市町村長**に対し、政令で定める基準に適合する場所・施設などを**指定緊急避難場所**または**指定避難所**として**指定**することを義務づけている。

3 × 避難行動要支援者名簿の作成は、都道府県知事ではなく、**市町村長**に義務づけられている。

4 × **福祉避難所**とは、**高齢者**や**障害者**、**乳幼児**、**医療的ケアを必要とする者**、妊産婦、傷病者、難病患者、内部障害者など、**特別な配慮が必要な要配慮者**とその家族（介助者）が避難する施設をいう。選択肢は、**一般避難所**の説明である。

5 × 選択肢4の解説のとおり。

問題16　正解 4 ●――個人情報保護法　重要度 ★★★

●個人情報の保護については、2003（平成15）年に制定された「個人情報保護法」が個人情報の適正な取り扱いについて定めている。同法で定める個人情報の定義や例外規定について押さえておく。

教科書 CHAPTER 3・SECTION15

1 × 指定居宅介護支援事業者が、サービス担当者会議に利用者の個人情報を用いる場合、事前に利用者から**文書**により**同意**を得なければならない。

2 × 個人情報保護法では、❶**法令**に基づく場合、❷人の**生命**、**身体**または**財産の保**

護のために必要がある場合で本人の同意を得ることが**困難**であるときなどは、例外的に**本人の同意を得ずに**個人情報を第三者に提供することが可能とされている。

3 × 同法では個人情報を、**生存**する個人に関する情報であって、氏名、生年月日その他の記述等により**特定の個人を識別**することができるもの、または**個人識別符号**が含まれるものと定義している。この定義に基づき、文書・映像・音声などの形式に限らず、特定の個人を識別できるものは、個人情報として**保護の対象**になる。

4 ○ 個人識別符号とは、❶特定の個人の**身体的特徴**を、コンピュータによる処理のために**変換した符号**（例：顔、声紋、**指紋**、歩行の際の姿勢など)、❷サービスの利用や商品を購入するとき、または個人に発行されるカードなどの書類に記載される、対象者ごとに**異なる符号**（例:**マイナンバー**、基礎年金番号、旅券番号、運転免許証番号など）をいう。

5 × 個人情報取扱事業者とは、個人情報データベース（個人に関する情報などが集まったもので、検索可能なもの）等を事業の用に供している者をいう。ただし、国や地方公共団体などは**除外**される。

問題17 | 正解 4 ●――成年後見制度 | 重要度 ★★

●成年後見制度は、精神上の障害のため判断能力が低下した者を保護するために2000（平成12）年4月、介護保険制度と同時に施行された。成年後見人の職務は、本人の意思決定を支援し、また、本人に代わって財産管理や身上監護に関する法律行為を行う。

教科書 CHAPTER 3・SECTION15

1 × 法定後見制度の申立ては、**家庭裁判所**に対して行う。

2 × **介護行為**は行わない。介護が必要な人に対しては、訪問介護などのサービスを手配することが、成年後見人等の役割である。

3 × 後見開始の申立てができる人は、本人、配偶者、４親等内の親族、検察官、**市町村長**（知的障害者、精神障害者の福祉を図るため特に必要があると認めるとき）などとなっている。

4 ○ 任意後見制度では、本人の判断能力が**低下する前**に任意後見人と契約を結び、判断能力が**不十分**になったときに、家庭裁判所に申立てを行う。家庭裁判所が任意後見監督人を選任することで、任意後見が開始される。

5 × 例えば、障害者の親が亡くなったあとに、長期間継続して後見活動ができるようにするため**法人**を選任して、**法人職員**によって後見活動ができるようにすることが期待されている。

問題18　正解　5 ●——生活困窮者自立支援法　重要度 ★★

●生活困窮者自立支援法は、生活保護に至る前の段階の自立支援策を強化するために、2013（平成25）年に制定、2015（平成27）年に施行された。法律に定められた目的や基本理念、実施主体、事業内容について理解を深めておく。

教科書 CHAPTER 3・SECTION18

1 × 生活困窮者とは、就労の状況、心身の状況、地域社会との関係性その他の事情により、現に経済的に困窮し、最低限度の生活を維持することができなくなる**恐れのある**者と定義されている。

2 × 生活困窮者自立支援法に基づく事業は、**都道府県**、**市**、**福祉事務所を設置する町村**が実施主体となり、社会福祉協議会、社会福祉法人、NPO法人などへの委託も可能である。ただし、住居確保給付金の支給は**委託できない**。

3 × 同法の改正により2018（平成30）年10月から、**就労準備支援事業**と**家計改善支援事業**の実施は**努力義務**とされた。

4 × 必須事業は、**自立相談支援事業**と**住居確保給付金**である。一時生活支援事業は**任意事業**である。

5 ○ 同法の改正により2018（平成30）年10月から**基本理念**が創設され、①生活困窮者の**尊厳の保持**、②生活困窮者の就労の状況、心身の状況、地域社会からの孤立などの状況に応じた**包括的・早期的な支援**、③地域における関係機関、民間団体との緊密な連携等**支援体制の整備**が定められた。

◎領域：こころとからだのしくみ

こころとからだのしくみ

問題19 正解 4 ●——血液と循環器系のしくみ 重要度 ★★★

●循環器系は、血液やリンパ液を全身にめぐらせることで、生命活動の維持に不可欠な役割を果たしている。血液のはたらきや循環器系のしくみを理解しておく。

☞ 教科書 CHAPTER 4・SECTION 2

1 × リンパ球は白血球に含まれる成分のひとつで、**免疫**（めんえき）（体内に入った病原体を排除する機能）に関わる。血液中において酸素の運搬に関わる成分は**赤血球**である。

2 × 肺静脈には、**動脈血**が流れている。

3 × 心臓には、**三尖弁**（さんせんべん）・**僧帽弁**（そうぼうべん）・**肺動脈弁**・**大動脈弁**の4つの弁がある。

4 ○ 血液の循環には2つの流れがあり、右心室 → 肺動脈 → 肺 → 肺静脈 → 左心房の順に流れるものを**肺循環**、左心室 → 大動脈 → 組織の毛細血管 → 大静脈 → 右心房の順に流れるものを**体循環**という。

5 × 血小板は、**血液凝固**に関わる成分で、血栓（けっせん）をつくることで止血を促進する。たんぱく質や無機塩類などの物質の運搬、ホメオスタシス維持などに関わる成分は**血漿**（けっしょう）である。

問題20 正解 3 ●——記憶のしくみ 重要度 ★★

●認知症になっても、最後まで残る代表的な記憶は手続き記憶である。からだで覚えた記憶であり、長く保持できるといわれている。

☞ 教科書 CHAPTER 4・SECTION 1

1 × **感覚記憶**は、**映像や音**など、感覚的にとらえた記憶である。

2 × これから何をしようとか、何を食べようかと予定を考えたりする記憶を**展望記憶**という。将来に向けての記憶である。

3 ○ Cさんは、かつて着物を仕立てる仕事をしていて、針を使うことをからだで覚えている。このような記憶を**手続き記憶**という。

4 × **エピソード記憶**とは、ある人に固有に起こった**出来事として記憶されるもの**をいう。

5 × **意味記憶**とは、言葉の意味としての**概念**や**一般的な知識**に関する記憶である。

問題21　正解　1　●——軽度の脱水時にみられる症状　重要度 ★★★

●脱水は、下痢(げり)や発熱、嘔吐(おうと)などによって、体内の水分量や電解質（ナトリウムなど）の量が減少した状態である。重度になると生命に関わるため、早期に適切な処置を行う必要がある。

☞ 教科書　CHAPTER11・SECTION 5

1　○　軽度の脱水では、**めまい**や**立ちくらみ**、**活動性の低下**、**ぼんやり**とした状態、**発熱**、**食欲の低下**、**体重の減少**、**尿量の減少**などがみられる。

2　×　選択肢１の解説のとおり。

3　×　痙攣(けいれん)や意識障害は、**重度**の脱水でみられる症状である。

4　×　選択肢１の解説のとおり。

5　×　選択肢３の解説のとおり。

問題22　正解　4　●——大脳　重要度 ★★

●脳は、大脳（前頭葉、側頭葉、頭頂葉、後頭葉）・間脳（視床(ししょう)、視床下部）・小脳・脳幹（中脳、橋(きょう)、延髄(えんずい)）に分けられる。脳の各部位にある中枢について整理しておく。

☞ 教科書　CHAPTER 4・SECTION 2

1　×　感覚性言語中枢（ウェルニッケ中枢）は、大脳の**側頭葉**にある。側頭葉にはこのほか、**聴覚中枢**、**味覚中枢**もある。

2　×　自律神経系の中枢は、**間脳**の**視床下部**にある。

3　×　平衡感覚の中枢は、**小脳**にある。

4　○　運動中枢は、大脳の**前頭葉**にある。前頭葉にはこのほか、**運動性言語中枢**（**ブローカ中枢**）もある。

5　×　視覚中枢は、大脳の**後頭葉**にある。

問題23　正解　1　●——関節とその主動作筋　重要度 ★★

●関節の屈曲や伸展には、複数の筋肉が関与している。代表的な骨格筋（主動作筋）を理解しておく。股関節を屈曲させることは、歩行時に足を上げる動作につながる。

☞ 教科書　CHAPTER 4・SECTION 2

1　○　**股関節を屈曲**させる主動作筋として代表的な骨格筋は、**腸腰筋**である。

2　×　**三角筋**は、**肩関節の外転**に関与する主動作筋である。

3　×　**上腕二頭筋**は、**肘関節の屈曲**に関与する主動作筋である。

4　×　**大殿筋**は、**股関節の伸展**に関与する主動作筋である。

5　×　**前脛骨筋(ぜんけいこつきん)**は、**足関節の背屈**に関与する主動作筋である。

問題24　正解　3　●——移動に関連したからだのしくみ　重要度 ★★★

●利用者にどのような疾患があるかによって移動（歩行）の状態は異なる。歩行の特徴を理解して、利用者の安全な移動方法を考えなければならない。

☞ 教科書　CHAPTER 4・SECTION 3

1　×　筋萎縮性側索硬化症（ALS）では、全身の筋力が低下し、筋肉がやせおとろえていくため、次第に**歩行困難**となるが、事例のような症状は**みられない**。

2　×　脳梗塞の場合にみられるのは、**片麻痺による歩行障害**である。

3　○　レビー小体型認知症では**パーキンソン症状**が現れ、**小刻み歩行**や**突進現象**、**すくみ足**といった歩行障害や、立ちくらみなどの**自律神経症状**などがみられる。

4　×　脊柱管狭窄症の特徴的な歩行は、**間欠性跛行**である。

5　×　後縦靭帯骨化症は、症状が進行すると**歩行困難**が現れることもあるが、事例のような症状は**みられない**。

問題25　正解　2　●——からだをつくる栄養素　重要度 ★★

●栄養素には、五大栄養素と三大栄養素という分類がある。両分類の内容や、栄養素の種類と作用について理解を深めておく必要がある。

☞ 教科書　CHAPTER 4・SECTION 5

1　×　食物繊維は、消化酵素によって消化されず、**エネルギー源**にはならない。**糖質**の吸収を遅らせて、肥満を予防する作用などがある。

2　○　ビタミンB_1は豚肉や豆類などに多く含まれ、**糖質の代謝**を促進する。

3　×　**脂溶性ビタミン**は体内に貯蔵されやすく、過剰摂取すると頭痛や吐き気などの症状が現れることがある。

4　×　脂質は、**細胞膜**や**ホルモン**などの構成成分である。

5　×　カルシウムは無機質（ミネラル）のひとつで、**骨**などの生成に関わる。そのため、カルシウムの不足は**骨粗鬆症**の原因になる。不足することで味覚異常をもたらす無機質は**亜鉛**である。

問題26　正解　4　●——食事制限が必要な疾患　重要度 ★★

●疾患によって食事制限が必要となる場合がある。利用者が安心して食事をするために留意すべき点を押さえておく。

☞ 教科書　CHAPTER 4・SECTION 5

1　×　食物繊維には、高血圧の主要な原因である**ナトリウム**を体外に排出するはたらきがあり、高血圧の人には摂取が勧められる。

2 × 食物繊維は、食後の**血糖値**の上昇を抑制するはたらきがある。そのため、糖尿病の食事療法では、食物繊維を十分にとることが勧められる。

3 × 心筋梗塞の原因である動脈硬化の危険因子となるのが**LDLコレステロール**（いわゆる悪玉コレステロール）である。食物繊維は、この**LDLコレステロール**を低下させる作用があるため、心筋梗塞の再発を防ぐために摂取が勧められる。

4 ○ 胃潰瘍（いかいよう）の人の食事は、**消化**がよく胃に負担をかけないものが適している。食物繊維の多い食材は**消化**が悪く、胃に負担をかけるため注意が必要である。

5 × 弛緩性便秘（しかんせいべんぴ）は、腸の**蠕動運動**（ぜんどううんどう）が弱くなり、便をうまく押し出すことができなくなるために起こる。弛緩性便秘では、腸に刺激を与え、**蠕動運動**を活発化させる不溶性食物繊維の摂取が勧められる。

問題27 正解 5 ●——排尿のしくみと排尿障害（尿失禁） 重要度 ★★

●尿失禁の種類ごとに原因と症状を把握する。とくに切迫性、腹圧性、溢流性、機能性の各尿失禁はよく出題されており、注意が必要である。

教科書 CHAPTER 4・SECTION 7

1 × 切迫性尿失禁は、**尿**をためる機能に障害があるため、強い尿意を感じてからトイレまでがまんできずに、もらしてしまうものである。

2 × 溢流性（いつりゅうせい）尿失禁は、尿道の狭窄（きょうさく）や閉塞（へいそく）による**排尿困難**が原因となって、膀胱内（ぼうこうない）の尿があふれ出してしまうものである。

3 × 反射性尿失禁は、脊髄損傷など、神経系に関わる疾患を原因として起こる。**尿意**を感じることができないため、膀胱に一定量の尿がたまると、反射的にもれてしまう。

4 × 真性尿失禁は、**尿路**の損傷などを原因として起こる。膀胱に尿をためることができず、常にもれてしまう状態が続く。

5 ○ **骨盤底筋群**の機能低下が原因となる腹圧性尿失禁は、**女性**に多くみられる。

問題28 正解 2 ●——睡眠のしくみ 重要度 ★★

●睡眠のしくみを正しく理解して、利用者の質の高い睡眠に役立てる必要がある。

教科書 CHAPTER 4・SECTION 8

1 × 睡眠の周期は、ノンレム睡眠とレム睡眠を約**90**分周期で繰り返している。ノンレム睡眠が**深い**眠りで、レム睡眠が**浅い**眠りである。

2 ○ 体内時計は脳の視床下部にある**視交叉上核**（しこうさじょうかく）にある。光を浴びて**16～18**時間後に睡眠に適した状態になる。

3 × メラトニンは**睡眠**を促すホルモンであり、**松果体**から分泌されている。

4 × ノンレム睡眠は、深い睡眠であり、ある程度の筋緊張を保っているが、**脳**の活動は大きく低下しているため「**脳の睡眠**」ともいわれる。

5 × ノンレム睡眠には、浅いノンレム睡眠（段階1、2）と深いノンレム睡眠（段階3、4）の**4段階**の眠りの深さがある。加齢に伴って**メラトニンの分泌が減少**すると、**浅い**段階のノンレム睡眠が**多く**なる一方で、深い段階のノンレム睡眠は**減少**していく。

問題29 正解 5 ●──レム睡眠行動障害 重要度 ★★

●レム睡眠行動障害は、高齢者がかかりやすい睡眠障害のひとつである。代表的な睡眠障害の特徴を押さえておく。

☞ 教科書 CHAPTER 4・SECTION 8

1 × 選択肢は、**レストレスレッグス症候群**（**むずむず脚症候群**）の説明である。下肢を動かすと**症状が軽快**する。

2 × 選択肢は、**周期性四肢(しし)運動障害**の説明である。

3 × 選択肢は、**睡眠時無呼吸症候群**の説明である。**肥満**による脂肪の増加や、扁桃肥大などが原因となる。

4 × 選択肢は、**概日リズム睡眠障害**の説明である。**概日リズム**（体内時計によって保たれる約24時間周期のリズム）**の乱れ**が原因となる。

5 ○ レム睡眠行動障害は**レビー小体型認知症**や**パーキンソン病**などで現れ、設問のような症状がみられる。

問題30 正解 4 ●──「死の受容過程の5段階」 重要度 ★★

●死に直面したときの心理状況を理解するためには、キューブラー・ロスの「死の受容過程の5段階」を知っておく必要がある。介護福祉職として、利用者がどの過程にあるのかを知り、その心理状況に応じた適切なケアができることが求められる。

☞ 教科書 CHAPTER 4・SECTION 9

1 × この時期は食事の量を増やすのではなく、本人の食べたいもの、食べられるものを考える。無理に勧めないことも大切である。

2 × 水分や食事がとれなくなるのは、死に向かう自然な経過であり、無理に勧めない。

3 × この時期、活動量を増やすことは意味がない。残されている日々をどう過ごしたいのか**本人の気持ち**を優先する。

4 ○ Eさんは、キューブラー・ロスの死の受容過程の「受容期」であり、死が近づいている時期である。残された時間を、心安らかに、本人の望むように過ごしてもらうことが目標となる。そのためにも、身体的苦痛が何から起こっているのか、チームでアセスメントし、**苦痛**を取り除くことが優先される。**苦痛**が除去されなければ、安定した日常生活は送れない。

5 × 治る見込みがないこの時期に、積極的な治療を行うことは、本人を苦しめることになる。介護福祉職としては、**尊厳**の意味を考えていくことも、大切な視点である。

発達と老化の理解

問題31　正解 4 ●――乳幼児期の発達　重要度★★★

●乳幼児期の発達には個人差があるので、標準的な発達過程を押さえておこう。

教科書 CHAPTER 5・SECTION 1

1 × **新生児微笑**とは、新生児が**自発的**に微笑む表情を浮かべることをいい、**生後1か月頃**にみられる。生後3か月頃に他者があやすと笑うのは、**社会的微笑**という。

2 × **1語文**とは、「ママ」「パパ」などの意味のある言葉のことで、**生後12か月頃**にみられる。2歳頃には、2つの言葉をつなげて話す**2語文**を話すようになる。

3 × 「あー」「うー」など意味のない発声のことを**クーイング**といい、**生後2か月頃**にみられはじめる。生後4～6か月頃は、意味のない音節（**喃語**(なんご)）を発するようになる。

4 ○ 記述のとおり。1歳半頃になると、運動面では**階段登り**ができ、情緒面・社会性では**嫉妬**するようになる。

5 × **ひとり歩き**ができるようになるのは、**生後12か月頃**である。生後8か月頃は、**ハイハイ**するようになる。

問題32　正解 5 ●――適応機制　重要度★★

●適応機制とは、状況に適応することが難しい場合に、緊張感や不安感から解放され、安心や満足といった心理的適応を得るための心のはたらきをいう。

教科書 CHAPTER 7・SECTION 2

1 × 選択肢は、**逃避**の説明である。**退行**とは、耐えがたい事態に直面したときに、幼児期などの**未熟な段階**に戻ることで、自分を守ろうとすることをいう。

2 × 選択肢は、**補償**の説明である。**代償**とは、目的とするものが得られないときに、**代わりのもの**で満足を得ようとすることをいう。

3 × 選択肢は、**昇華**の説明である。**置き換え**とは、ある対象に向けた**欲求**や**感情**を、**他の対象**に向けて表現することをいう。

4 × 選択肢は、**反動形成**の説明である。**抑圧**とは、認めたくない**欲求**や**感情**を、心のなかに抑え込んで、**意識下**にとどめようとすることをいう。

5 ○ 記述のとおり。

問題33　正解　2　●――老年期の発達と老いの受容　重要度 ★★

●加齢に伴うさまざまな変化や喪失（仕事、伴侶、友人などを喪失する）を受け入れていくのは、残された時間を有意義に生きることにつながる。

教科書　CHAPTER 5・SECTION 2

1　×　高齢者になれば、誰もが老いを受け入れるとはかぎらず、**個人差**がある。

2　○　自他ともに、老いを受け入れなければならない状況になったときに**受容**することが、高齢者として新しい生き方を考えていくことにつながる。

3　×　老性自覚とは、**主観的**な老いの自覚のことである。

4　×　サクセスフル・エイジングは、**主観的**な幸福感のことである。

5　×　定年も、**喪失体験**の原因となる。その他に、配偶者との別れ、友人との別れ、役割をなくすことなどは**喪失体験**の原因となる。

問題34　正解　1　●――老化に伴う感覚機能の変化　重要度 ★★

●老化によって、視覚や聴覚などの感覚機能が低下していく。これらは、身体機能の低下と相まって、家庭内事故の原因ともなるため、変化の内容を理解し、環境整備にあたることが大切である。

教科書　CHAPTER 5・SECTION 3

1　○　老化に伴う視覚の変化として、**近方視力**が低下することにより、老眼になる。また、**視野**が狭くなり、色や明るさによる識別能力が低下するといった特徴も挙げられる。

2　×　老化に伴う聴覚の変化として、とくに**高音域**の音が聞き取りにくくなる。

3　×　老化に伴う味覚の変化として、とくに感受性が低下するのは、**塩味**である。

4　×　老化に伴う嗅覚（きゅうかく）の変化として、**におい**を感じ取りにくくなる。

5　×　老化に伴う皮膚感覚の変化として、**熱さ・冷たさ**、**痛み**などに対する感覚が低下する。

問題35　正解　3　●――高齢者に多い循環器系の疾患　重要度 ★★

●心臓や血管などが含まれる循環器系は、生命活動に不可欠な器官である。循環器系の疾患は、老化による脈拍の乱れ、不健全な生活習慣に起因する動脈硬化などにより引き起こされる点に注意する。

教科書　CHAPTER 5・SECTION 5

1　×　日本高血圧学会の「高血圧治療ガイドライン2019」によると、高血圧（Ⅰ度）の基準は、収縮期血圧が**140mmHg以上**、拡張期血圧が**90mmHg以上**である。

2 × 高血圧の食事療法では、**塩分**と**脂肪**の摂取を制限し、**カリウム**を多く含む野菜の摂取を勧めるようにする。

3 ○ 心房細動は高齢者によくみられる不整脈で、心房がきちんと収縮しないため血液が鬱血（うっけつ）し、**血栓**（けっせん）ができやすくなる。この血栓が脳の血管を閉塞することで起きる**脳塞栓**（のうそくせん）は、**心原性脳塞栓症**と呼ばれる。

4 × 高齢者の場合、痛みが明確に現れない**無痛性心筋梗塞**の割合が高くなるため、注意が必要である。

5 × 心不全は心臓の機能が低下し、十分な血液が全身に送り出されなくなった状態をいう。**右心不全**ではむくみ（浮腫（ふしゅ））が出現し、**左心不全**ではチアノーゼや息苦しさが出現する。

問題36 | **正解 3** ●──**老化に伴う身体的機能の変化** | **重要度 ★★★**

●老化に伴いさまざまな身体的機能の変化がみられる。しっかりと理解したうえで、日々のケアに生かしていくことが必要である。

教科書 CHAPTER 5・SECTION 4

1 × 加齢に伴い、腸の蠕動運動（ぜんどううんどう）が低下し、**便秘**になりやすい。

2 × 老化に伴い、**肺活量の低下**や**残気量の増加**による息切れがみられるようになる。

3 ○ 加齢に伴い、発汗や皮脂分泌の機能低下により**水分**が減少するため、皮膚は乾燥しやすくなる。乾燥すると、**かゆみ**の原因になる。

4 × 先に衰えるのは、**下肢**の筋肉である。高齢になっても、日常生活で上肢を使うことが多いためと考えられている。

5 × 加齢に伴い骨密度が**低く**なる。これは骨代謝の変化によるもので、とくに**女性**は骨密度が**低く**なり、**骨折**しやすくなる。

問題37 | **正解 5** ●──**生活習慣病** | **重要度 ★★**

●生活習慣病は、食生活の乱れ、過剰な飲酒・喫煙、運動不足などが積み重なって引き起こされるさまざまな疾患をまとめた用語である。

教科書 CHAPTER 5・SECTION 7

1 × 脳内出血は、脳の細い血管が圧力を受けて破れ、脳内に血液が流れ出すことで発症するもので、頭痛などの症状が**活動中**に突然起こるのが特徴である。

2 × 糖尿病による高血糖では脂肪の分解が進み、ケトン体という酸性物質がたまることで、ケトアシドーシスという状態を引き起こす。重症になると**意識障害**や呼吸困難、嘔吐（おうと）などの症状が出現する。

3 × 胃がんの原因となるのは、**塩分**のとりすぎや、ヘリコバクター・ピロリ（ピロリ菌）の感染などである。

4 × 厚生労働省「令和4（2022）年人口動態統計（確定数）の概況」によると、がんによる部位別死亡者数は多い順に、第1位が**肺**、第2位が**大腸**、第3位が**胃**となっている。なお、大腸については結腸と直腸による死亡者数を合計したものである。

5 ○ くも膜下出血は、くも膜と軟膜の間の血管が破れ、出血することで発症するもので、**激しい頭痛**が特徴的である。症状の進行とともに、徐々に意識障害や嘔吐といった症状がみられるようになる。

問題38　正解 3 ●——介護が必要となった主な原因　重要度 ★★

●医療、福祉、介護に携わる者は、どのような原因で介護が必要になっているかを知っておく必要がある。

教科書 CHAPTER 5・SECTION 4

1 × 脳血管疾患は、介護が必要となった主な原因では、第**2**位である。

2 × 心疾患は、介護が必要となった主な原因では、第**6**位である。

3 ○ 認知症が第**1**位である。なお、前回の2019（令和元）年調査でも、認知症は第1位であった。

4 × 高齢による衰弱は、介護が必要となった主な原因では、第**4**位である。

5 × 骨折・転倒は、介護が必要となった主な原因では、第**3**位である。

認知症の理解

問題39　正解 1　●――パーソン・センタード・ケア　重要度 ★★

●パーソン・センタード・ケアは、利用者本位で行われる認知症ケアの代表的な理念である。併せて、認知症ケアの技法であるユマニチュードやバリデーションについても押さえておこう。

☞ 教科書 CHAPTER 6・SECTION 1

1 ○ 記述のとおり。パーソン・センタード・ケアは、イギリスの心理学者**キットウッド**が提唱した認知症ケアの代表的な理念である。

2 × 選択肢1の解説のとおり。アメリカの哲学者**ミルトン・メイヤロフ**は『**ケアの本質―生きることの意味**』を著した人物である。

3 × 認知症ケアマッピング（DCM）は、パーソン・センタード・ケアを発展させるためにキットウッドなどが開発した**行動観察手法**である。

4 × 選択肢は、**ユマニチュード**の説明である。ユマニチュードは「人間らしさを取り戻す」という意味をもっている造語で、「**見る**」「**話す**」「**触れる**」「**立つ**」を4つの柱とし、知覚、感情、言語による包括的コミュニケーションに基づいた認知症ケアの技法である。

5 × パーソン・センタード・ケアは、認知症高齢者の**生き方**を尊重し、支えていくことをケアの中心とする考え方である。

問題40　正解 3　●――認知症基本法　重要度 ★★

●「認知症基本法」は、増加している認知症の人が尊厳を保持しつつ希望をもって暮らすことができるよう、認知症施策を総合的かつ計画的に推進し、認知症の人を含めた国民一人一人がその個性と能力を十分に発揮し、相互に人格と個性を尊重しつつ支え合いながら共生する活力ある社会の実現を推進することを目的として、2023（令和5）年6月に公布された法律である（施行は2024〈令和6〉年1月）。

☞ 教科書 CHAPTER 6・SECTION 1

1 × 公共交通事業者等や金融機関、小売業者など、日常生活及び社会生活を営む基盤となるサービスを提供する事業者（保健医療・福祉サービスの提供者を除く）は、サービスを提供するにあたり、その事業の遂行に**支障のない範囲内**において、認知症の人に対し**必要かつ合理的な配慮をするよう努めなければならない**とされている。

2 × 認知症施策推進本部に設置される**認知症施策推進関係者会議**の委員には、認知症の人の保健、医療、福祉の業務に従事する者その他の関係者のほか、**認知症の**

人及び家族等も含まれる。

3　○　記述のとおり。認知症の日は**9月21日**、認知症月間は**9月1日から9月30日までと**規定されている。

4　×　認知症の人だけでなく、その**家族等も支援の対象**としており、認知症の人及び家族等が地域において**安心して日常生活を営める**ようにすることが、基本理念において掲げられている。

5　×　認知症施策推進本部は、厚生労働省ではなく、**内閣**に設置される。また、本部長は**内閣総理大臣**である。

問題41　正解　3　●——軽度認知障害（MCI）　重要度★★

●軽度認知障害（MCI：mild cognitive impairment）は、健常者と認知症の中間の段階である。①記憶障害の訴えが本人または家族から認められている、②日常生活動作は正常、③全般的認知機能は正常、④年齢や教育レベルの影響のみでは説明できない記憶障害が存在する、⑤認知症ではない、と定義される。

☞ 教科書　CHAPTER 6・SECTION 3

1　×　軽度認知障害では、記憶低下の**愁訴がある**。

2　×　軽度認知障害は、全般的な認知機能は**正常**である。

3　○　軽度認知障害は、**軽度の記憶障害**はあるが一般的な認知機能に問題がなく、日常生活には**支障がない**。

4　×　軽度認知障害は、高い確率で認知症に進行することが明らかになっている。アルツハイマー型認知症にかぎらず、レビー小体型認知症、血管性認知症などあらゆる認知症に移行し得る症候群といえる。しかし、必ず認知症を発症するわけではなく、**正常化**することもある。

5　×　軽度認知障害では、見当識障害は**認めない**。

問題42　正解　3　●——認知症による障害　重要度★★★

●認知症の実行機能障害とは、計画を立てても実行することができなくなる症状をいう。

☞ 教科書　CHAPTER 6・SECTION 2

1　×　選択肢のような、新しい体験を記憶できない**記銘**の障害や、記憶したことを思い出せない**想起**の障害は、**記憶障害**である。

2　×　時間や今いる場所、自分と周囲の人との関係など、日常生活に必要な情報を理解する能力が失われるのは、**見当識障害**である。

3　○　計画どおりに順序立てて物事をやり遂げられなくなることを**実行機能障害**という。

4 × 物事を正しく認識したり理解したりできないため、正しい判断ができなくなるのは、**判断力の障害**である。

5 × 複数の対象に、同時に注意を向けることができないのは、**注意障害**である。

問題43 **正解 1 ●──クロイツフェルト・ヤコブ病** **重要度 ★★**

●クロイツフェルト・ヤコブ病は、神経細胞に異常がみられる疾患である。症状の特徴について理解する。

教科書 CHAPTER 6・SECTION 3

1 ○ 記述のとおり。**ミオクローヌス**とは、自分の意思とは無関係に起こる顔面や四肢の素早い動きをいう。

2 × クロイツフェルト・ヤコブ病は、**プリオン**と呼ばれるたんぱく質が脳内に蓄積することで発症する。選択肢は、**パーキンソン病**の説明である。

3 × クロイツフェルト・ヤコブ病では、**認知症様症状**、**歩行障害**、**運動麻痺**などの症状がみられる。選択肢は、**正常圧水頭症**の説明である。

4 × クロイツフェルト・ヤコブ病は現在、根本的な予防法・治療法は**確立されていない**。選択肢は、**正常圧水頭症**や**慢性硬膜下血腫**の説明である。

5 × クロイツフェルト・ヤコブ病は、症状の進行が非常に**速く**、数か月で寝たきりの状態になり、**1年から2年**ほどの間に死に至る。

問題44 **正解 5 ●──認知症の行動・心理症状（BPSD）** **重要度 ★★★**

●認知症の行動・心理症状（BPSD）は、中核症状によって二次的に引き起こされる。行動面の症状と心理面の症状があり、現れ方や程度は生活環境などによって異なる。

教科書 CHAPTER 6・SECTION 2

1 × 衣服を思いどおりに着ることができないのは、**着衣失行**と呼ばれる症状で、**中核症状**に含まれる。

2 × 選択肢で示された状態は、**記憶障害**が原因と考えられる。**中核症状**のひとつであり、過去の出来事よりも最近の出来事を忘れる、体験したこと自体を忘れるのが、認知症における記憶障害の特徴である。

3 × 損傷した脳の部位と反対側のものを認識できなくなる、**半側空間無視**の状態と考えられる。**中核症状**である**失認**の一種として、症状がみられる場合がある。

4 × 選択肢で示された状態は、**中核症状**のひとつで、時間・場所・人物に対する認識が失われる**見当識障害**と考えられる。

5 ○「財布を盗まれた」という発言から考えられるのは、**もの盗られ妄想**である。**行動・心理症状**（BPSD）に分類される妄想の一種で、大事なものを盗まれたと訴えることが多い。

問題45　正解　2　●――認知症の中核症状　重要度 ★★★

●認知症の中核症状は、認知症を発症すると必ずみられるものである。各症状についてしっかりと把握しておくことが、適切な介護につながる。

教科書　CHAPTER 6・SECTION 2

1　×　**理解・判断力の低下**は、物事を正しく認識したり理解したりできないため、正しい判断ができない状態である。些細（ささい）な変化やいつもと違う出来事で混乱をきたす。Fさんの症状は「目的を達成する行動ができない状態」のため、この症状には該当しない。

2　○　**実行機能障害**とは、計画を立て、状況を把握して対応し、目標を達成するという行動ができない状態である。自発的に物事を始めることができない、物事の優先順位がつけられないなどの症状がみられる。Fさんは調理の段取りができない状態と判断する。

3　×　**見当識障害**とは、時間、場所、人名、状況などに関する認識が障害された状態である。Fさんの症状に該当しない。

4　×　**記憶障害**は、もの忘れが病的に進行した状態である。新しい体験やさっき聞いたこと、自分がとった行動を思い出せない、同じ質問を何度も繰り返すなどの症状がみられる。Fさんの症状に該当しない。

5　×　**失行**は、運動機能は障害されていないのに、目的とする行動ができない状態である。図形描写や積み木を手本どおりに行うことができない（**構成失行**）、衣服をうまく着ることができない（**着衣失行**）などがある。Fさんの症状に該当しない。

問題46　正解　5　●――アルツハイマー型認知症の症状　重要度 ★★★

●認知症の症状は、原因疾患によって現れ方が異なる。認知症のなかで最も多いアルツハイマー型認知症の特徴を理解することが重要である。

教科書　CHAPTER 6・SECTION 3

1　×　人格水準が比較的保たれるのは、**血管性認知症**である。アルツハイマー型認知症では、**人格水準の低下**がしばしばみられる。

2　×　初期に病識があるのは、**血管性認知症**である。アルツハイマー型認知症は、**記憶障害**や**見当識障害**がみられ、**病識がない**人が多い。

3　×　症状により、発作型と緩徐型に分類される認知症は**血管性認知症**である。発作が起こると症状が段階的に悪化するが、発作が起こらなければ安定した状態を維持することも可能である。

4　×　**時間**、**場所**、**人物**の順で徐々に見当識が低下する。
5　○　いつとはなしにもの忘れが始まり、**緩やか**かつ確実に進行していく。

問題47　正解　5　●――地域におけるサポート体制　重要度 ★★

●認知症の人が地域で安心して生活できるよう、さまざまなサポート体制が構築されている。認知症の人を支える地域の機関が連携して、切れ目のない支援を行っていくことが重要である。

教科書　CHAPTER 6・SECTION 6

1　×　認知症の人が安心して暮らせる地域環境をつくるためには、プライバシーの保護に十分配慮しながら、近隣の住民や商店主などとも**情報の共有化を図る**ことが大切である。
2　×　認知症の人へのサポート体制づくりは、**市区町村単位**で実施されることが主流になっている。
3　×　選択肢で示されているのは、**認知症コールセンター**の説明である。**認知症カフェ**は、認知症の人やその家族、地域住民、専門職などの誰もが参加し、集うことのできる場所である。
4　×　認知症サポーターの養成は、**全国キャラバン・メイト連絡協議会**が、地方公共団体や全国規模の企業・団体と**協働**して行っている。
5　○　**認知症疾患医療センター**は、地域において認知症の人に必要な医療を提供していくための、中核となる機関である。医療と介護の**連携**の推進、認知症の**診断**、急性期の**治療**、専門的な**医療相談**などを担っている。

問題48　正解　3　●――家族への支援　重要度 ★★

●認知症の人を介護する家族への支援として、短期入所生活介護をはじめ、訪問介護や通所介護といった介護保険のサービスや、家族の会などがある。

教科書　CHAPTER 6・SECTION 6

1　×　家族の**受容の過程**に沿って、助言・指導を行うことが重要である。
2　×　レスパイトには「**休息**」という意味があり、家族に息抜きの時間を提供するために、**短期入所サービス**を利用することが含まれる。
3　○　認知症高齢者の家族会は、1980（昭和55）年に「**呆**(ぼ)**け老人をかかえる家族の会**」として、京都で最初に結成された。現在の名称は「**認知症の人と家族の会**」で、全国各地に家族会の支部があり、地域における重要な社会資源のひとつになっている。
4　×　介護福祉職にはまず、家族の訴えを**受容**し、家族の「できていること」を認めることが求められる。そして、エンパワメントの視点から、家族が「できること」を増やしていけるような支援を行う。

5 × 同じ問題を抱えた人が相互に支え合うのは、**ピア・サポート**である。

障害の理解

問題49　正解　5　●――統合失調症　重要度 ★★★

●統合失調症は、青年期に発症することが多く、再発を繰り返すことも多いのが特徴とされている。症状の分類（陽性症状、陰性症状）や治療法について理解しておく。

教科書 CHAPTER 7・SECTION 4

1 ×　精神障害は、その原因によって**内因性**、**外因性**、**心因性**の３つに分類される。統合失調症は、原因がはっきりとせず、**先天的**な**要因**が関わっていると考えられる**内因性精神障害**に含まれる。心因性精神障害は、ストレス、欲求不満、危機的状況によるショックなど、**心理的・社会的**な**要因**によって引き起こされる精神障害のことで、主な疾患として、**心的外傷後ストレス障害**（**PTSD**）がある。

2 ×　統合失調症は、学童期ではなく、**青年期**に発症することが多い。

3 ×　統合失調症では、**幻覚**（**幻聴**や**幻視**）、**妄想**（**被害妄想**など）、**させられ体験**（誰かによって操られていると感じる）といった**陽性症状**や、感情が失われて何事にも**無反応**になったり（**感情鈍麻**）、**意欲**や**自発性**が**低下**したりする**陰性症状**がみられる。選択肢は、**双極性障害**の**躁状態**でみられる症状である。

4 ×　選択肢は、統合失調症ではなく、**アルコール依存症**でみられる症状である。

5 ○　統合失調症は**再発を繰り返す**ことが多いため、抗精神病薬による**継続的**な**薬物療法**が行われる。

問題50　正解　1　●――高次脳機能障害　重要度 ★★★

●高次脳機能障害は、外見だけでは障害のあることがわかりにくく、本人にも自覚のないことが多い。そのため、本人や家族、周囲の人などに対し、障害への理解を深めてもらえるように支援することが重要になる。

教科書 CHAPTER 7・SECTION 5

1 ○　注意障害のある人は、**集中力**を保つことが難しいため、ひとつずつ作業をこなしていけるように支援することが大切である。

2 ×　正しいやり方を伝えても、そのとおりにできず失敗を繰り返すことで、心理的に追い込んでしまう恐れがある。むしろ、**その人なり**のやり方を見つけられるように支援することが重要である。

3 ×　社会的行動障害のある人には、**静か**で**多くの人**に関わらずにすむような環境を設定することが大切である。

4 ×　運動性失語の人は、自分から話すことは難しいものの、言葉や文字の理解は可能なため、「はい」「いいえ」などで答えられる**閉じられた質問**や、絵や写真などの視覚的な情報を用いることが有効である。

5　×　半側空間無視は、からだの左右どちらかの側に対する**認識**が失われる症状である。**認識**できない側のものを見落とすことがあるため、注意が必要となる。

問題51　正解　2　●――視覚障害　重要度★★★

●視覚障害には、先天的なものと後天的なものがある。後者には、白内障や緑内障、糖尿病性網膜症などがあり、失明に至る疾患もある。それぞれの疾患の原因や症状を押さえておく。

☞教科書　CHAPTER 7・SECTION 3

1　×　加齢黄斑変性症は、**黄斑**（網膜の中心で視機能のかなめとなる部分）の萎縮や異常な血管の出現により、主に**視力低下**や物のゆがみが生じる疾患である。選択肢は、**ベーチェット病**の説明である。

2　○　糖尿病性網膜症は、高血糖が長期間続くことにより網膜の血管が障害を受ける疾患である。症状が進行すると、**網膜剥離**を引き起こし、**失明**に至るため、血糖値のコントロールを行う必要がある。

3　×　網膜色素変性症は、**遺伝子**の異常により、網膜の細胞の死滅や変性が起きる疾患である。**視野狭窄**や視力低下、**夜盲**（暗い場所や夜間に、物が見えにくくなる症状）などの症状がみられる。

4　×　緑内障は、眼圧が**上昇**して視神経が障害を受け、視野がせまくなる疾患である。選択肢は、**ベーチェット病**や**糖尿病性網膜症**でみられる内容である。

5　×　白内障は、水晶体が**白濁**することで、主に視界がかすみ、**視力**が低下する疾患である。

問題52　正解　3　●――発達障害（自閉症スペクトラム障害）　重要度★★★

●広汎性発達障害または自閉症スペクトラム障害は、自閉症やアスペルガー症候群などの総称である。主に、コミュニケーション能力や社会性の獲得に障害がみられるという特徴がある。

☞教科書　CHAPTER 7・SECTION 5

1　×　**コミュニケーション能力**に障害がみられるため、言葉を使って相手に何かを伝えることは難しい。

2　×　なんらかの学習能力に障害がみられるのは、発達障害のなかでも、**学習障害**の特徴である。

3　○　特定のものに**興味**が限定され、対象物への**執着心**が強いことが特徴である。

4　×　**対人関係**を築くことに困難がみられるため、他人と協力して作業をすることが苦手である。

5 × 幻覚や妄想といった症状はとくにみられず、**こだわり**の強さから、自分のペースで行動すること（集団行動ができない、一方的に話すなど）が多くみられる。

問題53　正解 4 ●――障害のある人の心理　重要度 ★★

●「障害受容」とは、現実から目をそらさず、直視することができるようになることであり、障害の心理的克服に他ならない。その本質は、障害についての価値観の転換である。他人との比較でしかない「相対」的価値観から脱却して、人間のさまざまなありかた（存在）そのものに価値を見出す「絶対」的価値観に到達することである。

教科書 CHAPTER 7・SECTION 2

1 × 先天性障害は、**生まれながらに障害**があるため、「ショックを受ける」「受容する」といったプロセスを経過するわけではなく、中途障害者のプロセスとは同じではない。

2 × 障害を受容するために、同じような障害のある**仲間との交流や支援**という**ピア・サポート**を行うときもあるが、**必ず行うものではない**。

3 × **先天性障害**の場合など、すべての障害者が障害受容のプロセスを経るわけではない。

4 ○ 障害受容は「あきらめること」と受け取られがちであるが、障害の**心理的克服**であり、他人と比較する相対的価値観から自身の価値を見出す**絶対的価値観**に達することといわれる。

5 × 障害受容ができるような支援は必要であるが、それは「**早期**」に行う必要はない。障害受容は**本人の時間的経過**のなかで行われる。

問題54　正解 3 ●――脳性麻痺　重要度 ★★★

●脳性麻痺は、肢体不自由の原因の多くを占めている障害である。運動機能の改善を図るために、発達に合わせて、理学療法士や作業療法士による運動療法が実施される。

教科書 CHAPTER 7・SECTION 3

1 × 脳性麻痺は、**受胎から生後4週間以内**に、なんらかの原因で脳が損傷を受けることで起こる障害である。

2 × 脳性麻痺は、❶筋緊張が亢進（こうしん）して手足が突っ張った状態になる**痙直型**（けいちょくがた）、❷不随意運動がみられる**アテトーゼ型**、❸筋肉を伸ばす・曲げる動作に対して抵抗が起きる**強直型**（**強剛型**）、❹平衡感覚の障害によって歩行のバランスを保ちにくくなる**失調型**、❺複数の型が混在する**混合型**に分類される。

3 ○ 選択肢2の解説のとおり。不随意運動とは、**本人の意思とは関係なく**、からだの一部が勝手に動いてしまうものをいう。

4 × 脳性麻痺は、**脳の形成異常**や**母体の感染**などの**先天的な要因**や、出産時の**頭蓋内出血**や**低酸素状態**などの**後天的な要因**により生じる。

5 × 着衣失行は**失行**のひとつで、**認知症**や**高次脳機能障害**などでみられる症状である。脳性麻痺ではみられない。

問題55 | **正解 1 ●――知的障害** | **重要度 ★★★**

●知的障害の原因として、フェニルケトン尿症などの先天性代謝異常のほかに、ダウン症候群などの染色体異常がある。

教科書 CHAPTER 7・SECTION 4

1 ○ 知的障害の定義として、「**知的障害児（者）基礎調査**」における「知的機能の障害が、発達期（おおむね**18**歳まで）にあらわれ、日常生活に支障が生じているため、なんらかの特別の援助を必要とする状態にあるもの」という記述が参照されることが多い。

2 × 療育手帳は、**都道府県知事**または**政令指定都市の市長**によって交付される。

3 × 選択肢のような条件で日常生活に支障をきたす状態になるのは、**認知症**である。

4 × 親の喫煙や飲酒は、さまざまな**先天性疾患**や、知的障害をもたらす危険因子に含まれている。

5 × フェニルケトン尿症は先天性代謝異常のひとつで、知的障害をもたらす疾患として挙げられている。新生児を対象とした**マススクリーニング**（特定の疾患の有無を調べるための検査）によって早期の発見と、出生後の早期の治療が可能になっている。

問題56 | **正解 3 ●――障害者差別解消法** | **重要度 ★★★**

●障害者差別解消法は、障害を理由とする差別の解消、社会的障壁の除去等を目的として、2013（平成25）年6月に制定された法律である。国・地方公共団体および国民の責務、行政機関等と事業者に対する措置など、概要について押さえておく。

教科書 CHAPTER 7・SECTION 1

1 × 障害者差別解消支援地域協議会は、国および地方公共団体が組織する機関であるが、設置は**義務づけられていない**。

2 × 障害者差別解消法では、差別に関する具体的な定義は**示されていない**。

3 ○ 「障害者の権利に関する条約」において、**合理的配慮**とは、「障害者が他の者との平等を基礎として全ての人権及び基本的自由を享有し、又は行使することを確保するための必要かつ適当な変更及び調整であって、特定の場合において必要とされるものであり、かつ、均衡を失した又は過度の負担を課さないもの」と定義されている。

4 × 障害者差別解消法では、差別行為を行った者への罰則規定は**示されていない**。

5 × 合理的配慮の提供は、事業者にとって**実施に伴う負担が過重でない場合**とされている。なお、従来は合理的配慮の提供は努力義務とされていたが、2021（令和3）年5月に改正法が成立し、2024（令和6）年4月から**義務**となった。

問題57 正解 4 ●——障害に伴う機能の変化と日常生活への影響 重要度 ★★

●脊髄損傷の人の住宅改修や日常生活動作の支援などの出題が多い。そのため、脊髄損傷部位でどの程度の日常生活ができるのかは、十分に理解しておく必要がある。

教科書 CHAPTER 7・SECTION 3

1 × 第4頸髄節（けいずいせつ）（C4）の損傷では、**両上肢と両下肢が麻痺**するため、移動には**特殊電動車いす**が必要である。選択肢は、**プッシュアップが可能な第7頸髄節（C7）から第2腰髄節（L2）**を損傷した場合である。

2 × 選択肢は、**第7頸髄節**（C7）を損傷した場合である。

3 × 選択肢は、**体幹が安定する第3腰髄節（L3）から第2腰髄節（L2）**を損傷した場合である。

4 ○ 第4頸髄節（C4）の損傷では、首と肩甲骨の一部を動かせる程度のため**全介助**となるが、口に棒などをくわえてパソコンのキーボードを打つ練習は可能である。

5 × 選択肢は、**第5頸髄節**（C5）または**第6頸髄節**（C6）を損傷した場合である。

問題58 正解 5 ●——地域におけるサポート体制 重要度 ★★

●サービス提供に関わる相談支援専門員やサービス管理責任者のほか、障害者支援に関わる協議会や地域活動支援センターの機能などを理解しておくことが求められる。

教科書 CHAPTER 7・SECTION 6

1 × 必要な社会資源には、専門職によるフォーマルな資源だけでなく、ボランティア団体や当事者団体、地域住民などの**インフォーマル**な資源も含まれる。

2 × 指定一般相談支援事業者になるためには、**都道府県知事**の指定を受ける必要がある。

3 × 地域生活支援事業を中心的に担うのは**市町村**であるが、**市町村**の行う事業に対して、**都道府県**が広域的な支援を行うものとされている。

4 × サービス管理責任者は、障害福祉サービス事業所において、サービス全般の管理を担うが、**利用者の状況**に応じた直接的な生活支援もその業務に含まれる。

5　○　記述のとおり。協議会の実際の機能としては、地域の関係機関の**ネットワークの構築**、支援体制に関する**課題についての情報共有**、**社会資源の開発**などがある。

領域：医療的ケア

医療的ケア

問題59　正解　1　●──医行為の範囲　重要度 ★★★

●2011（平成23）年の社会福祉士及び介護福祉士法の改正によって、介護福祉士や介護職員も一定の研修を受けて喀痰吸引と経管栄養を行うことが可能となった。法改正に伴い可能となった医行為の範囲を正しく理解しておくことが必要である。

教科書 CHAPTER 8・SECTION 1

1 ○ 介護福祉士などは、利用者の表情やバイタルサイン、チューブ挿入部の皮膚の状態を観察し、**異常がないことを確認**したあと、経管栄養を実施する。異常がみられた場合は**医師**や**看護職**に相談する。

2 × 介護福祉士などが行ってよい口腔（こうくう）の喀痰吸引（かくたんきゅういん）は、**咽頭の手前まで**を限度としている。

3 × 介護福祉士などが行ってよい喀痰吸引は、**気管カニューレ内部まで**である。

4 × 医療的ケアの実施は、**医師**の指示書のもとに行われる。看護師とは、密に**連携**を取らなければならない。

5 × 経鼻経管栄養の実施の際に、栄養チューブが胃に挿入されているかの確認は、介護福祉士は**行うことができない**。医師や看護職員（保健師・助産師・看護師および准看護師）が行う。

問題60　正解　1　●──喀痰吸引　重要度 ★★

●喀痰吸引とは、吸引器や吸引チューブなどの器具を使用して、気道内にたまった痰を除去する行為である。実施中はさまざまな異変やトラブルが発生する可能性がある。生命の危険に及ぶおそれがあることも踏まえて、その対応法を理解しておく必要がある。

教科書 CHAPTER 8・SECTION 2

1 ○ 吸引器が正しく作動しない場合は、**電源の状態**、**吸引チューブの接続状態**、**吸引圧の上昇具合**などを確認する。生命の危険に及ぶようなトラブルではないため、看護職に連絡する必要はない。

2 × 利用者の動脈血酸素飽和度が**90%未満まで低下**した場合、直ちに吸引を**中止**して**気道確保**を行い、看護職に連絡を取る必要がある。

3 × 吸引中に大量に出血した場合、直ちに吸引を**中止**して**顔を横に向け**、看護職に連絡を取ってから吸引圧を確認する。

4 × 吸引中に利用者が嘔吐した場合、直ちに吸引を**中止**して**誤嚥防止**のために**顔を横に向ける**。看護職に連絡を取り、吐物の内容を確認してもらう。

5 × 利用者の呼吸状態が悪化した場合、選択肢２の解説のとおり、直ちに吸引を**中止**して**気道確保**を行い、看護職に連絡を取る必要がある。

問題61 正解 4 ●――喀痰吸引 重要度 ★★★

●喀痰吸引は、口腔、鼻腔、気管カニューレ内部と部位によって、または年齢によって、留意事項が異なる。安全に喀痰吸引を実施するためには、知識を確実に身につけておく必要がある。

教科書 CHAPTER 8・SECTION 2

1 × 気管カニューレ内部と口腔（こうくう）・鼻腔（びくう）用吸引チューブは、同じものは**使用しない**。気管カニューレ内部は、口腔・鼻腔より、より感染予防に配慮した**無菌操作**で行う必要がある。

2 × 気管カニューレ内部吸引後、吸引チューブの内側は**滅菌精製水**などで通水する。

3 × 子どもの場合、成人に比べ吸引圧は**低く**設定されている。子どもに喀痰吸引（かくたんきゅういん）を行う場合、**対象年齢**に応じて、吸引チューブのサイズや吸引圧が異なるので注意する。

4 ○ 気道などの**粘膜**を損傷させないために吸引チューブを回しながら痰を吸引する。

5 × １回の吸引は、口腔・鼻腔吸引であれば**15秒以内**、気管カニューレ内部であれば**10秒以内**がおおよその目安である。**無気肺**を予防するためにも、できるだけ**短い時間**で、**確実**に吸引できる技術が求められる。

問題62 正解 5 ●――経管栄養 重要度 ★★★

●経管栄養を実施する場合、経鼻経管栄養なのか胃ろう経管栄養なのか、また、栄養剤の種類とその特徴、実施するうえでの留意点を押さえておく必要がある。

教科書 CHAPTER 8・SECTION 3

1 × 鼻から胃までチューブを挿入して、栄養剤を注入する方法は、**経鼻経管栄養**である。胃ろう経管栄養は、腹部から胃に**ろう孔**をつくり、チューブを固定して栄養剤を注入する方法である。

2 × 高齢者で、むせが多くなり、誤嚥（ごえん）の危険性があるからといって、すべて胃ろうになるわけではない。食事形態の工夫や安全な環境の整備などを行ってもなお、誤嚥の危険性があれば、利用者、家族との話し合いで、胃ろうが造設されることもある。

3 × 経管栄養実施時、栄養剤の濃度が濃いと**下痢**になる。栄養剤が濃いと浸透圧が高く、腸蠕動（ちょうぜんどう）を亢進（こうしん）させ、**浸透圧性下痢**の原因となる。

4 × 消化態栄養剤には、医師の処方が不要な**食品扱い**となるものと、医師の処方が必要な**医薬品扱い**となるものがある。

5 ○ 在宅で胃ろうを管理する場合、外見上の理由や抜けにくさ、家族の管理のしやすさなどを考えて胃ろうチューブを選択する。チューブの種類には、**ボタン型バルーン**、**ボタン型バンパー**、**チューブ型バルーン**、**チューブ型バンパー**がある。それぞれの特徴を理解しておく。

問題63 正解 4 ●──経管栄養 重要度 ★★★

●経管栄養については、実施上の留意点を押さえることが大切である。実施手順の流れに沿ってまとめると、理解しやすくなる。

教科書 CHAPTER 8・SECTION 3

1 × 栄養剤の温度と体温の差が大きいと、からだに影響することがある。冷蔵保存していた栄養剤は、**体温**程度に温めてから使用する。

2 × 栄養剤の注入速度が速すぎると消化吸収が追いつかずに下痢を起こしたり、高血糖症状が生じたりする。また、注入速度が遅すぎると利用者の活動を制限することになる。注入速度は、**医療者**が指示する許容範囲内で、**利用者の状態**などに合わせて調整する。

3 × 注入した栄養剤が逆流しないよう、医療職の指示にしたがって**半座位**の姿勢に整える。利用者に褥瘡（じょくそう）があって半座位がとれない場合などには、医療職と相談して適切な体位を工夫する。

4 ○ 栄養剤の注入が終了しても、しばらくの間、食道への逆流を防ぐために、Hさんに上半身を起こした姿勢でいてもらう。

5 × 使用したイルリガートルや栄養点滴チューブなどの器具は、**0.0125%の次亜塩素酸ナトリウム**に**1時間**以上浸して消毒する。

第1回 午後問題 解答・解説

第1回　午後問題・解答一覧

介護の基本　／10点

問題　64	①	②	❸	④	⑤
問題　65	①	❷	③	④	⑤
問題　66	①	②	③	❹	⑤
問題　67	①	❷	③	④	⑤
問題　68	❶	②	③	④	⑤
問題　69	①	②	❸	④	⑤
問題　70	①	②	❸	④	⑤
問題　71	①	②	③	❹	⑤
問題　72	①	❷	③	④	⑤
問題　73	①	②	③	❹	⑤

コミュニケーション技術　／6点

問題　74	①	②	③	❹	⑤
問題　75	①	②	③	④	❺
問題　76	①	②	③	④	❺
問題　77	①	②	③	④	❺
問題　78	①	②	❸	④	⑤
問題　79	①	②	③	④	❺

生活支援技術　／26点

問題　80	①	②	③	④	❺
問題　81	①	②	❸	④	⑤
問題　82	①	❷	③	④	⑤
問題　83	①	❷	③	④	⑤
問題　84	❶	②	③	④	⑤
問題　85	①	❷	③	④	⑤
問題　86	❶	②	③	④	⑤
問題　87	①	②	❸	④	⑤
問題　88	①	②	③	❹	⑤
問題　89	①	②	③	④	❺
問題　90	①	②	❸	④	⑤
問題　91	❶	②	③	④	⑤
問題　92	❶	②	③	④	⑤
問題　93	①	❷	③	④	⑤
問題　94	❶	②	③	④	⑤
問題　95	①	②	❸	④	⑤
問題　96	①	❷	③	④	⑤
問題　97	①	②	③	④	❺
問題　98	❶	②	③	④	⑤
問題　99	①	❷	③	④	⑤
問題　100	❶	②	③	④	⑤
問題　101	①	②	③	④	❺
問題　102	①	②	❸	④	⑤
問題　103	①	❷	③	④	⑤
問題　104	①	❷	③	④	⑤
問題　105	①	②	❸	④	⑤

介護過程　／8点

問題　106	①	②	❸	④	⑤
問題　107	①	②	③	❹	⑤
問題　108	①	②	❸	④	⑤
問題　109	①	②	❸	④	⑤
問題　110	①	②	③	❹	⑤
問題　111	①	②	③	④	❺
問題　112	①	❷	③	④	⑤
問題　113	①	②	③	❹	⑤

総合問題　／12点

問題　114	①	②	③	④	❺
問題　115	①	②	❸	④	⑤
問題　116	❶	②	③	④	⑤
問題　117	①	❷	③	④	⑤
問題　118	①	②	③	④	❺
問題　119	①	②	③	❹	⑤
問題　120	①	②	③	④	❺
問題　121	①	❷	③	④	⑤
問題　122	❶	②	③	④	⑤
問題　123	①	②	③	❹	⑤
問題　124	❶	②	③	④	⑤
問題　125	①	❷	③	④	⑤

合　計	／62点

※頻出項目解説〔(12)～(18) ページ)〕の各科目の目標得点が取れるまで、繰り返し解いてみましょう。

領域：介護

介護の基本

問題64 正解 3 ●――ICF（国際生活機能分類） 重要度 ★★

●ICF（国際生活機能分類）を構成する基本的な要素と作用について確実に押さえる。

教科書 CHAPTER 9・SECTION 4

1 × 社会的な不利益（**社会的不利**）という障害のマイナス面を中心にした考え方は、ICFの前身である、**ICIDH（国際障害分類）**のものである。

2 × ICFでは、障害を個人の問題としてとらえる**医学モデル**と、社会によって生み出される問題としてとらえる**社会モデル**を統合して、解決方法を考えることが重要だとしている。

3 ○ ICFでは、3つの生活機能に相互に影響を与えるものとして、2つの**背景因子**（**環境因子・個人因子**）が示されている。

4 × ICFでは、3つの生活機能（心身機能・身体構造、活動、参加）の間においても、**双方向**的な作用があるものとしている。

5 × 生活機能における**活動**とは、歩行・食事・排泄（はいせつ）などの生活行為の遂行状態を指すものである。社会的役割の実行は、生活機能における**参加**に含まれる。

問題65 正解 2 ●――リハビリテーション 重要度 ★★★

●リハビリテーションは、ラテン語のre（再び）- habilis（適した）のことで、再び適した状態になることである。復権、社会復帰などともいわれる。介護においては、単なる機能訓練ではなく全人間的復権を意味する。

教科書 CHAPTER 9・SECTION 4

1 × リハビリテーションという言葉を語源からみると、「再び（re)」「適した、ふさわしい（habilis)」「すること（ation)」からなり、「**再び適した状態にすること**」を意味する。

2 ○ **急性期**のリハビリテーションは発症後、早期から始められ、**回復期**は症状の安定期に実施し、**維持期**（生活期）は在宅や施設において日常生活の自立を目的に行われる。

3 × 視能訓練士は、視機能の訓練や検査を行う国家資格であるが、**名称独占資格**である。選択肢の業務を行うために、必須の資格ではない。

4 × **地域リハビリテーション**とは、障害者とその家族が住み慣れた環境で生活が送れるよう、地域を基盤に組織化された総合的な援助のことである。選択肢の内容は、**職業的リハビリテーション**の説明である。

5 × 介護保険の訪問リハビリテーションには、理学療法だけでなく、**作業療法**その他の必要なリハビリテーションも含まれる。

問題66 正解 4 ●――育児・介護休業法 重要度 ★★★

●育児・介護休業法で定める制度は、仕事と介護や育児の両立を支援することを目的としている。法で定める対象者、制度の内容を把握しておくことが重要である。

教科書 CHAPTER 9・SECTION 8

1 × 従来、育児休業の分割取得は原則として**不可**とされていたが、2021（令和３）年６月の法改正により**2022（令和４）年10月**から、分割取得が**２回**まで認められている。

2 × 有期契約労働者が育児休業・介護休業を申し出る時点で、次の要件「子が**１歳６か月**になるまでの間に、労働契約（更新される場合には更新後の契約）の期間が満了することが**明らかでない**こと」を満たす場合は、育児休業・介護休業を取得することができる。なお、2024（令和６）年の法改正により2025（令和７）年４月から、子の看護休暇（同年４月から「子の看護等休暇」に改称）、介護休暇、所定外労働の制限における雇用期間の要件が**廃止**される。

3 × 法で定める対象家族は、労働者の配偶者、父母、子、祖父母、兄弟姉妹、孫、配偶者の父母である。2016（平成28）年の改正により2017（平成29）年１月から、同居・扶養の要件は**廃止された**。

4 ○ 介護休暇は、要介護状態にある家族１人につき、**年５日**まで取得することができる（**１日**または**時間単位**で取得可能）。対象家族の介護のほか、**通院の付き添い**なども含まれる。

5 × 子の看護休暇制度は、**小学校就学前**の子を養育する労働者に適用される。なお、2024（令和６）年の法改正により、2025（令和７）年４月から名称が**子の看護等休暇**に変更され、子の入園式、卒園式、入学式などの行事参加等の場合も取得可能となった。また、対象となる子の範囲も**小学校３年生まで**拡大される。

問題67 正解 2 ●――障害者虐待 重要度 ★★

●障害者虐待の定義や虐待者の範囲、虐待の実態等について、関連法律や調査結果にも目を通しておく必要がある。

教科書 CHAPTER 9・SECTION 3

1 × 養護者による障害者虐待についての被虐待者の障害種別では、「**知的障害**」（45.0%）が最も多く、次いで「精神障害」（43.4%）、「身体障害」（19.0%）の順となっている。

2 ○ 被虐待障害者からみた虐待を行った養護者の続柄は、「**父**」(25.3%) が最も多く、次いで「母」(23.1%)、「夫」(16.3%) の順となっている。

3 × 障害者福祉施設従事者等による虐待の事実が認められた施設・事業所の種別では、「**共同生活援助**」が最も多い。

4 × 障害者福祉施設従事者等による障害者虐待についての虐待行為の類型では、「**身体的虐待**」(52.0%) が最も多く、次いで「心理的虐待」(46.4%)、「性的虐待」(13.8%) の順となっている。

5 × 使用者による障害者虐待についての相談・通報・届出者は、「**本人による届出**」(45.0%) が最も多く、次いで「その他」(13.8%)、「家族・親族」(11.0%) の順となっている。

問題68　正解 1 ●——服薬介助　重要度 ★

●糖尿病は、1型と2型に大別される。とくに中年期以降の人に多い2型について、インスリンの分泌量が十分でない(インスリン分泌不全)、十分に作用しない(インスリン抵抗性)などの病態がある。治療法としては、適切な食事指導と運動が中心となる。

教科書 CHAPTER 9・SECTION 7

1 ○ 「手が震えたり、冷汗は出ませんか」と質問することで**低血糖症状**を確認し、インスリン量が適切であったのか判断できる。介護福祉職には、その症状などを**介護支援専門員に報告**することが求められる。

2 × 「インスリンの量をまちがえると大変なことになりますよ」と教えるだけでは、**恐怖心をあおる**だけなので、どのように対応すればよいかがわからない。**対応策**を話す必要がある。

3 × 「誰でも歳を重ねれば、目も悪くなりますよ」と話すと、単に**加齢現象**であると思い込む可能性がある。糖尿病で、羞明(しゅうめい)、かすみ目、ぼやけるなどの症状がある場合、**糖尿病性白内障**などにも注意する必要がある。

4 × インスリンの自己注射は**医師の指示**で行われているため、介護福祉職が勝手に中止することはできない。

5 × インスリンの自己注射を家族が行うことも多いが、介護福祉職が**勝手に息子に依頼**することを決めてはならない。

問題69　正解　3　●──共生型サービス　重要度★

●福祉ニーズが多様・複雑化するなかで、今後の福祉改革に向けた方針に地域共生社会の実現が掲げられ、2018（平成30）年4月から、介護保険制度と障害福祉制度に共生型サービスが創設された。サービスの概要について押さえておく。

☞ 教科書　CHAPTER 3・SECTION14

1　×　共生型サービスの対象は、**ホームヘルプサービス、デイサービス、ショートステイ**の3つである。

	介護保険サービス		障害福祉サービス等
ホームヘルプサービス	訪問介護	⇔	居宅介護、重度訪問介護
デイサービス	通所介護（地域密着型を含む）	⇔	生活介護、自立訓練、児童発達支援、放課後等デイサービス
	療養通所介護	⇔	生活介護、児童発達支援、放課後等デイサービス
ショートステイ	短期入所生活介護（予防給付を含む）	⇔	短期入所

2　×　介護保険法、障害者総合支援法および児童福祉法のいずれかの指定を受けている事業所は、**共生型サービス事業所**として、もう一方の制度における指定を受けやすくする特例が設けられた。これにより、障害者総合支援法において指定を受けている居宅介護事業所で、介護保険制度のサービスを利用することが可能となった。

3　○　**地域共生社会**とは、地域の高齢者、障害者、子どもなどのすべての住民が役割をもち、支え合いながら一人ひとりの暮らしと生きがいをともに創り、高め合う社会のことである。

4　×　児童福祉法においても共生型サービスが位置づけられていることから、障害児もサービスの対象に**含まれる**。

5　×　選択肢1の解説のとおり、予防給付（介護予防短期入所生活介護）も対象となっている。

問題70　正解　3　●──チームアプローチ（多職種連携）　重要度★★

●チームアプローチ（多職種連携）は、利用者や家族のさまざまなニーズに応えるために、介護福祉職だけではなく、福祉や保健医療の専門職が一体となって介護サービスを提供していく。

☞ 教科書　CHAPTER 9・SECTION 6

1　×　チームアプローチでは、多職種がそれぞれ専門職の視点からアセスメントを行い、目標や課題を**共有**したうえで、専門性を発揮しながら総合的に支援を行っていく。

2 × チームメンバーには専門職のほか、**利用者本人**と**その家族**、**ボランティア**など目標を達成するために協力する人たちも含まれる。

3 ○ 保健師は、保健所、市町村保健センター、一般企業などで**保健指導**に携わるほか、**地域包括支援センター**に配置基準のある職種でもある。

4 × 義手や義足、装具の採型・製作、からだへの適合を行う国家資格は、**義肢装具士**である。

5 × 栄養士は、**都道府県知事**から免許を受ける資格である。厚生労働大臣から免許を受けるのは**管理栄養士**である。

問題71 正解 4 ●――利用者の人権と介護 重要度 ★★★

●利用者の人権に配慮した介護を行うには、身体拘束の禁止、虐待の防止に努める必要がある。虐待には、高齢者虐待、障害者虐待、児童虐待があり、虐待の種類や虐待防止の留意点などを把握しておくことが大切である。

教科書 CHAPTER 9・SECTION 3

1 × 手指の機能を制限するミトン型の手袋をつけることは、厚生労働省「**身体拘束**(しんたいこうそく)**ゼロへの手引き**」のなかで、身体拘束禁止の対象となる行為に含まれている。

2 × 身体拘束を認める要件に該当しなくなった場合、ただちに身体拘束を**解除**する必要がある。

3 × ネグレクトとは、食事を十分に与えないなどの、**介護や養護の放棄**をさす。心理的外傷を与える言動は、**心理的虐待**に該当する。

4 ○ 記述のとおり。養護者による身体的虐待は**65.3%**、養介護施設従事者等によるものは**57.6%**で、いずれも虐待の種別の中で最も多くなっている。

5 × 障害者虐待の防止、障害者の養護者に対する支援等に関する法律(**障害者虐待防止法**)や児童虐待の防止等に関する法律(**児童虐待防止法**)が制定されている。

問題72 正解 2 ●――腰痛予防 重要度 ★★

●介護福祉職の腰痛予防に関する指針として、厚生労働省が公表している「職場における腰痛予防対策指針」がある。国家試験対策だけでなく、自身のからだの健康管理のためにも指針に目を通しておこう。

教科書 CHAPTER 9・SECTION 8

1 × 「職場における腰痛予防対策指針」では、移動の際は、リフトなどの福祉用具を**積極的に使用**することを推奨している。

2 ○ 記述のとおり。同指針には、筋肉を伸ばした状態で静止する静的ストレッチングは「筋肉への**負担が少なく**、安全に筋疲労回復、柔軟性、リラクセーションを**高める**ことができるため、推奨される」と明記されている。

3 × 介護中は**正しい姿勢**を心がけ、長時間、前傾中腰の姿勢をとることは避ける。

4 × 移乗の支援では、からだをひねらず、利用者に対して、肩と腰を**平行に保つ**ことが大切である。

5 × 利用者の抱上げは**腰部**に負担がかかるため、なるべく避ける。移乗の支援では、利用者の**残存機能**を活かしながら、スライディングボードやスライディングシートなどの**福祉用具**を活用する。

問題73 正解 **4** ●——**感染対策** 重要度★★

●高齢者は抵抗力が弱く、集団感染を起こしやすい。また、重症化することも多い。「手洗い・うがいの励行・マスクの着用」の感染予防の基本、「感染源の排除・感染経路の遮断・宿主の抵抗力を高める」などの感染予防の３原則は、介護福祉職にとって必須の感染予防対策である。

教科書 CHAPTER 9・SECTION 7

1 × 感染予防の原則には、宿主（しゅくしゅ）（感染症の原因となる微生物が寄生した人）の**抵抗力**の向上も含まれる。

2 × 感染経路の遮断には、介護福祉職や他の利用者、家族などから感染源を**拡げない**ことも大切である。

3 × 手洗いは感染対策の基本であり、手袋を着用してケアを行った場合でも必ず行う。手洗いは、**介護行為**を行うごとにする。

4 ○ MRSA（メチシリン耐性黄色ブドウ球菌）は**接触感染**によって拡がっていくため、感染予防には手洗い・うがいの徹底が重要である。

5 × 白癬（はくせん）は、皮膚の角質層がカビの一種である**真菌**に感染することで発症する。主症状は頭部・手・足の**かゆみ**である。選択肢のような呼吸器症状は、**結核**でみられる。

コミュニケーション技術

問題74 **正解 4** ●――**質問の技法** **重要度 ★★★**

●質問の方法には、答えが「はい」「いいえ」や簡単な言葉だけですむクローズド・クエスチョンとさまざまな答えを引き出すオープン・クエスチョンがある。それぞれの特徴、目的、機能を押さえておくことが必要である。

教科書 CHAPTER10・SECTION 1

1 × **オープン・クエスチョン**は、**その人にしか答えられない考えや状況**をたずねる質問技法である。

2 × **クローズド・クエスチョン**は、多用すると尋問のような問いかけになってしまうことがある。

3 × **多くの情報が得られ、利用者や家族の満足度が高い**のは、**オープン・クエスチョン**である。

4 ○ **沈黙**は、場合によってはどんなに多くの言葉よりも**心の内**を物語ることがあるので、無理のない範囲で**次の言葉が出るのを待つ**。

5 × **事実を確認**するときや、利用者にとって**負担が大きすぎる場合**には、**クローズド・クエスチョン**を用いる。

問題75 **正解 5** ●――**失語のある人とのコミュニケーション** **重要度 ★★★**

●失語症は脳の言語領域に障害を受けているため、話す、読む、書く、聞く、計算するなどのコミュニケーション能力は大きく損なわれる。

教科書 CHAPTER10・SECTION 2

1 × 言語中枢は大脳の**左半球**にあることが多く、麻痺（まひ）などの症状は、障害を受けた大脳の部位とは反対側に現れる。そのため、失語症では**右片麻痺**（みぎかたまひ）が多くみられる。

2 × 心理的ショックや精神的ストレスが原因で発症するのは、声を発することができなくなる**失声症**である。

3 × すべての能力を元通りに回復させることは困難であるが、訓練によって症状を**改善**させることは可能である。

4 × 知的能力や記憶、人格の保持に影響はない。本人の意向を受け止め、**ニーズ**に応えることが重要である。

5 ○ **運動性失語**（**ブローカ失語**）は、話すことは**困難**であるが、言葉や文字の理解は**可能**である。一方、**感覚性失語**（**ウェルニッケ失語**）は、正確に**話すこと**も言葉や文字の**理解**も**困難**になる。

問題76　正解　5　●——サービス担当者会議　重要度 ★★

●サービス担当者会議（ケアカンファレンス）は介護支援専門員が呼びかけ、居宅サービス事業者の担当者が集まって開催される。

☞ 教科書　CHAPTER10・SECTION 3

1　×　**サービス担当者会議**には**利用者本人**や**家族**も参加する。ケアプランの原案をもとに本人や家族の意向を確認したうえで、支援の方針や目標を明確にする。

2　×　会議は**時間厳守**である。かぎられた時間のなかで、有効な話し合いをするために、終了時間はあらかじめ決めておく。

3　×　サービス担当者会議は、**ケアプラン**の原案の内容について、担当者の**専門的な見地**からの意見を求めることを通じて、ケアプランの内容を検討する会議である。

4　×　参加者全体の共通の理解を得るために、**専門用語**や**略語**は使わず、わかりやすく説明する。

5　○　会議で配布する資料のことや会議で扱う情報について、あらかじめ利用者と家族に説明して**了解**を得ておく。また、**プライバシー保護**に留意する。

問題77　正解　5　●——認知症の利用者への対応　重要度 ★★

●認知症の利用者への対応では、3つの「ない」（驚かせない、急がせない、自尊心を傷つけない）が大切である。

☞ 教科書　CHAPTER 6・SECTION 5

1　×　自分の服が盗まれるという、**B**さんの不安な思いを**否定**するのは適切ではない。

2　×　**介護福祉職**の都合で、無理に**B**さんを入浴させるのは適切ではない。

3　×　**B**さんの気持ちの転換を図っているが、服を盗まれるという不安は**解決**されていないので、また繰り返すことが予想される。

4　×　「不潔になる」という表現は、**B**さんの**自尊心**を傷つけることにもなりかねない。このような対応は避けることが重要である。

5　○　**B**さんの現在の思いをあるがままに受け止め、**B**さんの**意向**を尊重しながら一緒によい方法を考えるようにするのが適切である。安心感を与えることができ、**信頼関係**の構築につながっていく。

問題78 正解 3 ●――難聴の人への対応 重要度★★

●難聴がきっかけで対人関係を避け、家に引きこもりがちになり、孤立感を深めて精神的に追い込まれてしまう場合がある。

教科書 CHAPTER10・SECTION 2

1 × 難聴の高齢者に対しては、口の動きを**はっきり、ゆっくり**話しかけるのが基本である。

2 × 加齢性難聴などの**感音性難聴**がある人に耳元で大きな声で話しかけると、耳に**響いて**、かえって言葉がわかりにくくなる。

3 ○ 聞き違いや思い違いを避けるためにも、キーワードはできるだけ**書いて伝える**ことが大切である。

4 × 周りの**雑音**が入って聞き取りづらくなるので、できるだけ**静かな**ところで話す。

5 × 後ろから話しかけると、**驚き**、**混乱**してしまうので、難聴者には適さない方法である。

問題79 正解 5 ●――介護記録 重要度★★

●サービスの質の向上および社会的責務の観点から「記録」は非常に重要である。

教科書 CHAPTER10・SECTION 3

1 × 介護記録は**客観的**にわかりやすく、**事実**を述べることが大切である。5W1Hを明確にした客観的な記述をこころがけ、**記録者の名前を明記**する。

2 × 事故やミスを隠ぺいすることで、事態をより悪化させることがある。「**起きた事実はきちんと報告をする**」という姿勢が重要である。

3 × 各記録は**2年間**の**保存義務**がある。問題発生時には、介護業務内容についての資料となる。

4 × 修正液や修正テープ、消せるペンは公文書には使用できない。**訂正**は**二重線**と**訂正印**で行う。

5 ○ 記録は**その日のうち**に行う。業務時間内でできなかったときは上司に報告し、指示を得る。

生活支援技術

問題80　**正解　5　●——生活支援の考え方**　**重要度 ★★★**

●生活支援においては、利用者が望むその人らしい生活ができるような視点をもって支援することが重要である。

☞ 教科書　CHAPTERⅡ・SECTION 1

1　×　**自立支援**は生活支援のひとつとして重要であるが、身辺の自立を目的とするのではなく、支援を受けながらも、その人がもてる力を活かし、**できることを維持・拡大していく支援**が大切である。

2　×　介護サービスを提供するうえで必要な視点は、**利用者が望む生活の実現**である。介護福祉職は、利用者のニーズを引き出し、さらに**主体性・自発性**も引き出せるような支援が大切である。

3　×　利用者の生活動作だけでなく、**人的・物的環境や精神状態など**が利用者の生活にどのように作用しているのか、**生活の全体像を理解**して支援を行うことが大切である。

4　×　利用者の**ニーズ**の変化に伴って、支援のあり方もまた変化していく。その変化に、介護福祉職だけでは対応しきれないので、ニーズに応じてさまざまな専門職が支援に関わる**チームアプローチ**の視点が必要である。

5　○　利用者の「できること」に着目して支援することは、利用者自身が生きている喜びを実感でき、**意欲**を引き出すことにもつながる。

問題81　**正解　3　●——安全で心地よい生活の場づくり**　**重要度 ★★**

●パーキンソン病は進行性の疾患であり、脳からの運動指令がうまく伝わらずスムーズに動けなくなる。住宅改修を行う場合は、転倒・転落予防を考える。

☞ 教科書　CHAPTERⅡ・SECTION 2

1　×　Cさんはつかまりながらの歩行が可能なので、車いす利用時に行うような改修よりも、**手すり**や**安定した家具**を工夫してうまく配置する。

2　×　スロープの多用は、バランスをとるのが難しいパーキンソン病の人には**転倒**の危険性が高まる。

3　○　できるだけ歩行しやすく、バランスを崩しにくい環境にするため、**余計な荷物は片づける**。

4　×　内開きや外開きなどの開き戸は、バランスを崩す原因となるため、**引き戸**や**アコーディオンカーテン**が望ましい。

5　×　リフトは、自分で動くことができない人を移動介助するための福祉用具である。

Cさんはつかまりながらの歩行が可能なのでリフトの設置は適切とはいえない。

問題82　正解 2 ●──廊下・階段の環境整備　重要度 ★

●家庭内での不慮の事故による死亡数は増加傾向にある。高齢者や障害者にとって過ごしやすい環境整備の方法を理解する。

教科書 CHAPTERⅡ・SECTION 2

1 × 階段の片側に手すりを設置する場合は、下るときに**健側**（けんそく）となる側に設置することが原則である。

2 ○ 夜間やうす暗く見えにくい環境は、つまずきや転倒の原因となるため、**足元**を明るく照らし歩きやすくする。

3 × 廊下・階段の手すりは、間隔をあけることなく**連続**して設置する。

4 × 手すりの高さは床から**750～800**mmが適している。

5 × 廊下側に開く扉があると急に開いたときに、**ぶつかる危険性がある**。

問題83　正解 2 ●──爪の手入れ　重要度 ★★★

●介護福祉職による爪切りややすりがけは、爪そのものの異常や、爪周囲の皮膚の化膿・炎症、糖尿病などによる専門的な管理が必要ない場合に、認められている。爪の手入れのポイントを押さえておく。

教科書 CHAPTERⅡ・SECTION 4

1 × 爪を斜め方向から切ると、**巻き爪**の原因となる。爪を切るときは、先端の**白い部分を1mmぐらい残して直線に切り**、その後、両端を少し切る。

2 ○ 選択肢1の解説のとおり。

3 × 利用者の指先を手に取って、力を入れすぎず**少しずつ**切る。

4 × 爪やすりは、**両端から中央**に向けてかける。

5 × 高齢者の爪は割れやすいので、**入浴後**や蒸しタオルの使用後に、**やわらかく**なってから切る。

問題84　正解　1 ●——生活習慣と装いの楽しみを支える介護の工夫　重要度 ★★

●身じたくはその人らしく生活するための支援のひとつである。しかし、心身機能が低下すると身じたくをすることが面倒になり、配慮しなくなってしまい、閉じこもりの生活となることもある。こうした悪循環にならないためにも、身じたくに関心をもつ工夫を行っていく必要がある。

☞ 教科書 CHAPTERII・SECTION 4

1 ○ 写真が趣味だったことから、Dさんの好きな外の景色を見たり、季節の移り変わりを肌で感じてもらうために外出することを勧めてみる。外出する楽しみから**身じたくに関心をもってもらうような工夫**をする。

2 × 今まであまりしてこなかった人との交流を勧めても、Dさんにとって楽しい時間になるとはかぎらず、身じたくに関心が向く工夫とはいえない。

3 × 職員が身じたくの意義を伝えることは必要ではあるが、身じたくの行為を強要したり押しつけたりしてしまうと逆効果となる。また、本人の気持ちが動かなければ支援を継続していくことは難しい。

4 × 自宅への外泊は本人の楽しみとなるかもしれないが、妻の状況を考えると現時点で最も適切な支援とはいえない。

5 × 朝夕の着替えをすることで生活にメリハリをつけるのは重要であるが、Dさんが身じたくの習慣をつけて関心をもち、継続するかはわからないため、最も適切な支援とはいえない。

問題85　正解　2 ●——口腔ケアの介助　重要度 ★★★

●口腔内の衛生不良は誤嚥性肺炎を起こすリスクが高くなるだけではなく、全身の感染症にも影響を及ぼす。

☞ 教科書 CHAPTERII・SECTION 4

1 × 歯みがき剤に含まれている研磨剤（けんまざい）によって、義歯が摩耗（まもう）し、変形してしまうため、**義歯専用**の歯みがき剤や**流水**で洗うようにする。

2 ○ ベッドをギャッジアップすることで、利用者は上半身を起こした状態になり、食物残渣（ざんさ）や唾液（だえき）の**誤嚥**（ごえん）を防ぐことができる。

3 × 口で咀嚼（そしゃく）しない状態が続くと、**唾液**の分泌量が減少し、口腔内（こうくうない）の自浄作用が低下する。経管栄養を行っていても、口腔ケアは必ず実施する。

4 × 歯ブラシは鉛筆を持つときのように握ると、**圧力**のコントロールがしやすく、毛先も当てやすくなる。歯肉や舌に対しては、力を入れすぎず、マッサージをするように磨く。

5 × すぐに全介助をするのではなく、利用者が**残存能力**を最大限に活用できるような支援を行う。**アセスメント**を通じて、歯ブラシの柄の部分を太くするなど、用具・器具を工夫する視点が大切である。

問題86 正解 1 ●——歩行の介助 重要度★★

●移動動作は日常生活を送るうえで必要不可欠な行為であるため、安全で不安なく行えるような支援が必要となる。

教科書 CHAPTER11・SECTION 3

1 ○ 患側は力を入れて踏ん張るのが困難なため、バランスを崩しやすい。バランスを崩した場合にすぐに支えられるよう、**患側後方**に位置する。

問題87 正解 3 ●——褥瘡の好発部位 重要度★★★

●褥瘡は、体重のかかりやすい部位、骨の突き出た部位などに発生しやすい。体位ごとに好発部位を押さえておく。

教科書 CHAPTER 5・SECTION 6

1 × **仙骨部**は、**仰臥位**で最も褥瘡が発生しやすい部位である。仰臥位ではこのほか、後頭部、肩甲骨部、肘関節部、踵部などでも起こりやすい。

2 × **座骨結節部**は、**座位**で最も褥瘡が発生しやすい部位である。座位ではこのほか、後頭部、肩甲骨部、仙骨部、踵部などでも起こりやすい。

3 ○ **大転子部**は、**側臥位**で最も褥瘡が発生しやすい部位である。側臥位ではこのほか、耳介部、肩峰突起部、膝関節顆部、外踝部などでも起こりやすい。

4 × 耳介部は、**側臥位**で褥瘡が発生しやすい部位であるが、最も頻度が高いとはいえない。

5 × 踵部は、**仰臥位**や**座位**で褥瘡が発生しやすい部位である。

問題88 正解 4 ●——車いすの介助 重要度★★

●車いすの介助では、車いすに異常がないかを点検することが大切である。車いすの部位の名称と機能を把握し、介助の留意点について理解しておくことが重要である。

教科書 CHAPTER11・SECTION 3

1 × 片麻痺のある利用者の移乗を行うときは、車いすを利用者の**健側**に置く。**健側**に置くことで、上肢と下肢を活用して安全に移乗することができる。そのため、右片麻痺のある利用者の場合は**左側**に置く。

2 × 車などへの乗り降りや停止中は、車いすが勝手に動かないように必ず**ブレーキ**をかけておく。

3　×　アームサポートは、肘や腕をのせて姿勢を安定させたり、立つ・座る動作をするときの支えとして使用する。片麻痺のある利用者の場合、走行中に**手**が落ちて、巻き込まれる可能性があるため適切ではない。

4　○　レッグサポートは、**ふくらはぎ**を支え、車いすから足が落ちないようにするためのものである。車いすへの移乗時などに取りはずす場合があるが、安全のため、取り付けられていることを確認する必要がある。

5　×　タイヤの空気圧が**低すぎる**と走行しにくくなり、ブレーキの利きも悪くなる。また、タイヤの溝も減りが激しいものは、パンクの原因になり、走行性が低下するので使用前の点検が必要である。

問題89　正解　5　●――運動機能が低下している人の介助の留意点　重要度 ★★

●パーキンソン病により思うようにからだを動かすことができない不自由さを理解し、心身の状況に配慮した支援を行う。

☞ 教科書　CHAPTERII・SECTION 3

1　×　**柔らかめのマット**はからだが沈んでしまい、起き上がりにくくなる。**固めのマット**を使うほうが動きやすくなる。

2　×　**筋固縮**により上下肢（じょうかし）や体幹、顎がこわばり、動かしにくくなっている。また、からだを伸ばす、ひねるなどの動きは難しくなるため、ひねるように起き上がるのは困難である。

3　×　難しい動作は、がんばりましょうと声をかけるだけでは行うことができない。利用者にわかりやすく、**具体的**に動きを伝えていく。

4　×　日内変動のある疾患でもあるが、どこができてどこができないかを見守りながら、**自立支援**を基本として支援していく。

5　○　利用者が理解できるように、動作を一つひとつ**具体的**にわかりやすく**区切って**伝えていく。

問題90　正解　3　●――食事の介護　重要度 ★★

●高齢者は食事中に誤嚥（ごえん）するリスクが高いため、正しい姿勢づくりが大切である。安全・安心・安楽に食事が摂れるよう、座位で食事をする際の注意点について理解する。

☞ 教科書　CHAPTERII・SECTION 5

1　×　食事をするときは、からだが安定するよう、床に**足底**をつける。

2　×　食事をするときは、いすに**深く**腰かけてもらう。浅く腰かけると、いすからずり落ちる危険性がある。

3　○　記述のとおり。テーブルは、いすに深く腰かけたときに**肘（ひじ）と膝（ひざ）が約90度**になるようなものが望ましい。

4 × 食事をするときは、テーブルに肘が楽に乗せられるよう、テーブルとからだの間は**拳ひとつぶん**空ける。

5 × 食事をするときは、やや**前かがみ**になり、**顎を軽く引いた**姿勢をとってもらう。顎を上げると、**誤嚥**の原因となる。

問題91 **正解 1 ●——利用者の状態・状況に応じた食事の介助 重要度 ★★★**

●脱水とは、下痢や発熱、嘔吐などによって体内の水分量や電解質（ナトリウムなど）の量が減少した状態をいう。高齢者は脱水症状におちいりやすいため、こまめな水分摂取が重要となる。

教科書 CHAPTER11・SECTION 5

1 ○ 尿量の減少や皮膚の乾燥は**脱水時**にみられる症状のため、こまめな**水分摂取**が必要になる。

2 × 食事の温度が体温と同じになると、刺激が少なく**嚥下反射**（えんげはんしゃ）が起こりにくくなる。そのため、その食事に適した**温度**で提供し、体温よりも少し冷たいか温かくするようにする。

3 × 口腔内が乾燥している利用者には、**唾液分泌が促進**（だえき）されるよう、**食前**に唾液腺マッサージを勧める。

4 × 誤嚥（ごえん）を引き起こしにくくするためには、口腔（こうくう）や咽頭を通過するときに**変形しやすい**形態にするのが適切である。

5 × 1日に必要な水分摂取量は、成人で約**2,500mℓ**とされている。その内訳は、口から摂取する飲料水が**1,200mℓ**、食物に含まれる水分が**1,000mℓ**、栄養素の代謝によるものが**300mℓ**となっている。なお、排泄（はいせつ）される水分量は、尿としての排泄が**1,500mℓ**、便としての排泄が**100mℓ**、不感蒸泄（ふかんじょうせつ）（吐息や皮膚の表面からの水分の蒸発）によるものが**900mℓ**とされている。

問題92 **正解 1 ●——心臓機能障害者の食事の留意点 重要度 ★★**

●心臓機能に障害のある人の食事では、エネルギーや動物性脂肪、塩分などの取り過ぎに注意する。

教科書 CHAPTER 4・SECTION 5

1 ○ コレステロールの排泄（はいせつ）を促す食物繊維を多く含む**野菜**や**果物**を摂取する。

2 × 動物性脂肪の多いものは控え、**植物油**、**植物性**マーガリンなどを使用する。

3 × コレステロールの多い食品を摂取すると、**血管壁**にコレステロールが蓄積し、血液が流れにくくなるため控える。

4　×　ラーメンのつゆは**塩分**が多いため、残す。

5　×　肉は脂身の少ない部位を選択するか、調理方法を工夫してコレステロールの多い食品は控える。

問題93　**正解　2　●――利用者の状態・状況に応じた入浴介助の留意点　重要度 ★★**

●利用者の疾患に配慮した入浴の支援を考え、安全に安楽に実施できるようにする。

教科書　CHAPTER11・SECTION 6

1　×　埋込式ペースメーカーを使用していても、浴槽につかることへの制限はない。電気風呂などは影響がある恐れがあるので控えたほうがよい。

2　○　透析日は、**細菌侵入**を防ぐため、浴槽での入浴は避け、**シャワー浴**にする。

3　×　心臓疾患のある人は、熱い湯は心臓に負担がかかるため、**ぬるめ**の湯につかる。また、長風呂は体力を消耗するだけでなく、水分が失われて**血圧**が上がるので控える。

4　×　呼吸器機能障害のある人は、食事をとるにも体力を使うため、**食前後1時間**の入浴は避ける。**ぬるめの湯に短時間**で入浴する。

5　×　回腸ストーマの人は、**食事の前**に入浴する。**排便の少ないタイミング**を選んで入浴する。

問題94　**正解　1　●――右片麻痺のある利用者の入浴介護　重要度 ★★**

●浴室は滑りやすいだけではなく、危険が多い場所でもある。麻痺のある利用者は転倒や、やけどなど気をつけなければいけない点も多く、安全に入浴できる知識と技術の提供が求められる。

教科書　CHAPTER11・SECTION 6

1　○　片麻痺（かたまひ）の人の移動介助では、介護者は**患側**（かんそく）を保護する。段差を越える場合、**患側**（右）の足から下がり、**健側**（けんそく）（左）から上る。

2　×　シャワーをかけるときは、**心臓より遠い**部分で、**健側**の手足からかける。手のひらは皮膚が厚く温度を感じにくいため、皮膚の薄い肘の内側で確認する。

3　×　片麻痺の人が自分でからだを洗う場合は、健側の手で患側を自分で洗うことができるが、健側は洗うことができないため、介護者が洗う。

4　×　浴槽に入るときは、**健側**の足（左）から浴槽に入れ、次に**患側**の足（右）を入れる。出るときは**患側**の足から浴槽から出し、次に**健側**の足を出す。

5　×　湯につかるのは**心臓**より下の高さにする。心臓疾患や血圧が高い人は、胸の高さまでつかると心臓に負担がかかるため、とくに注意する。

問題95 正解 3 ●——清潔保持のためのさまざまな方法 重要度 ★★★

●清潔保持の方法は、利用者の身体の状態によって、お湯につかることが難しい場合に行われる。シャワー浴、洗髪、手浴・足浴、陰部洗浄、全身清拭などの種類がある。

教科書 CHAPTERII・SECTION 6

1 × 足浴は、膝から下の部分をお湯につからせるもので、血行の促進や拘縮（こうしゅく）の予防のほか、**安眠**を促す効果がある。

2 × 気化熱によって体温が奪われてしまうため、水分は**すぐに**拭き取り、蒸しタオルで保温するようにする。

3 ○ 清拭（せいしき）中に湯温はどんどん下がっていくため、あらかじめ**高め**のお湯を用意しておくことが適切である。

4 × 女性の利用者の陰部洗浄では、**前**から**後ろ**（恥骨（ちこつ）から肛門（こうもん））に向かって拭くのが適切である。

5 × ベッド上で洗髪する場合は、まず**シャンプーの泡**をタオルで拭き取り、それから少量の湯で**洗い流す**のが適切である。

問題96 正解 2 ●——膀胱留置カテーテル使用の留意点 重要度 ★★

●膀胱留置カテーテルを使用している人の介護の留意点と観察のポイントを理解する。

教科書 CHAPTERII・SECTION 7

1 × 膀胱留置（ぼうこうりゅうち）カテーテルの使用時は、**尿路感染症**を起こしやすいため、陰部を**清潔**に保ち、定期的に観察する必要がある。

2 ○ 男性は陰茎（いんけい）を**上向き**にして、**下腹部**に固定する。女性は**大腿部**（だいたいぶ）に**下向き**で固定する。

3 × 尿路感染症や脱水を予防するためにも、**適度な量**の水分摂取が大切である。蓄尿袋は尿で満杯になる前に、尿量を確認したうえで、尿を廃棄する。

4 × 蓄尿袋に尿がたまっている状態を、他の利用者や家族に見られることがないように、観察するとき以外は**カバー**をかけるようにする。

5 × 手の機能を制限することは、**身体拘束**（しんたいこうそく）に含まれる行為である。利用者がカテーテルを抜かないよう、固定場所を考慮するようにする。

問題97 正解 5 ●——排泄介護の留意点 重要度 ★★

●気兼ねなく排泄でき、自尊心を傷つけない工夫が必要である。不快に感じないように清潔保持に気を配る。

教科書 CHAPTERII・SECTION 7

1　×　汚れのひどいときは、**1日に1回程度**、陰部洗浄を行う。洗いすぎると常在菌を洗い流してしまうので注意が必要である。

2　×　差し込み便器は、**仰臥位**（ぎょうがい）で使用する。

3　×　ベッドの**頭側**を高くし、できるだけ**座位**に近い状態で使用する。

4　×　腹部を圧迫しすぎないように、腹部に近いテープを足元に向けて**斜め下**に留める。足元に近いテープを腹部に向けて**斜め上**に留める。

5　○　女性は尿道が短く、感染症にもかかりやすいため、**尿道**から**肛門**（こうもん）へ向けて清拭（せいしき）をする。

問題98　正解　1　●──食中毒　重要度★★

●食中毒には、サルモネラ菌などの細菌性食中毒と、ノロウイルスなどのウイルス性食中毒などがある。それぞれの汚染源や予防法を確認しておこう。

教科書　CHAPTERII・SECTION 8

1　○　記述のとおり。腸炎ビブリオは、**生鮮魚介類**や、生魚に触った手指や調理器具を介した二次汚染で発生する。また、**4℃以下**ではほとんど繁殖しないので、調理直前まで**冷蔵庫で保管**する。

2　×　サルモネラ菌による食中毒は、**卵**とその加工品、鶏肉などの食肉が主な原因食品とされている。選択肢は、**カンピロバクター**である。

3　×　カンピロバクターによる食中毒は、生または加熱不十分の**鶏肉**などを食べることで発生しやすい。生や生に近い状態の鶏肉を食べることは避け、**十分に加熱する**。

4　×　ノロウイルスによる食中毒は、**冬場**に起こりやすい。原因食品は**カキ**などで、**十分に加熱する**ことで予防できる。

5　×　黄色ブドウ球菌は、食品中で増殖すると**エンテロトキシン**という毒素を生成するが、芽胞は**つくらない**。選択肢は、**ウエルシュ菌**などである。

問題99　正解　2　●──洗濯の留意点　重要度★★

●洗濯物の繊維別の洗濯方法や、洗剤の特徴について整理しておく。

教科書　CHAPTERII・SECTION 8

1　×　洗濯では、洗剤を多く使用すれば汚れが落ちるわけではない。

2　○　選択肢のような性質により、界面活性剤は**汚れ**を落とす。

3　×　洗剤は、天然油脂（てんねんゆし）を原料とした石鹸（せっけん）と、石油を原料とした合成洗剤に大きく分けられ、合成洗剤はその性質により、弱アルカリ性洗剤と中性洗剤に分けられる。毛や絹は動物繊維なので、アルカリに弱く、洗濯には**中性洗剤**が適している。

4 × 塩素系漂白剤は強力な漂白剤なので、動物繊維の毛や絹には不向きである。**綿**や**麻**、**ポリエステル**などの繊維に適している。

5 × ドライクリーニングとは水を使わず、**有機溶剤**で洗濯する方法である。毛や絹は水で洗うと型崩れしやすいため、ドライクリーニングが適している。

問題100 正解 1 ●——家計の管理 重要度 ★★

●「家計調査」では、65歳以上の単身無職世帯などの収入（入ってきたお金）と支出（出て行ったお金）の状況を把握することができる。

教科書 CHAPTERII・SECTION 8

1 ○ 税金や社会保険料は**非消費支出**と呼ばれ、強制的に支払わされる、各世帯で自由にできない**支出**のことをいう。

2 × 可処分所得とは、給与や社会保障給付など税込の**実収入**から、税金や社会保険料などの**非消費支出**を引いた所得のことである。

3 × 高齢単身無職世帯の最も多い収入は、**社会保障給付**で、93.2%となっている。

4 × 高齢単身無職世帯の最も多い支出は、**食料費**で、27.6%となっている。

5 × 高齢単身無職世帯の**可処分所得**は11万4,663円、**消費支出**は14万5,430円となっていて、**支出が収入を上回る赤字**となっている。

問題101 正解 5 ●——安眠のための環境整備と介助 重要度 ★★

●睡眠は、心身の休息や生活のリズムを維持するために必要不可欠である。利用者の安眠を促すためには、適切な環境整備と普段の生活のなかからさまざまな点に留意した介助を行うことが重要である。

教科書 CHAPTERII・SECTION 9

1 × **熱めの湯**では、**交感神経**が優位になる。**ぬるめの湯**を使って**副交感神経**を優位にすることで、安眠を促すことができる。

2 × 食事をとることで**消化機能**が活性化され、眠りにつきにくくなるため、食後**2～3時間**たってから、睡眠を促すことが適切である。

3 × 睡眠導入剤を服用するかどうかは、**医師**の判断のもとに行われる。事前に相談することが必要になる。

4 × 昼間の間は適度な**運動**を勧めることで、夜間に深い眠りがとれるように促すのが適切である。

5 ○ 夜間の**睡眠状態**、睡眠のための**準備**、睡眠時の**環境設定**など、睡眠に関する利用者の情報を把握したうえで、適切な支援を行うことが大切である。

問題102　正解　3　●――安眠のための介護の工夫　重要度 ★★

●難聴で感覚器が低下すると他者との交流も少なくなり、孤立してしまいがちである。日中の活動量や楽しみも減少し、中途覚醒も増えてしまう傾向にあるため、楽しみを見つけられるようにする。

教科書　CHAPTER11・SECTION 9

1　×　レクリエーションに参加するのはよいが、Eさんに興味や関心がなければ、効果的とはいえない。Eさんに合ったものを提供し、継続的に参加し意欲がもてるようにする。

2　×　眠れないのに早くベッドについても、気持ちだけが焦りリラックスできず、逆効果である。

3　○　本を読んだり、好きな時間を過ごして、眠くなったらベッドに入るなど精神的にくつろげる時間をつくっていく。

4　×　長く昼寝をすると**昼夜逆転**し、生活リズムが崩れてしまう可能性がある。

5　×　紅茶に含まれる**カフェイン**には、覚醒作用と利尿作用があり、夜間睡眠が浅くなる可能性がある。

問題103　正解　2　●――人生の最終段階における食事の介護　重要度 ★★

●人生の最終段階を迎えると日常生活の一つひとつに変化が現れる。本人の状態を確認し、尊厳が守られ、安心した生活を提供することが大切である。

教科書　CHAPTER11・SECTION10

1　×　栄養面より本人が食べたいものや食べられるものを選び、おいしく食事ができることが重要である。

2　○　終末期は食欲が落ち**脱水**になりやすい。食事や水分の摂取量を確認しながら見守ることが重要となる。

3　×　最後まで口から食べられるように工夫をする。口から食事がとりにくかったら、本人や家族の意思を確認して、経管栄養を選択するか否かを検討していく。

4　×　食事の量を増やし無理に食べることを勧めても意味はない。食べられる量だけ食べるように勧める。

5　×　いつでも食べたいときに食べたいものを口にして、リラックスした食事環境を提示する。

問題104　正解　2　●――人生の最終段階における事前の意思確認　重要度 ★★

●人は死を迎えるまで、人としての尊厳を尊重され、自分らしく生きる権利をもっている。

終末期における事前の意思確認について押さえる。

☞ 教科書 CHAPTER11・SECTION10

1 × **リビングウィル**とは、終末期に利用者自らが望む医療・ケアについて、あらかじめ**書面**に示しておくことをいう。

2 ○ 人生の最終段階において利用者自らが望む医療・ケアについて、**医療・ケアチーム等と話し合い、共有する**取組を、**アドバンス・ケア・プランニング**（ACP）という。医療・ケアスタッフは、利用者が決定、合意した内容を**書面**にまとめておく。

3 × **サービス担当者会議**とは、利用者や家族、サービス提供に関わる専門職が集まり、ケアプランの原案について**検討**する場をいう。

4 × **デスカンファレンス**とは、利用者に行ってきたケアの内容を振り返り、今後の**ケアの向上**を図ることをいう。

5 × **インフォームド・コンセント**とは、医師などの医療職が、医療内容について**説明**し、利用者の**同意を得る**ことをいう。

問題105 **正解 3 ●――杖の種類** **重要度 ★★★**

●疾患や障害により思うような歩行ができない利用者でも、状態に応じた杖を活用することで、能力が補われ、移動範囲を広げることができる。歩行のための主な杖の種類を押さえておく。

☞ 教科書 CHAPTER11・SECTION 3

1 × 選択肢の図は**ロフストランドクラッチ**である。前腕を固定できる**カフ**がついているため、**握力の低下がある**利用者に適した杖である。

2 × 選択肢の図は**T字杖**である。安定性に優れ、比較的**歩行が安定している**利用者に適した杖である。

3 ○ 選択肢の図は**プラットホームクラッチ**で、関節リウマチ等で手指・手関節に負荷をかけられない利用者に適した杖である。

4 × 選択肢の図は**多点杖**である。杖の先が3脚や4脚に分かれており、1点杖よりも**接地面が広い**ため、**歩行が不安定**な利用者に適した杖である。

5 × 選択肢の図は**ウォーカーケイン**（**歩行器型杖**）である。片手で操作できる、杖と歩行器の中間にあるような福祉用具で、**歩行が不安定**な利用者に適した杖である。

介護過程

問題106　正解　3　●——アセスメント　　重要度★★★

●アセスメントは、介護過程において利用者がどのような支援を必要としているかを知るための大切な過程である。

教科書　CHAPTER12・SECTION 1

1　×　アセスメントは、**情報収集**から始まり、情報の解釈と分析、情報の関連づけと統合を通じて、利用者の生活課題を明確化するプロセスをいう。

2　×　客観的情報だけでなく、利用者の思いなどの**主観的情報**も集める必要がある。

3　○　ICF（国際生活機能分類）の構成要素に基づき情報を収集する場合、とくに「**活動**」については、**実施状況（している活動）**と**能力（できる活動）**の２つの視点で情報収集することが重要である。

4　×　情報収集を行うときは、**介護福祉職**の人生観や価値観からではなく、専門的視点で**多面的**に情報を集めるように心がける。

5　×　生活課題とは、利用者の望む生活の実現・継続のために、解決しなければならないことをさす。１人の利用者に複数の生活課題がある場合は、優先順位を決める必要がある。優先順位を決めるときは、何が利用者の**自立**や**自己実現**につながるか、**緊急性**があるかといったことを考慮し、判断していく。

問題107　正解　4　●——計画の立案　　重要度★★★

●介護計画の立案では、利用者の生活習慣や価値観を踏まえた個別的な内容にすることや、支援内容・支援方法を具体的に示し、実現可能なものとすることが重要である。

教科書　CHAPTER12・SECTION 1

1　×　数値化できるものについては、具体的な量・時間・期間などを示すことで**目標**が明確になり、経過の観察や測定が可能になる。また、チームにおける目標の共有や、評価を行うためにも重要である。

2　×　介護過程の目的は、**利用者の望む生活の実現**である。目標達成のために利用者が**主体的**に取り組めるよう、目標は**利用者**の視点から設定する。

3　×　標準的なケアの方法に加え、介護計画を立案する際には、個々の利用者の心身の状態や生活習慣、価値観を尊重するといった**個別化**の視点をもつことで、満足度の高いケアの実践が可能になる。

4　○　支援内容・支援方法は、複数の介護福祉職、他の専門職、利用者・家族など専門職以外の人が読んでも正しく理解でき、**共通認識**できるようにすることが大切である。そのため、観察事項、介助方法、留意点、回数などについて、わかりやすい表現で記述する。

5 × 一般的に**長期目標**は6か月から1年、**短期目標**は数週間から数か月で達成するものとして設定する。ただし、利用者の状況に応じて、柔軟に変更することが必要である。

問題108 正解 3 ●――モニタリング 重要度★★

●ケアマネジャーはケアプランを作成して支援を実施した後、計画どおりに支援が実施できているか点検し、状況を把握していく。継続的に利用者の生活全体について評価を行う。

教科書 CHAPTER12・SECTION 1

1 × **インテーク**とは、利用者や家族からはじめて話を聞く、**初回**に行われる**面接**のことである。

2 × **インフォーマルサポート**とは、家族や友人、ボランティアなどの**善意**によって行われるサポートのことである。

3 ○ **モニタリング**を定期的に行うことで、**ニーズ**や**生活課題**に変化が生じていないか、チェックするようにする。

4 × **リスクマネジメント**とは、危険やトラブルを回避するために組織的に管理を行って、**危険性**を最小限にするプロセスをいう。**危機管理**と訳されることもある。

5 × **アセスメント**とは、情報の**分析・統合**を通じて利用者の課題、ニーズを明らかにすることをいう。

問題109 正解 3 ●――介護過程の展開 重要度★★★

●介護過程の目的のひとつは、利用者の自立を支援することである。アセスメントでは、利用者の活動意欲を促すために必要な支援を考えていくことが求められる。

教科書 CHAPTER12・SECTION 3

1 × 利用者の**自己選択・自己決定**が基本であり、介護福祉職の判断で役割やその内容を決めることは適切ではない。

2 × 「運動すると疲れる」とFさんは話しているが、ベッドでの臥床（がしょう）時間を増やすことは、筋力の低下につながる。**活動**と**休息**のバランスを考え、どのような支援が望ましいかを検討することが大切である。

3 ○ 利用者の趣味・関心事は、**活動**や**参加**のきっかけにもなる。また、目標に利用者本人が同意することで、共に取り組むことが可能になる。

4 × 車いす座位での傾きの原因を探り、**転倒防止対策**を検討する必要がある。そのうえで、Fさんの能力を発揮できる支援を考える。

5 × おむつの使用は、**臥床時間**の増加や**活動意欲**の低下を助長する恐れがある。

問題110 **正解 4 ●――介護過程の実施・評価** **重要度 ★★★**

●評価は設定した目標にどの程度到達できたかを測る段階である。介護計画は利用者の個別性を踏まえた内容となっているため、他の利用者の目標到達度と比較せずに評価することが肝要である。

教科書 CHAPTER12・SECTION 1

1 × 実施段階の記録は、介護福祉職だけでなく、その利用者に関わる専門職全員が目を通して、チームで**情報共有**を図るためにも活用される。

2 × 目標を達成している場合は、さらに高い目標を設定するか、計画を継続すべきか、終結させるべきかについて、**再アセスメント**を行う。

3 × 原則として介護計画の目標設定時に定めた時期に評価を行うが、**利用者**の状態に変化があった場合や、家族の要望などにより、時期を変更して評価を行う場合もある。

4 ○ 目標を設定する段階で、その内容や評価に対する**基準**を具体的にしておく。誰がみても同じように確認できる指標を用いて、**客観的**に評価を行う。

5 × 記録には、支援開始時から終了までの実施の過程だけでなく、実施前の**利用者**の状態や、実施の**結果・考察**などについても正しく記述する必要がある。具体的な記述は、評価の際の有効な資料となる。

問題111 **正解 5 ●――介護過程の評価** **重要度 ★★★**

●介護過程は、介護を必要としている高齢者や障害者が自分らしく生活できるように、介護福祉職が責任をもってその実現に向けて支援するプロセスといえる。

教科書 CHAPTER12・SECTION 1

1 × 介護支援専門員は、**ケアプラン**（施設サービスにおいては施設サービス計画）を作成する。ケアプランは総合的な援助の方針を決定するものであり、ケアプランで出された目標に向かって介護過程を展開する。ただし、介護支援専門員は、介護過程の評価に参加することはあっても、責任はもたない。

2 × 介護過程の主体は**利用者**である。利用者に計画内容について意見や感想を聞くことはあっても、評価に責任をもってもらうことはない。

3 × 家族も利用者と同様に、評価に参加することはあっても、評価に責任をもつことはない。

4 × 施設長は施設の責任者であり、評価に参加することはあっても、直接的に評価の責任をもつことはない。

5　○　介護過程の評価の実施に責任をもつのは**介護福祉職**である。利用者へ直接介護サービスを行うのは介護福祉職であるため、責任をもって**個別援助計画**を作成・評価し、**継続的に利用者を支援する**。

問題112　正解　2　●――主観的情報　重要度 ★★

●主観的情報とはGさんの思いや考え、意欲、希望、動機づけなどである。主観的情報は、状況に応じて変化するものである。状況が変化するたびに、そのつど主観的情報を集めていく必要がある。

教科書　CHAPTER12・SECTION 1

1　×　表情から気持ちを推測するということは、訪問介護員の主観や偏見が入る可能性があるため、利用者の主観的情報とはいえない。

2　○　Gさんの思いを聞くということは、**主観的情報**である。

3　×　観察から利用者の行動を把握することは、**客観的情報**である。

4　×　入浴の状況を確認することは、本人の考えや思いを確認しているわけではないため、主観的情報ではない。

5　×　長男に協力を得られるか聞くのは、長男の思いや考えであるため、Gさんの主観的情報ではない。

問題113　正解　4　●――介護過程とチームアプローチ　重要度 ★★

●訪問介護員の専門職としての位置づけや役割をよく理解する必要がある。

教科書　CHAPTER12・SECTION 2

1　×　利用者のサービスの種類や回数を計画していくのは、**介護支援専門員**の役割である。

2　×　住宅改修の見積もりを業者に依頼するのは**介護支援専門員**、もしくは家族や本人などが行う。

3　×　入浴補助用具をGさんに勧めることは構わないが、導入する場合、介護保険の特定福祉用具販売の種目となるため介護支援専門員の計画に入れていく。

4　○　利用者の気持ちを**代弁**して伝えていくのは、身近にいる訪問介護員の役割でもある。

5　×　訪問介護員がリハビリテーションを行うことはできない。訪問介護員が行うのは、**身体介護**と**生活援助**や、相談・助言などである。

総合問題

総合問題1

問題114　正解　5　●——若年性認知症の人の家族に対するケア　重要度★★

●主たる介護者となっている家族は、身体的・精神的疲弊をきたしていることが多く、孤独感を感じやすい。そのため、家族へのケアも必要である。

教科書　CHAPTER 6・SECTION 3

1　×　妻は表情が暗いことから、精神的な落ち込みが考えられる。その際の励ましは、余計に本人を追いつめることになる。

2　×　妻がここで求めているのはサービスの紹介ではなく、疲弊した家族に寄り添う声かけである。

3　×　確証のない安易な発言は行ってはならない。

4　×　まずは、妻の気持ちに寄り添うことが必要である。

5　○　主たる介護者は、その負担を抱え込み、すべてを自分で解決しようとする傾向がある。そうしたことが、さらに患者本人を追い込む結果にもなりかねない。

問題115　正解　3　●——セルフヘルプグループ　重要度★★

●セルフヘルプグループの意味と役割をしっかり理解しておく。

教科書　CHAPTER 7・SECTION 4

1　×　**地域包括支援センター**は、介護保険における**包括的支援事業**などを実施する機関である。

2　×　**特別養護老人ホーム**は、**入所施設**であり、24時間介護サービスを提供する場である。

3　○　**セルフヘルプグループ**は、同じ病気、障害のある仲間同士で**助け合うグループ**である。

4　×　**認知症コールセンター**は、認知症の人やその家族を対象として、介護の悩みや介護方法について、認知症介護の専門家や経験者などに**電話相談**ができる機関である。

5　×　**認知症対応型共同生活介護**（グループホーム）は、**家庭的な環境**と**地域住民との交流**のもと、共同生活を送る住居（定員は５～９人）において、入浴、排泄、食事等の介護その他の日常生活上の世話や、機能訓練を行う。

問題116 正解 1 ●──障害の受容 重要度 ★★

●障害の受容の過程は、ショック期、否認期、混乱期、努力期、受容期と5段階の過程で説明される。また、障害の受容の過程とは別に、予後不良の病気の発症者の心理的変化として、キューブラー・ロスの5段階説も併せて理解しておく。

教科書 CHAPTER 7・SECTION 2

1 ○ **努力期**では、今もっている能力や可能性に着目し、肯定的な生き方を模索できるよう、情報提供をしていく。

2 × **混乱期**の説明である。混乱期は、障害を受け止めることができずに精神的に不安定な時期である。

3 × **混乱期**の説明である。障害についての情報を客観的に伝えることで、肯定的にまた、冷静に考えることができるよう支援していく。

4 × **受容期**の説明である。現状を受け入れながら、残された自身の能力の活用の仕方、生活の再構築を考えながら価値観の転換を図れるよう支援していく。

5 × **否認期**の説明である。否認期は、障害について気づき始めているが、障害が残ることは認めていない時期である。その後の混乱期を予測した対応が必要である。

総合問題2

問題117 正解 2 ●──介護保険の特定疾病 重要度 ★★

●介護保険法施行令に定められた特定疾病により介護の必要性が生じた場合、40歳以上65歳未満の第2号被保険者は介護保険サービスを利用することができる。

教科書 CHAPTER 3・SECTION 8

1 × Jさんが介護保険サービスを利用するための条件とは関係ない。

2 ○ Jさんが特定疾病による介護保険サービスを利用するには、**医療保険に加入**している第2号被保険者であることが条件である。

3 × Jさんが介護保険サービスを利用するための条件とは関係ない。

4 × Jさんが介護保険サービスを利用するための条件とは関係ない。

5 × Jさんが介護保険サービスを利用するための条件とは関係ない。

問題118　正解　5　●──失語症の人とのコミュニケーション　重要度 ★★

●失語症はタイプ別に分けることができる。例えば、運動性失語であれば言葉の表出は困難であるが、言葉の意味は理解できる。一方、感覚性失語は聴覚的理解の障害を伴うため、表出も理解も困難となる。

☞ 教科書　CHAPTER10・SECTION 2

1　×　失語症者への手話は、コミュニケーションの手段にはならない。

2　×　失語症者は、難聴のためコミュニケーションが図れないわけではない。

3　×　**J**さんの場合、運動性失語であり、相手の話は理解できている。

4　×　急がせることなく、ゆっくり発語を待ちながら、リラックスして話すことができる環境をつくる。

5　○　運動性失語は、言葉の意味は理解しているのに、なかなか言葉が出てこない。文字で書くことも難しいので、選択肢のようなコミュニケーション方法が、最も適切である。

問題119　正解　4　●──家族介護者への支援　重要度 ★★

●在宅介護を担う家族には、介護負担の軽減を目的としたレスパイトケアが必要である。レスパイトケアには、精神的・身体的疲弊の軽減や虐待防止などが期待できる。

☞ 教科書　CHAPTER 7・SECTION 6

1　×　選択肢のような対応をすると、夫はショートステイを利用している施設に対して不信感を抱き、サービス利用をやめ、さらに自分で抱え込んでしまう可能性がある。

2　×　事例では、機能回復を意識し、**J**さんに時間がかかってもやってもらっているとあり、介護そのものよりも心理的な過剰な関わりがあると考えられる。

3　×　短期間の息抜きにはなるかもしれないが、根本的な解決にはならない。

4　○　夫は、**J**さんの介護は自分の役割と思い込んでおり、短期間でこの状況を変えていくことは難しく、１人の介護福祉職の対応では十分ではない。長期的な視点で、それぞれの事業者が連携し、情報を共有し、見守ることがこの場合は必要であると考えられる。

5　×　心理テストは、臨床心理士の資格をもった者が行うことが望ましいことはもちろん、介護福祉職との信頼関係を損なう恐れがあり、不適切である。

総合問題3

問題120 正解 5 ●――慢性閉塞性肺疾患の原因 重要度 ★★

●慢性閉塞性肺疾患（COPD：chronic obstructive pulmonary disease）のある利用者への対応は、酸素療法などの医療面の知識も求められる。なお、慢性閉塞性肺疾患は、慢性気管支炎、肺気腫の総称である。

教科書 CHAPTER 5・SECTION 5

1 × 飲酒は、慢性閉塞性肺疾患の原因とはされていない。
2 × 過剰な塩分摂取は、慢性閉塞性肺疾患の原因とはされていない。
3 × 運動不足は、慢性閉塞性肺疾患の原因とはされていない。
4 × 遺伝は、現在の医学において慢性閉塞性肺疾患の原因とはされていない。
5 ○ 慢性閉塞性肺疾患の原因は、長期間の**喫煙**による気管支の慢性的な炎症や**肺胞の損傷**である。

問題121 正解 2 ●――慢性閉塞性肺疾患の日常生活上の留意点 重要度 ★★

●感染症を予防し、状態を悪化させないことが必要である。呼吸のしづらさ、息切れを気にして安静を保ちすぎると、身体機能の低下によって、廃用症候群（生活不活発病）を引き起こす可能性もある。

教科書 CHAPTER 5・SECTION 5

1 × 酸素量の増減は**医師の指示**による。肺機能の状況により酸素を取り込む能力が異なるため、酸素量を勝手に増やすことはできない。
2 ○ インフルエンザなどの感染症に罹（かか）ると、急性増悪（ぞうあく）となり重篤化することがある。
3 × 運動により呼吸器機能のリハビリを行うことは必要であるが、1時間以上の運動は、現在の**K**さんの状況からみて適切ではない。
4 × 高温での入浴は慢性閉塞性肺疾患の患者には負担になるが、入浴の回数を減らしても状態を維持できる根拠はない。
5 × 安静を保ちすぎると、**廃用症候群（生活不活発病）**を引き起こす恐れがある。

問題122 正解 1 ●――個人の権利を守る制度の概要 重要度 ★★

●日常的な金銭管理の支援などを行う日常生活自立支援事業については、実施主体、申請手続き、支援者、サービス内容を理解しておく必要がある。

教科書 CHAPTER 3・SECTION16

1 ○ 日常生活自立支援事業は、**都道府県・指定都市社会福祉協議会**が実施主体となり、利用者との契約により**生活支援員**が**日常的な金銭管理**などを行う。

2　×　**生活福祉資金貸付制度**は、低所得者に対して、低利または無利子で資金の貸付けなどを行う制度で、実施主体は**都道府県社会福祉協議会**である。

3　×　**介護予防・日常生活支援総合事業**は、市町村、あるいは市町村から委託を受けた事業者等が実施する。**介護予防・生活支援サービス事業**と**一般介護予防事業**から成るもので、金銭管理の支援などは含まれない。

4　×　**認知症サポーター**とは、認知症サポーターキャラバン事業の認知症サポーター養成講座を受講し修了した者をいう。認知症の人やその家族の支援を行うが、金銭管理に不安を感じている**K**さんの支援として適切とはいえない。

5　×　**自立支援プログラム**は、地方公共団体が個々の生活保護受給者に対し、**就労自立支援、日常生活自立支援、社会生活自立支援**のなかから必要な個別プログラムを策定し、支援していく制度である。

総合問題4

問題123　正解　4　●——膀胱留置カテーテル使用上の留意点　重要度 ★★

●バルーンカテーテルを留置している利用者では、感染症予防が重要となる。また、バルーンカテーテルの安全な扱い方や、プライバシーへの配慮も重要である。

教科書　CHAPTER11・SECTION 7

1　×　尿が常に人目にさらされることは**プライバシーの保護**という視点から不適切である。

2　×　蓄尿バッグは、逆流を防ぐために**膀胱（ぼうこう）より下方に下げる**のが原則である。

3　×　バルーンチューブが挿入されている陰部も観察し、**尿もれや出血の有無**などを観察する。

4　○　感染症予防のために、尿を破棄したら排液口を消毒綿で拭くようにする。

5　×　チューブが車輪に巻き込まれないよう注意する必要はあるが、チューブを折ると尿の排出を妨げてしまう。

問題124　正解　1　●——障害福祉サービスの種類・内容　重要度 ★★

●「障害者総合支援法」における障害福祉サービスでは、サービスの内容、およびその対象者の理解が重要である。また、サービスを受けるための申請から認定、サービス利用までの流れも把握しておく必要がある。

教科書　CHAPTER 3・SECTION14

1　○　重度訪問介護は、重度の**肢体不自由者、知的障害者、精神障害者**で常に介護を必要とする者（障害程度区分４以上）に、生活全般にわたる援助ならびに外出時における移動中の介護を総合的に行うものである。Lさんのニーズに合ったサービスとして最も適切である。

2 × 行動援護は、重度の**知的障害者**または重度の**精神障害者**を対象に、行動する際に生じ得る危険を回避するために必要な援護を行うサービスである。

3 × 同行援護は、**視覚障害**により、移動に著しい困難を有する障害者等につき、外出時において同行するサービスである。

4 × 療養介護は、主に昼間に病院等において、**機能訓練**、療養上の管理、看護、医学的管理の下における介護および日常生活上の世話を行うサービスである。

5 × 居宅介護（ホームヘルプ）は、居宅において、入浴、排泄（はいせつ）および食事等の介護、調理、洗濯および掃除等の家事ならびに生活等に関する相談および助言を行うサービスである。

問題125 正解 2 ●――障害年金の概要 重要度★★

●障害年金には、障害基礎年金、障害厚生年金があり、受給要件がある。また、障害等級は、障害基礎年金は1～2級、障害厚生年金は1～3級の区分があり、それぞれに応じて受給額が変わる。

教科書 CHAPTER 9・SECTION 5

1 × 障害厚生年金は、厚生年金保険の被保険者期間に**初診日**のあるけがや病気のため、**障害認定日**において障害等級の1・2級に認定された場合に、障害基礎年金に上乗せして支給される。Lさんは、この要件に該当しているので、障害厚生年金も受給できる。

2 ○ 障害基礎年金の子の加算は、子どもが18歳未満である場合などにつく。なお、障害基礎年金の受給権発生時に生計を維持している子がいる場合だけでなく、受給権発生後に生まれた子も加算の対象となる。

3 × 特別障害給付金とは、学生や配偶者の年金加入が義務ではなく任意であった時代に、障害を負ってしまった人には、障害年金が支給されない状況が発生したため創設された救済制度である。Lさんは該当しない。

4 × 身体障害者手帳と障害年金の等級は異なる。障害年金の等級は、「**国民年金法施行令**」および「**厚生年金保険法施行令**」によって基準が定められている。

5 × 障害手当金とは傷病が初診日から5年以内に治り、かつ**一定の障害の状態**にある人に支給される。

第2回
午前問題
解答・解説

第2回　午前問題・解答一覧

人間の尊厳と自立　／2点

問題　1	①	❷	③	④	⑤
問題　2	①	②	③	❹	⑤

人間関係とコミュニケーション　／4点

問題　3	①	②	❸	④	⑤
問題　4	①	②	③	❹	⑤
問題　5	①	②	③	④	❺
問題　6	❶	②	③	④	⑤

社会の理解　／12点

問題　7	①	②	③	④	❺
問題　8	①	❷	③	④	⑤
問題　9	①	②	③	④	❺
問題　10	①	❷	③	④	⑤
問題　11	①	②	③	❹	⑤
問題　12	①	②	❸	④	⑤
問題　13	①	②	③	❹	⑤
問題　14	①	②	③	❹	⑤
問題　15	①	②	❸	④	⑤
問題　16	①	❷	③	④	⑤
問題　17	①	②	③	④	❺
問題　18	①	②	③	❹	⑤

こころとからだのしくみ　／12点

問題　19	①	②	③	❹	⑤
問題　20	①	②	③	④	❺
問題　21	①	❷	③	④	⑤
問題　22	①	②	③	❹	⑤
問題　23	❶	②	③	④	⑤
問題　24	①	②	③	④	❺
問題　25	①	②	③	❹	⑤
問題　26	①	②	❸	④	⑤
問題　27	①	❷	③	④	⑤
問題　28	①	②	③	④	❺
問題　29	❶	②	③	④	⑤
問題　30	①	②	③	④	❺

※頻出項目解説〔(4)～(11) ページ)〕の各科目の目標得点が取れるまで、繰り返し解いてみましょう。

発達と老化の理解　／8点

問題　31	①	②	❸	④	⑤
問題　32	①	②	③	④	❺
問題　33	❶	②	③	④	⑤
問題　34	①	②	❸	④	⑤
問題　35	①	❷	③	④	⑤
問題　36	①	②	③	④	❺
問題　37	①	②	③	④	❺
問題　38	❶	②	③	④	⑤

認知症の理解　／10点

問題　39	①	❷	③	④	⑤
問題　40	❶	②	③	④	⑤
問題　41	①	②	③	④	❺
問題　42	①	②	③	④	❺
問題　43	①	❷	③	④	⑤
問題　44	①	②	❸	④	⑤
問題　45	①	②	③	❹	⑤
問題　46	①	②	③	❹	⑤
問題　47	①	②	③	❹	⑤
問題　48	①	②	③	❹	⑤

障害の理解　／10点

問題　49	①	②	❸	④	⑤
問題　50	❶	②	③	④	⑤
問題　51	❶	②	③	④	⑤
問題　52	①	②	③	❹	⑤
問題　53	①	②	③	❹	⑤
問題　54	①	②	③	④	❺
問題　55	①	②	③	❹	⑤
問題　56	①	❷	③	④	⑤
問題　57	①	②	❸	④	⑤
問題　58	①	②	③	❹	⑤

医療的ケア　／5点

問題　59	①	②	❸	④	⑤
問題　60	①	②	③	④	❺
問題　61	①	②	③	④	❺
問題　62	①	❷	③	④	⑤
問題　63	①	②	③	❹	⑤

合　計	／63点

領域：人間と社会

人間の尊厳と自立

問題1 正解 **2** ●──ノーマライゼーション 重要度 ★★★

●ノーマライゼーションとは、障害のある人も、そうでない人も、自分が普段くらしている場所で、分けへだてなく生活（普通に生活）していくことのできる、そうした社会の実現をめざす福祉の理念である。ノーマライゼーションに関する社会運動家と、その施策・理論の内容について、理解を深めておこう。

教科書 CHAPTER 1・SECTION 1

1 × **糸賀一雄**は、知的障害児（者）福祉の理論を確立し実践を行った人物で、知的障害児施設である「近江学園」や重症心身障害児施設である「びわこ学園」を設立した。著書『福祉の思想』のなかで、「**この子らを世の光に**」と唱えた。

2 ○ **ニィリエ**は、知的障害者の生活環境を、一般的な水準（ノーマル）に近づけることを目的として、**8つの原理**を具体的に提示した。８つの原理とは、❶１日のノーマルなリズム、❷１週間のノーマルなリズム、❸１年間のノーマルなリズム、❹ライフサイクルにおけるノーマルな発達的経験、❺ノーマルな個人の尊厳と自己決定権、❻その文化におけるノーマルな性的関係、❼その社会におけるノーマルな経済的水準とそれを得る権利、❽その地域におけるノーマルな環境形態と水準である。

3 × **メイヤロフ**は、『**ケアの本質—生きることの意味**』を著した人物である。著書の中で、ケアの主な要素として、「リズムを変えること」「知識」「信頼」「忍耐」「勇気」「正直」「謙遜」「希望」の８つを挙げている。

4 × **バンク-ミケルセン**は、ノーマライゼーションの理念を提唱した人物で、「**ノーマライゼーションの父**」と呼ばれている。知的障害児の親の会の運動を受け、ノーマライゼーションという言葉を初めて盛り込んだ**デンマーク**の法律（いわゆる「**1959年法**」）の制定にも関わった。

5 × **ヴォルフェンスベルガー**は、ノーマライゼーションの考え方をアメリカに導入し、世界的に広めた人物である。ノーマライゼーションに代わる「**価値のある社会的役割の獲得**」をめざす**ソーシャルロール・バロリゼーション**（**SRV**）を提唱した。

問題2　正解　4　●──身体拘束　　重要度 ★★★

●介護保険制度では、身体拘束は原則として禁止されているが、例外となる３要件と留意すべき点について確認しておこう。

教科書　CHAPTER 9・SECTION 3

1　×　介護保険制度において、身体拘束は、**原則として禁止**されている。ただし、利用者本人または他の利用者などの、生命または身体を保護するため**緊急やむを得ない場合**には、**切迫性**、**非代替性**、**一時性**の３要件を**すべて**満たし、各要件の確認などの手続きが極めて慎重に実施されているときに限り、**身体拘束が認められている**。

2　×　身体拘束を行う場合は、事前に**利用者や家族に説明**し、理解を得たうえで、実際に行うときにも必ず**個別に説明**をする必要がある。

3　×　**A**さんの行動を落ち着かせるために向精神薬を過剰に服用させる行為は**身体拘束**にあたるため、適切な支援とはいえない。

4　○　記述のとおり。また、「緊急やむを得ない場合」に該当するかどうかを、常に**観察・再検討**し、該当しなくなった場合には、**直ちに身体拘束を解除する**。

5　×　**A**さんが車いすから立ち上がることができないように車いすテーブルをつける行為は**身体拘束**にあたるため、適切な支援とはいえない。

人間関係とコミュニケーション

問題3 正解 3 ●――自己開示 重要度 ★★

●自己開示とは、自分自身に関する情報を本人の意思のもとに特定の他者に言語を介して伝達することである。適切な自己開示を行うためには「量」「状況」「深さ」「時」「人」の判断基準を理解しておく必要がある。

教科書 CHAPTER 2・SECTION 1

1 × 自己開示とは、自分自身に関する情報を**本人の意思のもとに**（強制されることなく）、特定の他者に言語を介して伝達することである。

2 × 適切な自己開示の基準には「**量**」「**状況**」「**深さ**」「**時**」「**人**」の５つがある。

3 ○ 自分の自己開示の基準や相手の基準に気づくことによって、自分自身のコミュニケーションの傾向がわかり、**信頼関係**を築くことができる。

4 × ジョハリの窓とは、自分や他人の知っている部分と知らない部分を組み合わせて、４つの窓に分類したものである。ジョハリの窓において最も開示しやすい部分は、**開かれた窓**を意味する「**開放部分**」である。**閉ざされた窓**を意味する「**未知部分**」は自分も相手もまだ知らない領域をさす。

5 × 加齢に伴い、身体的自立の低下や対人関係の希薄化によって、自己開示の機会は**減少**する。そのため、年齢を重ねても適宜、自己開示ができるような環境を設定することが大切である。

問題4 正解 4 ●――コミュニケーションの基礎 重要度 ★★

●良質な介護を提供するためには、入居者と適切なコミュニケーションを図り、信頼関係を構築することが不可欠である。入居者との適切な関係づくりについて押さえる。

教科書 CHAPTER 2・SECTION 1

1 × 人間は、自分と考えや意見が類似している相手に**好意や関心をもちやすい**。配偶者を亡くす経験をした入居者と接点をつくることは、Bさんが人間関係を形成するうえで大切である。

2 × Bさんとの人間関係は介護の質を決める重要な要素であり、信頼関係がなければ安全で有効な介護実践は成立しないといえる。

3 × 周囲の人間関係に上手く溶け込むことができない場合は、担当職員を毎日変更するのではなく**固定化**させ、Bさんと**なじみの関係を構築する**ことが大切である。

4 ○ 記述のとおり。介護福祉職は、雑音や対人距離、位置関係などに配慮し、Bさんが**安心して話せるような環境づくり**を心がける必要がある。

5 × 介護福祉職の価値観や先入観などをもったままでは、Bさんの気持ちを正しく理解することは困難である。Bさんの話をじっくり聞き、心情を理解したうえで、ありのままを受け止める**傾聴・共感・受容**の態度が求められる。

問題5　正解　5　●――組織の構造　重要度 ★★

●効率よく業務を遂行するためには、組織の構造づくりが重要となる。組織構造決定の5原則と組織形態の種類について理解しておく。

教科書　CHAPTER 2・SECTION 2

1　×　アメリカの経営学者バーナードによると、「組織」は、個人が目的を達成できないときに協働することで生まれるとし、**共通目的、貢献意欲、伝達**の**3要素**が組織設立の条件としている。

2　×　組織の構造の決定には、**専門化の原則**（業務を分業化することで、全体の仕事の効率を上げる）、**権限・責任一致の原則**（自主性と判断の自由度を与え、与えられた権限ととるべき責任を同じレベルにする）、**命令一元化の原則**（命令・指揮系統は一元化する方が効率的である）、**統制範囲適正化の原則**（1人の管理者が管理できる部下の数は適切でなければならない）、**例外の原則**（日常的な業務は部下に任せ、上司は例外的な業務に従事するべき）の**5つ**がある。

3　×　**ライン・アンド・スタッフ組織**とは、ライン組織の利点を活かしつつ、専門的な意思決定ができる**スタッフ**を追加した組織形態をいう。選択肢は、**ライン組織**の説明である。

4　×　**ファンクショナル組織**（機能別組織）とは、生産、販売、研究開発の各機能を別々の**部門**に担当させ、**専門化**をめざす組織をいう。選択肢は、**カンパニー制**の説明である。

5　○　記述のとおり。**プロジェクト組織**には、問題解決までの一時的・短期的なものと、部門間の連絡の役割を果たす委員会のような恒久的なものがある。

問題6　正解　1　●――スーパービジョン　重要度 ★★

●スーパービジョンとは、熟練した援助者（スーパーバイザー）から、経験が少なく未熟な援助者（スーパーバイジー）に対し、3つの機能（管理的機能、教育的機能、支持的機能）を提供する過程をいう。スーパービジョンの3つの機能と5つの形態について押さえておく。

教科書　CHAPTER 2・SECTION 2

1　○　記述のとおり。**バーンアウト**（**燃え尽き症候群**）とは、継続する強いストレスなどに対処できず、一気にやる気や意欲が乏しくなる心身の状態のこと。対人援助職などに**多くみられる**傾向にある。

2　×　スーパービジョンの目的は、**スーパーバイジー**に対する支持的な関わりや教育・

訓練などを行うことで、クライエントに対するより良い援助を提供することにある。

3 × スーパービジョンには、**管理的機能**、**教育的機能**、**支持的機能**の**3**つがある。

4 × **個人スーパービジョン**とは、スーパーバイザーとスーパーバイジーが**1対1**で行うもので、最も基本的な形態である。選択肢は、**セルフ・スーパービジョン**の説明である。

5 × **グループ・スーパービジョン**とは、**1人**のスーパーバイザーが**複数**のスーパーバイジーに対して行う形態をいう。選択肢は、**ピア・スーパービジョン**の説明である。

社会の理解

問題7　正解　5　●――人口動態　重要度★★★

●「人口推計（2024〈令和6〉年3月報）」（総務省統計局）によると、総人口に占める割合は、年少人口（0～14歳）が11.3%、生産年齢人口（15～64歳）が59.5%、老年人口（65歳以上）が29.2%となっている。

教科書　CHAPTER 3・SECTION 1

1　×　「日本の将来推計人口（令和5年推計〈出生中位・死亡中位〉）」（国立社会保障・人口問題研究所）によれば、2020（令和2）年の総人口は1億2,615万人であったが、2056（令和38）年には1億人を下回って9,965万人となり、2070（令和52）年には**8,700万人**になると推計されている。

2　×　「人口動態統計」（厚生労働省）によれば、2022（令和4）年の合計特殊出生率は**1.26**で、1.50を**下回っている**。

3　×　「人口動態統計」（厚生労働省）によれば、2022（令和4）年の性・部位別にみた悪性新生物死亡数では、男性は**肺がん**、女性は**大腸がん**が第1位となっている。なお、総数では**肺がん**が第1位である。

4　×　「人口推計（2024〈令和6〉年3月報）」（総務省統計局）によれば、高齢化率は**29.2%**となっている。高齢化率が初めて21%を超えて**超高齢社会**となったのは、**2007（平成19）年**である。

5　○　「令和4年簡易生命表」（厚生労働省）によれば、2022（令和4）年の平均寿命は、男性が**81.05年**（前年比0.42年減少）、女性が**87.09年**（同0.48年減少）であり、男女ともに前年を**下回っている**。

問題8　正解　2　●――国民生活基礎調査　重要度★★★

●世帯とは、住居と生計をともにする人々からなる集団であり、血縁関係はなくても生計をともにしている場合には、同一世帯となる。今後は、少子化や高齢化などにより、高齢者の単独世帯の増加とともに、世帯員数の減少が続くことが予測されている。

教科書　CHAPTER 9・SECTION 1

1　×　世帯構造では、「**単独世帯**」が全世帯の32.9%で最も多く、次いで「**夫婦と未婚の子のみの世帯**」が25.8%である。

2　○　世帯類型では、「母子世帯」は全世帯の1.0%、「高齢者世帯」は全世帯の31.2%と**高齢者世帯のほうが多い**。

3　×　65歳以上の者のいる世帯は、全世帯の50.6%となっている。世帯構造では、「**夫婦のみの世帯**」が32.1%（65歳以上の者のいる世帯での割合）、「単独世帯」が

31.8%（同）、「親と未婚の子のみの世帯」が20.1%（同）となっている。

4 × 「高齢者世帯」の「単独世帯」では、男の単独世帯が18.5%、女の単独世帯が33.0%で、**女の単独世帯のほうが多い**。

5 × 65歳以上の者のいる世帯では、「三世代世帯」の割合は年々**減少傾向**にあり、全世帯の**7.1%**となっている。

問題9 正解 5 ●──社会福祉協議会 重要度 ★★

●社会福祉協議会は、社会福祉法に基づき、中央組織である全国社会福祉協議会のほか、各都道府県や市区町村に設置されている。

教科書 CHAPTER 3・SECTION 2

1 × 社会福祉協議会は、**社会福祉法**に基づき、各都道府県や市区町村に設置されている**社会福祉法人**である。

2 × 法定後見制度の後見人等には、親族後見人と親族以外の**第三者後見人**がある。近年は第三者後見人として、**司法書士**、**弁護士**、**社会福祉士**などの専門職のほか、**社会福祉協議会**・福祉関係の法人・社会福祉法人なども選任されることができる。

3 × 民生委員は、**都道府県知事**の推薦によって**厚生労働大臣**が委嘱（いしょく）する。社会福祉協議会が関わることはない。

4 × 地域生活支援事業は「**障害者総合支援法**」に基づく事業で、実施主体は**市町村**および**都道府県**である。社会福祉協議会（都道府県・指定都市）は、**日常生活自立支援事業**の実施主体である。

5 ○ 記述のとおり。社会福祉を目的とする事業の企画・実施などを通じて、**地域福祉の推進**を図っている。

問題10 正解 2 ●──特定非営利活動法人（NPO法人） 重要度 ★★

●特定非営利活動法人とは、「特定非営利活動促進法」に基づいて創設された、不特定かつ多数の者の利益のために活動する法人をいう。

教科書 CHAPTER 3・SECTION 1

1 × 特定非営利活動法人（NPO法人）は、自ら行う特定非営利活動にかかる事業に**支障がない限り**、その他の事業（**収益事業**など）を行うことができる。なお、収益事業を行って利益が生じた場合は、これを特定非営利活動にかかる事業のために使用しなければならない。

2 ○ 特定非営利活動法人のうち、一定の基準を満たし、所轄庁（原則として**都道府県知事**）の認定を受けた法人を**認定特定非営利活動法人**（**認定NPO法人**）という（設立後5年以内の場合は**特例認定特定非営利活動法人**〈特例認定NPO法人〉

の認定を受けることができる)。個人や法人が認定特定非営利活動法人等に寄附をすると、**税制上の優遇措置**を受けることができる。

3 × 特定非営利活動法人は、「**特定非営利活動促進法**」に基づいて法人格を取得した団体である。社会福祉法に基づいたものは、**社会福祉法人**である。

4 × 「特定非営利活動促進法」において、特定非営利活動法人が行う活動は、政治活動や宗教活動などを主たる目的とするものではないことが定められている。

5 × 特定非営利活動法人が行う活動分野（**全20分野**）の中で最も多いのは「**保健、医療又は福祉の増進を図る活動**」で、次いで「社会教育の推進を図る活動」「まちづくりの推進を図る活動」の順となっている（2024〈令和6〉年3月末現在)。

問題11 正解 4 ●——後期高齢者医療制度 重要度 ★★

●後期高齢者医療制度は、75歳以上の高齢者（後期高齢者）などを被保険者とし、医療給付を行う社会保険方式の制度である。財源は、患者の自己負担分を除き、公費（国・都道府県・市町村の負担)、後期高齢者支援金（現役世代の保険料)、被保険者の保険料で賄われている。

教科書 CHAPTER 3・SECTION 5

1 × 後期高齢者医療制度の保険者は、**都道府県**を単位にすべての市町村が加入して設立する**後期高齢者医療広域連合**（**広域連合**）である。

2 × 患者の自己負担割合は原則**1割**とされ、一定以上所得者（現役並み所得者以外）は**2割**、現役並み所得者は**3割**である。

3 × 生活保護受給者に対する医療は、**生活保護制度から給付**（**医療扶助**）されるため、後期高齢者医療制度の**被保険者には含まれない**。

4 ○ 被保険者は、❶広域連合の区域内に住所をもつ**75歳以上の高齢者**、❷一定の障害があると認定された**65～74歳の高齢者**である。

5 × 根拠法は、2006（平成18）年に「老人保健法」から改称、改正された「高齢者の医療の確保に関する法律」（**高齢者医療確保法**）である。

問題12 正解 3 ●——雇用保険制度 重要度 ★★★

●雇用保険は、労働者が失業したときに、金銭の支給などを通じて、生活の安定や雇用の促進を図る制度で、財源は保険料と国庫負担で賄われる。制度の体系や給付の種類、保険料の負担方法について押さえる。

教科書 CHAPTER 3・SECTION 5

1 × 雇用保険は、**失業等給付**、**育児休業給付**、**雇用保険二事業**に分類される。育児休業給付は従来、失業等給付の雇用継続給付に含まれていたが、法改正により

2020（令和２）年４月から独立した。

2 × 雇用保険の保険料は、失業等給付、育児休業給付は労働者および事業主が**折半**で負担するが、**雇用保険二事業**は**事業主のみ**が負担する。

3 ○ 記述のとおり。法改正に伴い、2017（平成29）年１月からは65歳以上の労働者も**新規加入できる**ようになっている。

4 × 「育児・介護休業法」に基づく介護休業を取得した労働者には、雇用継続給付から**介護休業給付金が支給される**。

5 × 育児休業を取得した労働者には、雇用継続給付ではなく、**育児休業給付**から**育児休業給付金**が支給される。

問題13　正解 4 ●――介護保険制度の改正　重要度 ★★★

●介護保険制度は、これまで2005（平成17）年、2011（平成23）年、2014（平成26）年、2017（平成29）年、2020（令和2）年、2023（令和5）年に改正された。2017（平成29）年の改正では、「地域包括ケアシステムの深化・推進」と「介護保険制度の持続可能性の確保」をポイントとして行われた。

教科書 CHAPTER 3・SECTION 6

1 × 居宅介護サービス計画費について、**自己負担は導入されていない**。

2 × 一定以上所得のある第１号被保険者の介護保険サービス利用時の自己負担割合が２割に引き上げられたのは、**2014（平成26）年**の改正時である。なお、2018（平成30）年８月からは、２割負担の者のうち特に所得の高い層は**３割**に引き上げられている。

3 × 指定介護予防支援事業者の対象に、指定居宅介護支援事業者が追加されたのは、**2023（令和５）年**の改正時である。指定居宅介護支援事業者は、市町村から直接**指定**を受け、**指定介護予防支援事業者**として、要支援者のケアマネジメント（**介護予防支援**）を実施できるようになった。

4 ○ 地域共生社会の実現に向けた施策のひとつとして、2018（平成30）年４月から、介護保険法、障害者総合支援法、児童福祉法に**共生型サービス**が位置づけられた。

5 × 指定権限が都道府県から市町村に移譲されたのは、指定居宅サービス事業者ではなく、**指定居宅介護支援事業者**である。

問題14　正解　4　●――障害者総合支援法における専門職　重要度 ★★★

●障害者総合支援法における生活介護、療養介護、自立訓練、就労移行支援、就労継続支援、共同生活援助の事業所には、個別支援計画の作成および連絡調整の支援等を行うサービス管理責任者が必置となっている。また、計画相談支援業務を行う特定相談支援事業所には、相談支援専門員が必置となっている。

教科書 CHAPTER 7・SECTION 6

1 × サービス管理責任者が作成するのは、**個別支援計画**である。サービス等利用計画については、**相談支援専門員**が作成する。

2 × サービス管理責任者は、共同生活援助（グループホーム）、利用定員20人未満の多機能型事業所については、直接サービスを提供する生活支援員を**兼任することができる**。

3 × 相談支援専門員は、**相談支援従事者初任者研修**を修了することが必要である。

4 ○ 記述のとおり。初任者研修、現任研修ともに**都道府県**が実施する。

5 × 相談支援専門員は、実務経験が**3～10年**必要である。

問題15　正解　3　●――障害福祉サービスの種類・内容　重要度 ★★

●障害福祉サービスの実施主体は市町村である。介護給付、訓練等給付、自立支援医療、相談支援、補装具の５種類の自立支援給付と地域生活支援事業がある。

教科書 CHAPTER 3・SECTION14

1 × 重度訪問介護は、重度の肢体不自由または重度の**知的障害**もしくは**精神障害**により行動上著しい困難を有する障害であって**常時介護を必要とする人**を対象としている。

2 × 選択肢で説明されているサービスは**行動援護**である。**居宅介護**は、自宅で入浴、排泄（はいせつ）、食事や通院等介助などの**身体介護**、掃除、買い物などの**家事支援**を行うものである。

3 ○ 生活介護は、原則として**障害支援区分３以上**の人が対象となる。

4 × 選択肢で説明されているサービスは**就労移行支援**である。**就労継続支援**は、❶通常の事業所への雇用が困難な障害者、❷通常の事業所に雇用され、一定の事由により事業所での就労に必要な知識・能力の向上のための支援を一時的に必要とする障害者を対象に、就労や生産活動などの機会を提供して、知識・能力向上のための訓練を行うものである。

5 × 基幹相談支援センターの設置は義務ではなく、**努力義務**である（2024〈令和６〉年４月施行）。

問題16 正解 2 ●――成年後見制度 重要度★★★

●2023（令和5）年の成年後見関係事件（後見開始、保佐開始、補助開始および任意後見監督人選任事件）の申立件数は合計で40,951件（対前年比約3.1%増）、利用者数は249,484人（対前年比約1.8%増）となっている。

教科書 CHAPTER 3・SECTION15

1 × 主な申立ての動機として最も多いのは**預貯金等の管理・解約**（31.1%）で、次いで**身上保護**（24.3%）、**介護保険契約**（14.3%）の順となっている。

2 ○ 申立人と本人との関係をみると、最も多いのは**市区町村長**（約23.6%）で、次いで**本人**（約22.2%）、**本人の子**（約20.0%）の順となっている。

3 × 審判開始の申立件数で最も多いのは**後見**（28,358件）で、次いで**保佐**（8,952件）、**補助**（2,770件）の順となっている。

4 × 成年後見人等と本人との関係をみると、親族以外で最も多いのは**司法書士**（11,983件）で、次いで**弁護士**（8,925件）、**社会福祉士**（6,132件）の順となっている。

5 × 2023（令和5）年12月末日時点における成年後見制度の利用者数は、249,484人である。このうち、任意後見の利用者数は2,773人で、全体の約**1.1%**である。

問題17 正解 5 ●――障害者等に関するマーク 重要度★★

●障害者等に関するマークは、「盲人のための国際シンボルマーク」のように国際的に定められているものや、「ほじょ犬マーク」のように日本の法律に基づいているものなどがある。それぞれの名称や概要を押さえておく。

教科書 CHAPTER11・SECTION 7

1 × 選択肢は、「**障害者のための国際シンボルマーク**」である。**世界共通**のシンボルマークで、**すべての障害者を対象**としている。

2 × 選択肢は、「**聴覚障害者標識**」である。自動車へのマークの表示は**義務**とされている。

3 × 選択肢は、「**JISマーク**」である。事故防止と安全対策の観点から、福祉用具の認証制度も導入され、**福祉用具JISマーク**が活用されている。

4 × 選択肢は、「**オストメイトマーク**」である。オストメイトとは、**人工肛門・人工膀胱を造設している人**をいう。

5 ○ 選択肢は、「**ヘルプマーク**」である。内部障害や難病のほか、義足や人工関節を使用しているなど、**外見からわからなくても援助や配慮を必要としている人**が、周囲に配慮を必要としていることを知らせるためのマークである。

問題18　正解　4　●──生活保護制度の概要　重要度 ★★★

●生活保護制度は、困窮するすべての国民を対象に、最低限度の生活の保障と自立の助長を目的に掲げている。生活保護の基本原理・基本原則と、8種類の扶助について十分な理解が必要である。

☞ 教科書　CHAPTER 3・SECTION18

1 ×　保護は、**要保護者**、その**扶養義務者**、**同居の親族**の**申請**に基づき開始する。ただし、要保護者が急迫した状況にあるときは**申請がなくても必要な保護を行える**。

2 ×　生活保護は、**公的扶助**である。社会保険は、**年金保険**、**医療保険**、**雇用保険**、労働者災害補償保険（**労災保険**）、**介護保険**の５つを指す。

3 ×　介護扶助は、原則として**現物給付**である。

4 ○　生活保護法の改正により2018（平成30）年10月から、生活保護の被保護者に対する**医療扶助**のうち、医師等が医学的知見に基づいて後発医薬品（ジェネリック医薬品）を使用することができると判断したものについては、原則として**後発医薬品**が給付されることになった。

5 ×　生活保護は、**世帯**を単位として要否・程度が定められる。世帯単位が難しい場合は、**個人**を単位として定められる。

こころとからだのしくみ

問題19　正解　4　●──マズローの欲求階層説　重要度 ★★

●介護福祉職は、人間のさまざまな欲求を理解し、支援していかなければならない。支援者としてマズローの欲求階層説の５つの欲求をしっかり理解しておく。

☞ 教科書 CHAPTER 4・SECTION 1

1　×　**生理的欲求**は、経験や学習から獲得されるものではなく、生命を維持するために必要な**本能的な欲求**である。

2　×　最も基底にある欲求は、食欲、渇き、呼吸、睡眠などの**生理的欲求**である。安全の欲求は、その次の段階の欲求となる。

3　×　**承認・自尊の欲求**とは、自分自身の価値を自己ではなく**他者**に認めてもらいたいと欲すことである。

4　○　**欠乏欲求**は、生理的欲求、安全の欲求、所属・愛情の欲求、承認・自尊の欲求をいう。これらの欲求は、何かが欠けていて満たされないことから生じるため、**欠乏欲求**といわれる。

5　×　最上位の自己実現の欲求は、発達欲求ではなく、**成長欲求**である。

問題20　正解　5　●──記憶のしくみ　重要度 ★★

●認知症の利用者を理解し、支援するための基礎知識として、記憶のプロセスや分類を理解しておく必要がある。

☞ 教科書 CHAPTER 4・SECTION 1

1　×　子どものときの体験や生活史の再生のように、一定の時間的経過の後に思い出せる記憶は、**長期記憶**である。

2　×　学習したり、覚え込むことは、記憶の段階の**記銘**である。記憶は、**記銘、保持、想起**という３つのプロセスで成り立つ。

3　×　一般的な知識や概念に関する記憶は、**意味記憶**である。**手続き記憶**は、繰り返し練習するなどして習得した、技術や技能についての記憶である。

4　×　記憶を時間的な経過で分類すると**短期記憶**と**長期記憶**に分類される。言葉で伝えられるかどうかで分類すると、言葉で伝えられる記憶が**陳述記憶**、言葉で伝えられない記憶が**非陳述記憶**である。

5　○　本日の昼食のメニューなど、自分に起こった出来事に関する記憶を、**エピソード記憶**という。

問題21　正解　2　●——神経系・骨格系と筋肉　重要度 ★★

●利用者の状態を把握し、適切な介護を行うためにも、からだのしくみへの理解は欠かせない。神経系の分類や主要な筋肉の機能、主な関節運動などについてまとめておく。

☞ 教科書　CHAPTER 4・SECTION 2

1　×　選択肢の２つの筋肉が関わるのは**肘関節**の運動で、上腕二頭筋の収縮は**屈曲**に、上腕三頭筋の収縮は**伸展**に関わる。このように相反するはたらきを示す筋肉同士の作用を**拮抗作用**（きっこうさよう）という。

2　○　腸腰筋（ちょうようきん）の収縮は**股関節の屈曲**に関わり、大殿筋（だいでんきん）の収縮は**股関節の伸展**に関わる。

3　×　中枢神経には**脳**と**脊髄**があり、末梢神経（まっしょうしんけい）には**体性神経**と**自律神経**がある。

4　×　運動神経のうち、錐体路系（すいたいろけい）は**随意運動**を支配し、錐体外路系（すいたいがいろけい）は**不随意運動**を支配する。

5　×　副交感神経が優位にはたらくと、気道は**収縮**するが、胃液や膵液（すいえき）などの消化液の分泌は**促進**される。内臓の消化運動がさかんになることで、栄養分を吸収しやすく、エネルギーを貯蔵しやすくなる。

問題22　正解　4　●——血液の成分と役割　重要度 ★★

●血液は、さまざまな成分で構成されている。成分ごとに特徴と役割を理解しておくことが必要である。

☞ 教科書　CHAPTER 4・SECTION 2

1　×　動脈血の鮮紅色は、赤血球中の**ヘモグロビン**による。血液中に取り込まれた酸素は、ヘモグロビンと結合して運搬される。

2　×　白血球には生体防御の役割があり、通常、成人の白血球数は**4,000～9,000／**mm^3である。

3　×　白血球には、**顆粒球**（かりゅうきゅう）（好中球・好塩基球・好酸球）、**リンパ球**、**単球**が含まれ、リンパ球の割合は**約30%**である。

4　○　血小板は血液の**凝固**に重要なはたらきをもつため、異常があると**出血傾向**がみられるようになる。

5　×　血漿（けっしょう）の約90%は**水分**で、ほかにはアルブミンやグロブリンなどのたんぱく質、脂質、糖、無機塩類などが含まれている。

問題23　正解　1　●――骨折　重要度 ★★★

●高齢者は、神経系や筋力、骨の機能低下から、ちょっとしたものにつまずいて転倒し、骨折してしまう。とくに気をつけなければならないのは、そのまま動けなくなって寝たきり状態になり、廃用症候群（生活不活発病）が生じることである。骨折の種類を理解し、予防していくことも大切な視点である。

教科書 CHAPTER 4・SECTION 3

1 ○ 大腿骨頸部骨折（だいたいこつけいぶこっせつ）は、**太もものつけ根**付近の骨折である。骨折によって**歩行**が困難となり、そのまま寝たきりに移行しやすい。

2 × 上腕骨近位端骨折は、**上肢**の骨折である。手を使う動作に不自由はあるが、歩行に大きな影響はないと考えられる。

3 × 肋骨骨折（ろっこつこっせつ）は、体幹部の**前胸部**にある肋骨の骨折である。痛みがあると日常生活に不自由は生じるが、歩行に大きな影響はないと考えられる。

4 × 鎖骨骨折は、**前胸部**にある鎖骨の骨折である。腕を使う動作は不自由になるが、歩行に大きな影響はない。高齢者には少ない骨折である。

5 × 踵骨骨折（しょうこつこっせつ）は、**足のかかと**の骨折である。歩くことに不自由は生じるが、高齢者が寝たきりになる原因としては、大腿骨頸部骨折よりも少ない。

問題24　正解　5　●――疾患に伴う歩行の特徴　重要度 ★★★

●歩行の障害には、特定の疾患を原因として引き起こされるものがある。どの疾患でどのような歩行の障害がみられるのかを把握しておこう。

教科書 CHAPTER 4・SECTION 3

1 × パーキンソン病では、歩幅が極端にせまくなる**小刻み歩行**、前のめりになって止まれなくなる**突進現象**、歩き始めの一歩目が踏み出せない**すくみ足**がみられる。

2 × 脊髄（せきずい）小脳変性症では、ぎこちなく不安定な歩き方になる**失調性歩行**がみられる。

3 × 腓骨（ひこつ）神経麻痺では、足首と足指が背屈できず**下垂足**（かすいそく）となり、足を高く上げて歩く**鶏歩**（けいほ）がみられる。

4 × 脊柱管狭窄症（せきちゅうかんきょうさくしょう）では、30分ほど歩くと足の痛みやしびれを感じて、しばらく休むと回復し、再び歩き出してから、また同じように休みをはさむことを繰り返す**間欠性跛行**（かんけつせいはこう）がみられる。

5 ○ 筋ジストロフィーでは、からだを左右に振りながら歩く**動揺性歩行**がみられる。

問題25　正解　4　●──摂食・嚥下の５段階　重要度 ★★★

●食物を口に入れて（摂食）、かみ砕き（咀嚼）、飲み込む（嚥下）までの過程は、①先行期→②準備期→③口腔期→④咽頭期→⑤食道期という５つの段階に分類することができる。各段階のポイントを押さえる。

☞ 教科書　CHAPTER 4・SECTION 5

1　×　先行期は、目で見たり、においをかいだりすることで、食べてよいものかどうかを**認知**し、口まで運ぶ段階である。この段階では、唾液分泌が**増加**する。選択肢は、**準備期**である。

2　×　準備期は、食物を口腔内に入れて、かみ砕きながら唾液と混ぜ合わせて、飲み込みやすい**食塊**をつくる段階である。選択肢は、**口腔期**である。

3　×　食道期は、食塊を食道から**胃**へ送り込む段階である。選択肢は、**咽頭期**である。

4　○　記述のとおり。咽頭期は、食塊を咽頭から**食道**へ送り込む段階である。

5　×　口腔期は、舌の運動によって、食塊を**咽頭**に送り込む段階である。

問題26　正解　3　●──入浴による心身の機能への影響　重要度 ★★

●入浴は、循環機能に与える影響が大きく、利用者の状態によっては大きな負担となる場合がある。入浴で配慮すべき状態について、確実に理解しておくことが必要である。

☞ 教科書　CHAPTER 4・SECTION 6

1　×　42℃以上の熱めの湯につかった場合、**交感神経**が優位にはたらき、胃液の分泌は**抑制**される。そのため、食事の前や空腹時は、入浴を避けるようにする。

2　×　からだにかかる水の圧力の作用＝静水圧作用には、**水位**が大きく影響する。半身浴では、胸部より下の部位に静水圧がかかるために、全身浴と比較して、心臓や肺への負担が少なくなる。肺活量は**減少**しない。

3　○　交感神経が優位にはたらくと、**筋肉**の収縮、**心拍数**の増加、**血圧**が上昇する。

4　×　38℃程度のぬるめの湯につかると、**副交感神経**が優位にはたらき、血圧は**低く**なる。

5　×　浴室よりも脱衣室の温度のほうが低いと、浴室から出たときに血管が収縮して血圧が**上昇**し、心筋梗塞などを引き起こす恐れがある。この現象を、**ヒートショック**と呼ぶ。

問題27 　**正解　2** ●——**便秘の原因** 　**重要度 ★★**

●便秘の原因には、食事や水分、運動の不足による腸の蠕動運動低下などが考えられる。また、がん末期に痛み止めのために麻薬性鎮痛薬を服用している場合も、便秘が問題となる。

教科書 CHAPTER 4・SECTION 7

1 × インスリン製剤は**糖尿病**の治療薬であり、血糖値を下げる薬である。便秘には関係ない。

2 ○ 麻薬性鎮痛薬はがん末期の痛み止めに用いられ、副作用として**便秘**がある。

3 × 暴飲暴食は便秘ではなく、**下痢**の原因となる。

4 × 食中毒では、体内に侵入した菌を排泄するため、**蠕動運動**が亢進して**下痢**となる。

5 × カフェインは**不眠**の原因となることはあるが、直接、便秘の原因とはならない。

問題28 　**正解　5** ●——**便秘の種類** 　**重要度 ★★**

●便秘は高齢者に多い。便秘の原因と種類を理解して、適切な排泄ケアを実施できるようにしておく。

教科書 CHAPTER 4・SECTION 7

1 × 弛緩性便秘は高齢者に多い便秘であるが、その原因は、加齢に伴う腸の**蠕動運動の低下**や**運動不足**である。

2 × 嵌入便は、**直腸性便秘**のひとつで、直腸内の便塊が大きくなり、便で栓をした状態になり、隙間から便がもれ出てしまう状態をいう。**寝たきり**の高齢者に多くみられる。

3 × 器質性便秘は、**大腸がん**や**クローン病**など大腸の病気が原因となる便秘である。大腸そのものが部分的に狭くなり起こる。

4 × 痙攣性便秘は、大腸が**痙攣**を起こして狭くなり、便が通過できなくなる便秘である。

5 ○ 直腸性便秘は、便意があるにもかかわらず、**がまんする**習慣があったり、便意を感じる神経が障害されたりして起こる。**C**さんの事例は、便意があるのに、がまんすることが多くなって起こった便秘で、直腸性便秘と考えられる。

問題29　正解　1　●――機能の低下・障害が及ぼす睡眠への影響　重要度★★

●サーカディアンリズム、レム睡眠、ノンレム睡眠などの睡眠に関する用語の意味と、高齢者の不眠の特徴やさまざまな睡眠障害の内容を押さえておく。

☞ 教科書　CHAPTER 4・SECTION 8

1　○　加齢により、**ノンレム睡眠**から**レム睡眠**に移行する睡眠周期が不規則になる。夜間に眠れなくなり、昼間に眠くなるといったことも起こるようになる。

2　×　深い眠りのノンレム睡眠の割合は、新生児が約**50%**、子どもと成人が約**20%**、高齢者は約**15%**とされている。

3　×　24時間周期の概日（がいじつ）リズム（サーカディアンリズム）を維持させる体内時計は、視床下部の**視交叉上核**（しこうさじょうかく）にある。サーカディアンリズムによって、睡眠と覚醒は周期的に繰り返されている。

4　×　パーキンソン病は神経系の疾患で、**運動機能**の障害が起こる。睡眠とは直接的に関係しない。

5　×　加齢に伴い、全般的に眠りが**浅く**なり、不眠症の一種である中途覚醒や早朝覚醒が**多く**なる。

問題30　正解　5　●――死にゆく人のこころとからだのしくみ　重要度★★

●「生物学的な死」と「法律的な死」という2つの視点で「死」をとらえるとともに、「死」を受容するまでの段階を理解する。

☞ 教科書　CHAPTER 4・SECTION 9

1　×　健康なときと心身を病んでいるときでは、死に対する考え方は全く同じではないが、人生観や価値観が基礎となるため、**根本的**に異なるものではない。

2　×　尊厳死とは、**延命治療**などを行わずに、自然な状態のままで死を迎えることをいう。

3　×　インフォームド・コンセントとは「**説明と同意**」を意味する言葉で、医師などが医療内容などについて十分に**説明**し、利用者の**同意**を得ることをいう。

4　×　キューブラー・ロスによる死の受容過程は５段階に分かれていて、**否認→怒り→取引→抑うつ→受容**と進む。家族の「死」の受容過程も、これと同じプロセスをたどる。

5　○　「死」は生の延長線上にあるものである。利用者が、どのような形で「死」を迎えたいと考えているのか、**書面**で残しておくことが大切である。

発達と老化の理解

問題31 正解 3 ●——発達段階と発達課題　重要度★★

●人間の発達の特徴を、年齢区分により段階的に表したものを発達段階という。多くの学者が理論を提唱しているが、エリクソン、ピアジェ、フロイトなどが示した年齢区分と発達の特徴は、とくに重要である。

教科書 CHAPTER 5・SECTION 1

1 × 環境的要因の影響が、一定値（閾値（いきち））に達することで遺伝的な要素が現れるという**相互作用説（環境閾値説）**を提唱したのは、**ジェンセン**である。

2 × ハヴィガーストは、発達段階ごとに**達成**すべき発達課題の内容を示した。

3 ○ エリクソンは**自我**の発達に着目して、発達段階を８つに区分した。発達段階ごとに発達課題を設け、それに対する**心理社会的危機**を乗り越えることで、**心理特性**が獲得されるとしている。

4 × フロイトが唱えたリビドー（性的欲求）の発達による発達段階は、**青年期**の体験ではなく、主に**乳幼児期**の体験を重視したものである。

5 × 乳幼児期における愛着の形成が、子どもの発達に重要であるという**愛着理論**を唱えたのは、**ボウルビィ**である。**スキャモン**は器官や臓器による発達の特徴を、**リンパ系、神経系、一般系、生殖系**の４つのパターンに分け、それぞれの発達過程の違いを**発達曲線**としてグラフに表した。

問題32 正解 5 ●——ライチャードの老年期における人格の５類型　重要度★★

●支援する側として、対象者の人格の傾向を理解することは、サクセスフル・エイジングが確立できているのか、支援の必要性があるのかの判断に必要となる。

教科書 CHAPTER 5・SECTION 3

1 × **自責（内罰）型**は、自分の過去や人生を失敗ととらえ、自分にその原因があると責める傾向にある。この場合、抑うつ状態であることが多い。

2 × **憤慨（外罰）型**は、人生における目標が達成できなかった場合、**他者**にその原因があるとして、**他者**を責める。

3 × **装甲（自己防衛）型**は、活動を保つことで、老化による身体機能への恐怖・不安を抑制している。不安に対する**適応機制**がうまくはたらくタイプである。

4 × **安楽いす（ロッキングチェアー）型**は、受け身タイプであり、老年期において、仕事から離れて責任のないことに満足している。楽に暮らそうとする傾向にある。

5 ○ **円熟型**は、自分の人生への**後悔**や**喪失感**が少ない状態で老年期を迎えている。自分の人生を受け入れ、積極的に社会参加し、人間関係にも満足しているタイプである。この事例の**E**さんは円熟型に相当する。

問題33　正解　1　●――高齢者の定義　重要度 ★★

●高齢者の生活を支えるためにさまざまな法律がある。それぞれの法律によって、高齢者の定義や、対象とする年齢が異なる。

教科書　CHAPTER 5・SECTION 2

1　○　「高齢者虐待防止法」は、高齢者とは「**65**歳以上の者をいう」としている。
2　×　老人福祉法では、原則として**65**歳以上を施策の対象としている。
3　×　介護保険制度では、65歳以上を**第１号被保険者**としている。
4　×　後期高齢者医療制度では、**75**歳以上を対象としている。
5　×　世界保健機関（WHO）では、**65**歳以上を高齢者と定義している。

問題34　正解　3　●――フレイル　重要度 ★★

●フレイルとは、高齢になって、筋力や活動が低下している状態をいう。フレイルの診断基準や予防のほか、サルコペニアについても理解しておく。

教科書　CHAPTER 5・SECTION 4

1　×　選択肢は、**サルコペニア**の説明である。
2　×　**❶体重減少**、**❷歩行速度低下**、**❸握力低下**、**❹疲れやすい**、**❺身体活動レベルの低下**のうち**３項目以上**該当すれば**フレイル**、１～２項目であれば**プレフレイル**とみなされる。
3　○　**老年症候群**とは、加齢による**心身機能の低下**によって引き起こされるさまざまな症状・病態をいい、**フレイル**や**サルコペニア**、**低栄養**などさまざまなものが含まれる。
4　×　フレイルは、健康と病気の中間の段階で、進行すると**寝たきり**や**廃用症候群**になるおそれがある。
5　×　フレイルは、適切な介入・支援があれば、健常に近い状態への**改善**や**進行を遅らせることができる**可能性があるため、適度な**運動**、適切な**食事**、**社会活動への参加**を通じて、フレイルに陥らないことが重要である。

問題35 正解 2 ●——高齢者の疾患の特徴 重要度★★★

●高齢者の疾患の現れ方には、若年者のそれとは異なる特徴がある。利用者の健康状態を把握するためには、そうした特徴を理解しておく必要がある。

教科書 CHAPTER 5・SECTION 4

1 × 高齢者の症状の現れ方は**非定型的**で、その疾患の症状が明確に現れないのが特徴である。

2 ○ かゆみは、**糖尿病**や**慢性腎不全**などの疾患でもみられる。**糖尿病**では、多尿によってからだの水分が失われることで、皮膚が乾燥し、かゆみをもたらす。また、**慢性腎不全**では、腎臓の機能の低下により老廃物が正常に排泄（はいせつ）されないことなどが原因で、かゆみが生じる。

3 × 半身のしびれの原因となるのは、**脳梗塞**や**脳内出血**である。末梢（まっしょう）神経障害は、**手足**のしびれの原因になる。

4 × 激しい頭痛を感じたときは、脳血管疾患のひとつである**くも膜下出血**などを疑う必要がある。

5 × 老化に伴い、肝臓や腎臓の機能が低下し、薬を分解・排泄する力が衰えることで、**副作用**が起こりやすくなる。

問題36 正解 5 ●——呼吸器系の疾患 重要度★★

●呼吸器系の疾患は、老化による肺の機能低下や、喫煙習慣、アレルギーなどによって起こる。また、高齢者に多い誤嚥性肺炎の予防では、口腔ケアの実施が重要となる。

教科書 CHAPTER 5・SECTION 5

1 × 高齢者は嚥下（えんげ）機能の低下によって**誤嚥**（ごえん）を起こしやすく、また、免疫機能も低下しているため、**誤嚥による肺炎**を引き起こしやすくなっている。

2 × 厚生労働省「令和4年（2022）人口動態統計（確定数）の概況」によると、日本人の死因の順位は、第1位が**悪性新生物**（腫瘍）、第2位が**心疾患**、第3位が**老衰**、第4位が**脳血管疾患**となっている。

3 × インフルエンザは感染症のひとつであり、微熱ではなく、**高熱**をその主症状としている。

4 × 慢性閉塞性肺疾患は、気管支の炎症によって気管支がせばまる**慢性気管支炎**と、肺胞（はいほう）が破壊されることで発症する**肺気腫**（はいきしゅ）を含めた疾患群である。

5 ○ 気管支喘息（ぜんそく）は、主にハウスダストやダニなどの**アレルギー**を原因として発症する。気管支のなかを空気が出入りするときに、**喘鳴**（ぜんめい）と呼ばれる特徴的な音を立てる。

問題37　正解　5　●──変形性膝関節症　重要度 ★★★

●変形性膝関節症は、老化により機能の低下した膝関節に、体重や運動などの負荷が加わることで起こる。膝関節への負荷をやわらげるため、正座や階段の昇降はなるべく避け、歩行時は杖を使用する。

教科書　CHAPTER 5・SECTION 6

1　×　変形性膝関節症は、中年期以降の**肥満体型女性**に多くみられる。

2　×　変形性膝関節症の症状が進行すると、足が**O脚**（**内反型**）に変形することが多く、次第に**歩行困難**になっていく。

3　×　変形性膝関節症の症状が進行して**関節可動域が制限**されると、膝を90度以上に曲げることが困難となる。そのため、布団からベッドに変えるなど、和式の生活から**洋式**の生活に環境を整える必要がある。

4　×　変形性膝関節症では、安静時に痛みを伴うことはなく、歩き始めや立ち上がりなど、**膝関節に負担**がかかる動作時に痛みが生じる。

5　○　体重のかからない仰臥位や座位の状態で膝の曲げ伸ばしや脚上げなどの運動療法を行い、**大腿四頭筋**などの筋肉を鍛えると、症状の改善に効果がある。

問題38　正解　1　●──高齢者が罹患しやすい疾患　重要度 ★★★

●高齢者は、さまざまな疾患に罹患しやすい。それぞれの特徴を理解しておくことが必要である。とくに疾患の原因を押さえておくことは、予防につながる。

教科書　CHAPTER 5・SECTION 4

1　○　下肢の血流が悪くなって**血栓**が生じ、肺動脈を詰まらせてしまう**深部静脈血栓症**（**エコノミー症候群**）は、最近では、自然災害時の避難所など狭い空間で同一体位を続けたり、**水分**を控えたりすることから発症している。軽い**体操**や**ストレッチ**を行ったり、**こまめに水分を摂取**したりするなどの予防が大切である。

2　×　高齢者の高血圧の90%が、原因不明の**本態性高血圧**である。本態性高血圧は、**遺伝的な要因や生活習慣が関与**しているといわれる。

3　×　B型肝炎は、**血液**を介して感染する肝炎である。生食や飲み水などから経口的に感染して起こるのは、**A型肝炎**である。

4　×　緑内障は、なんらかの原因で目の中を循環する**房水**の産生量が増えたり、排出量が減ったりすることで眼圧が**上昇**し、視神経が障害される疾患である。

5　×　心臓内でつくられた血栓が原因となって、脳の血管を詰まらせるのは、**脳塞栓**である。

認知症の理解

問題39　正解　2　●──認知症施策推進大綱　重要度 ★★

●「認知症施策推進大綱」は、「認知症施策推進総合戦略～認知症高齢者等にやさしい地域づくりに向けて～」（新オレンジプラン）の後継として2019（令和元）年6月に策定され、「共生」と「予防」を車の両輪として施策を推進していく。

☞ 教科書　CHAPTER 6・SECTION 1

1　×「**認知症施策推進大綱**」は、「認知症施策推進総合戦略～認知症高齢者等にやさしい地域づくりに向けて～」（新オレンジプラン）の**後継**として、2019（令和元）年６月に策定された。

2　○　団塊の世代とは、1947（昭和22）～1949（昭和24）年に生まれた戦後の**第一次ベビーブーム世代**をさす。

3　×「認知症施策推進大綱」では、①**普及啓発・本人発信支援**、②**予防**、③**医療・ケア・介護サービス・介護者への支援**、④**認知症バリアフリーの推進・若年性認知症の人への支援・社会参加支援**、⑤**研究開発・産業促進・国際展開**の**５つ**の柱に沿って施策を推進している。

4　×「認知症施策推進大綱」では、2020（令和２）年度までに認知症サポーター養成数を**1,200万人**にすることを目標としている。認知症サポーターとは、認知症を正しく理解して、認知症の人とその家族を見守り、支援する**民間のサポーター**のことである。

5　×「認知症施策推進大綱」では、予防とは、「認知症にならない」という意味ではなく、「**認知症になるのを遅らせる**」「**認知症になっても進行を緩やかにする**」という意味で用いられている。

問題40　正解　1　●──リアリティ・オリエンテーション　重要度 ★

●リアリティ・オリエンテーションとは、認知症の人の認知能力を高めるために、問いかけを行い、場所・時間・状況・人物などの見当識を高める訓練のことである。

☞ 教科書　CHAPTER 6・SECTION 4

1　○　１日の流れのなかで適宜はたらきかけていく**24時間オリエンテーション**などの方法がある。

2　×　人生をふりかえり、過去の思い出を語ることで、気持ちを安定させ、コミュニケーションを促進させる療法は、**回想法**である。

3　×「認知症の人の主観的な世界を尊重する」ことは、**バリデーション**の基本的な考え方である。

4 × リアリティ・オリエンテーションは、認知症以外で見当識障害がある人にも**現実認識**の混乱を軽減する方法として利用される。ただし、見当識プログラムに沿って、**スタッフが進行して実施する**。強制的にでも現実感のある体験をしてもらうことで、さまざまな基本情報を認識させるものである。

5 × 写真や音楽などの視聴覚的題材や、思い出の品などの触覚的な刺激を用いる療法は、**回想法**である。

問題41　正解 5 ●――血管性認知症　重要度 ★★★

●血管性認知症は、脳血管疾患（脳出血や脳梗塞（こうそく））を原因として、脳への血液の流れがさえぎられ、神経細胞が死滅していく疾患である。疾患の特性や特徴的な症状について押さえておく。

教科書 CHAPTER 6・SECTION 3

1 × 血管性認知症の発症は、**男性**に多い。

2 × 血管性認知症の原因は、**脳血管疾患**（脳出血や脳梗塞）である。選択肢は、**アルツハイマー型認知症**の説明である。

3 × 喫煙や飲酒は、血管性認知症の**危険因子**となる。危険因子にはこのほか、**運動不足**、**肥満**、**高血圧症**、**脂質異常症**、**糖尿病**などがある。

4 × 脱抑制がみられるのは、**前頭側頭型認知症**である。血管性認知症では、初期には自覚症状として頭痛、めまいやふらつきなどが現れ、やがて**片麻痺**（かたまひ）、**パーキンソン症状**、**抑うつ**、**感情失禁**などがみられる。

5 ○ 選択肢4の解説のとおり。

問題42　正解 5 ●――レビー小体型認知症　重要度 ★★★

●レビー小体型認知症では、発症の原因、症状の特徴について押さえておく。鮮明で具体的な内容の幻視に対しては、否定せずに受容的態度で接して理解するよう努めることが大切である。

教科書 CHAPTER 6・SECTION 3

1 × CTやMRIの検査では、前頭葉の萎縮ではなく**側頭葉**の萎縮が目立つ。症状が進行すると、病変がはっきりと限定できなくなる、**びまん性の脳萎縮**をきたす。

2 × 精神症状としてのうつ病が多くみられるのは、**初期段階**である。

3 × プリオンと呼ばれるたんぱく質の沈着が認められるのは、**クロイツフェルト・ヤコブ病**である。レビー小体型認知症は、大脳皮質の神経細胞に**レビー小体**という異常な物質が沈着することで発症する。

4 × レビー小体型認知症は、女性よりも**男性**に多く発症する。

5 ○ レビー小体型認知症では、**筋固縮**、**無動・寡動**、**歩行の障害**（すくみ足、小刻み歩行、突進現象など）といった**パーキンソン症状**が多くみられる。

問題43 正解 2 ●――認知症高齢者の日常生活自立度判定基準 重要度 ★★

●認知症高齢者の日常生活自立度判定基準は、「ランクⅠ」「ランクⅡ」「ランクⅢ」「ランクⅣ」「ランクM」に分類、さらに「ランクⅡ」「ランクⅢ」は、それぞれ「ランクⅡa」「ランクⅡb」「ランクⅢa」「ランクⅢb」に分けられる。それぞれのランクの内容について、しっかりと覚えておく。

教科書 CHAPTER 6・SECTION 4

1 × 「**著しい**精神症状や問題行動あるいは**重篤な**身体疾患が見られ、**専門医療**を必要とする」という状態は、**認知症高齢者の日常生活自立度判定基準**の「**ランクM**」に該当する。

2 ○ 「日常生活に支障をきたすような症状・行動や意思疎通の困難さが多少見られても、誰かが注意していれば**自立**できる」という状態は、「**ランクⅡ**」に該当する。なお、その状態が家庭外で見られる場合は「**Ⅱa**」、家庭内でも見られる場合は「**Ⅱb**」に該当する。

3 × 「日常生活に支障をきたすような症状・行動や意思疎通の困難さが**ときどき**見られ、介護を必要とする」という状態は、「**ランクⅢ**」に該当する。選択肢は、**夜間**を中心としてその状態が見られる「**Ⅲb**」に該当する。

4 × 「日常生活に支障をきたすような症状・行動や意思疎通の困難さが頻繁に見られ、**常に**介護を必要とする」という状態は、「**ランクⅣ**」に該当する。

5 × 「なんらかの認知症を有するが、日常生活は家庭内および社会的にほぼ自立している」という状態は、「**ランクⅠ**」に該当する。**在宅生活**が基本であり、相談や指導等を実施することにより、**症状の改善**や**進行の阻止**が期待できる。

問題44 正解 3 ●――せん妄 重要度 ★★★

●せん妄は、なんらかの原因で意識レベルが不安定な状態になる、意識障害の一種である。原因や危険因子、具体的な症状の内容を押さえておく。

教科書 CHAPTER 6・SECTION 2

1 × せん妄は、昼間よりも、夜を迎えたときの不安感から生じる**夜間せん妄**が多くみられる。

2 × せん妄は、症状が**突然**現れて、**急速に進行**する。

3 ○ せん妄は、**薬の副作用**、**高熱・脱水**などによる影響、施設への入所・入院などによる**環境の変化**、手術後の精神的な混乱（術後せん妄）などによって生じることがある。

4 × せん妄では、**意識が混濁**し、**幻覚**や**妄想**がみられるようになる。

5 × 選択肢4の解説のとおり。

問題45 正解 4 ●――**慢性硬膜下血腫の症状の特徴** 重要度 ★★

●認知症の症状を呈する疾患について、原因や症状を理解する。

☞ 教科書 CHAPTER 6・SECTION 3

1 × アルツハイマー型認知症では、もの忘れの症状は**緩やかに進行**し、徐々に悪化していくため、Fさんの症状とは合致しない。

2 × 老年期うつ病は、若い人と比較して**抑うつ気分**は軽いが、不眠やめまい、頭痛、食欲の低下、便秘などの**身体症状**の訴えが強く現れることが特徴である。Fさんの症状とは合致しない。

3 × 前頭側頭型認知症の場合、初期から**人格変化**が顕著に現れる。Fさんの症状とは合致しない。

4 ○ 慢性硬膜下血腫の多くは、**数週間から3か月前の頭部打撲**などによる頭部外傷が原因である。硬膜下にできた血腫が脳を圧迫し、**片麻痺**（かたまひ）や**言語障害**、**歩行障害**、**認知症症状**などが生じる。手術による血腫の除去で完治が期待できる。Fさんは、1か月前に頭部を打撲しており、慢性硬膜下血腫を発症したと考えられる。

5 × クロイツフェルト・ヤコブ病は、**プリオン**と呼ばれるたんぱく質が脳内に蓄積し、脳機能に障害を起こす。主に全身性の不随意運動と**急速に進行する**認知症症状を特徴とする。

問題46 正解 4 ●――**若年性認知症** 重要度 ★★★

●認知症のうち、64歳以下の年齢で発症したものを、若年性認知症という。老年期に起こる認知症に比べ、脳の萎縮が速く、症状の進行も速いと考えられている。主な原因疾患や特徴、若年性認知症の人や家族への支援について理解を深める。

☞ 教科書 CHAPTER 6・SECTION 3

1 × 2020（令和2）年に厚生労働省が行った「若年性認知症実態調査」によると、若年性認知症の原因となる主な疾患は、**アルツハイマー型認知症**が最も多く、次いで**血管性認知症**となっており、この2つで約70%を占めている。

2 × 認知症のうち、**64歳以下**の年齢で発症したものを、**若年性認知症**という。

3 × 若年性認知症は、比較的**男性**に多くみられる。

4 ○ 世帯の働き手となる人が在職中に発症し、離職せざるを得なくなった場合、**経済的負担**だけでなく、介護の必要性などから家族の**心理的負担**も大きくなる。

5　×　若年性アルツハイマー型認知症においては、**失認**などの**神経症状**を認めることが**多い**。

問題47　正解　4　●——治療可能な認知症　重要度 ★★

●慢性硬膜下血腫の他に、正常圧水頭症や甲状腺機能低下症でも認知症症状を示すことがあるが、適切な治療により症状は改善する。

教科書　CHAPTER 6・SECTION 3

1　×　前頭側頭型認知症は、脳の前頭葉と側頭葉前部に限定した神経細胞の変性によって起こり、**人格変化**や**反社会的行動**が現れる。症状の改善は困難である。

2　×　血管性認知症は、脳卒中発作のたびに**階段状に症状が進行**する。脳卒中の再発の予防法はあるが、認知症症状に対する根本的な治療法はない。

3　×　アルツハイマー型認知症は、脳の神経細胞の変性疾患による認知症である。対症的な薬物療法で症状の進行を遅らせることはできるが、症状が改善するとはいえない。

4　○　正常圧水頭症は、脳が**圧迫**されることにより、**歩行障害**や尿失禁、意欲の低下などの症状が生じる。手術で髄液を除去すれば、速やかに症状を改善することができる。

5　×　レビー小体型認知症は、大脳皮質や脳幹の多数の神経細胞内に**レビー小体**が沈着することで発症する。初期より、鮮明で具体的な内容の**幻視**や**パーキンソン症状**、また症状の日内変動がみられることが特徴である。対症的な薬物療法はあるが、認知症そのものを改善するものではない。

問題48　正解　4　●——認知症初期集中支援チーム　重要度 ★★★

●認知症初期集中支援チームは、包括的支援事業の認知症総合支援事業で行われる認知症初期集中支援推進事業で設置されるもので、市町村が実施主体である。認知症の早期診断・早期対応を図るため、初期段階から複数の専門職が関わり、訪問による状態の把握やアセスメントなどを行う。

教科書　CHAPTER 6・SECTION 6

1　×　支援の対象年齢は**40歳以上**で、**自宅**で生活している**認知症の人**や**認知症が疑われている人**である。

2　×　選択肢１の解説のとおり。施設に入所している人は、支援の対象には**含まれない**。

3　×　すでに医療サービスや介護サービスを受けていても、認知症の**行動・心理症状（BPSD）が顕著**なため、対応に苦慮している人は、支援の対象に**含まれる**。

4　○　**地域包括支援センター**のほか、**認知症疾患医療センター**、診療所、病院などに設置される。

5　×　認知症初期集中支援チームのメンバーには、サポート医、保健師、看護師、作業療法士などの医療職のほか、**介護福祉士**も含まれる。

障害の理解

問題49 正解 **3** ●――**国連による障害者施策の流れ** 重要度 ★★★

●国連は、ノーマライゼーションの理念を踏まえながら障害者の権利を守るための諸施策を実施してきた。主な施策を時系列でまとめるとともに、わが国への影響も押さえておく。

教科書 CHAPTER 7・SECTION 1

1 × 「**知的障害者の権利宣言**」が採択されたのは1971（昭和46）年、「**障害者の権利宣言**」が採択されたのは1975（昭和50）年である。

2 × 1981（昭和56）年の「国際障害者年」では、「**完全参加と平等**」をテーマに、障害者に対する就労機会の保障などが掲げられた。

3 ○ 「**国連・障害者の十年**」は1983（昭和58）～1992（平成4）年を期間とし、その終了後の1993（平成5）年に「**障害者の機会均等化に関する標準規則**」が採択された。

4 × 「**アジア太平洋障害者の十年**」は、1993（平成5）～2002（平成14）年を第一次の期間として実施された。

5 × 法整備の一環として、2012（平成24）年に**障害者自立支援法**が改正され、「障害者の日常生活及び社会生活を総合的に支援するための法律」（**障害者総合支援法**）が制定された。

問題50 正解 **1** ●――**肢体不自由** 重要度 ★★

●肢体不自由は、先天的または後天的な原因によって、上肢・下肢・体幹に麻痺や動作の制限などの運動機能障害がみられるものである。原因別の症状や肢体不自由のある人への支援について押さえておく。

教科書 CHAPTER 7・SECTION 3

1 ○ 最も多いのは**下肢**の肢体不自由で83万人、それに次ぐのが**上肢**の肢体不自由で63万7,400人である。

2 × 頸髄損傷（けいずいそんしょう）による麻痺（まひ）は、両側の上下肢に現れる**四肢麻痺**である。

3 × 脊髄損傷の症状は麻痺以外に、自律神経の過反射による**血圧の上昇**、起立性低血圧や排尿・排便障害などがある。

4 × 関節リウマチでは、朝、目を覚ましたときに手足のこばわり（**朝のこわばり**）を感じることが多い。

5 × 筋緊張が亢進（こうしん）するのは**痙直**（けいちょく）**型**、不随意運動（意思とは関係なくからだが動くこと）を特徴とするのは**アテトーゼ型**である。

問題51　正解　1　●――内部障害　重要度 ★★

●身体障害者福祉法の別表には、心臓機能障害、腎臓機能障害、呼吸器機能障害など7つの内部障害が規定されている。障害ごとにどのような特徴があり、どのような支援が求められるのかを理解する。

教科書　CHAPTER 7・SECTION 3

1　○　肝臓機能障害がある人には、**易感染性**（いかんせんせい）（免疫機能が低下し、感染しやすくなった状態）がみられるため、外出時にはマスクをつけるなどの感染予防を行うことが重要である。

2　×　慢性腎不全の人の食事の基本は、**低**たんぱく質、**高**カロリー、**低**カリウム、**低**食塩である。摂取制限によって不足する**カロリー**を補うために、砂糖や油類の適度な使用や、たんぱく質を抑えたご飯や麺類を献立に含むようにする。

3　×　慢性閉塞性肺疾患の人は、仰臥位（ぎょうがい）にすると肺が圧迫されるため、**起座位**（きざい）（上半身を起こして、テーブルの上に置いたクッションなどを抱えて前かがみになった体位）のほうが楽になる。

4　×　回腸ストーマとは、消化管ストーマのうち、小腸の末端にある回腸に造設されたものである。回腸ストーマを造設している人は、便が回腸に続く**大腸**を経由しないため、**水様便**になる。

5　×　心臓に負担をかけないように留意する必要はあるが、運動に関しては厳禁ではなく、医師の**運動処方**により行うことができる。

問題52　正解　4　●――注意欠陥多動性障害（ADHD）　重要度 ★★★

●注意欠陥多動性障害（ADHD）は注意欠如・多動症ともいい、発達障害者支援法で定められている発達障害のひとつである。発達障害は、育て方や本人の努力不足によって引き起こされる障害ではなく、脳機能の障害であることを押さえておく。

教科書　CHAPTER 7・SECTION 5

1　×　選択肢は、**学習障害**（**LD**、限局性学習症）の説明である。学習障害は、聞く、話す、読む、書く、計算する、推論するといった**学習能力**のうち、特定の能力に障害がみられるものである。

2　×　選択肢は、**自閉症スペクトラム障害**の説明である。自閉症スペクトラム障害は自閉症やアスペルガー症候群などの総称で、主に**コミュニケーション能力**や**社会性の獲得**に障害がみられることが特徴である。

3　×　注意欠陥多動性障害（ADHD）などの発達障害でみられる症状は、通常**低年齢**において発現するものとされている。

4　○　注意欠陥多動性障害は、**集中力**を保つことが難しく、**不注意**な行動をとってしまったり、落ち着きなく動き回ったりすることが特徴である。

5　×　選択肢2の解説のとおり。

問題53　正解　4　●――精神障害　重要度 ★★

●精神障害は、1つの疾患でもさまざまな症状が現れることがある。統合失調症や双極性障害、アルコール依存症の特徴とともに、障害がある人への支援について理解する。

教科書　CHAPTER 7・SECTION 4

1　×　「精神及び行動の障害」のある**入院患者**は23万6,600人、**外来患者**は26万6,600人となっている。

2　×　精神障害者保健福祉手帳の障害等級は、**1**級から**3**級までである。

3　×　統合失調症は、その症状から、対人関係を築くことが難しくなる。そのため、日常生活における実際の場面を想定した、**社会生活技能訓練**（**SST**）を行うことで、社会復帰を支援していく。選択肢は、**認知症などにより見当識障害のある人**に行う非薬物療法である。

4　○　うつ病では、抑うつ気分や思考停止などの**精神症状**ばかりでなく、頭痛や肩こり、全身の疲労感や倦怠感（けんたいかん）などの**身体症状**もみられる。

5　×　アルコール依存症では、アルコールに対する欲求を抑えられなくなる**精神依存**と、アルコールを摂取できなくなることでさまざまな症状が起こる**身体依存**がみられる。

問題54　正解　5　●――てんかん　重要度 ★★

●てんかんは、脳の一部の神経細胞が突然一時的に異常な電気活動（電気発射）を起こすことにより生じる疾患である。てんかんで生じる発作は、全般発作と部分発作に大別される。てんかんの基礎知識と発作時の介助法について押さえておく。

1　×　てんかんは、乳幼児から高齢者まで、**すべての年代**で発症する。

2　×　てんかんの合併率が高くなるのは、精神障害ではなく**知的障害**がある場合である。

3　×　食事中や食後すぐに発作が起きると、**嘔吐**する場合がある。嘔吐物で窒息しないよう、**側臥位**にして**顔を横に向ける**。

4　×　からだを揺すっても発作が止まることはない。発作中は、そばで注意深く**見守る**ことが大切である。

5　○　記述のとおり。その他、**意識障害を伴う発作が短い間隔**で起こる、**意識が回復しないまま発作を繰り返す**などの場合は、救急車を呼ぶ必要がある。

問題55　正解　4　●──発達障害　重要度 ★★★

●1999（平成11）年に文部省（現・文部科学省）は、「学習障害とは、基本的には全般的な知的発達に遅れはないが、聞く、話す、読む、書く、計算するまたは推論する能力のうち特定のものの習得と使用に著しい困難を示すさまざまな状態を指すものである」と示している。

教科書　CHAPTER 7・SECTION 5

1　×　学習障害は、**努力不足**でないにもかかわらず、そのように思われたり、「どうしてできないの」などといわれたりして、**いじめや不登校**につながることもある。

2　×　**書字障害**では、同年齢の子どもに比べて、字や綴（つづ）りを**うまく書けない**、**文法をまちがえる**、文章構成に困難を抱えるなどがみられる。

3　×　**読字障害**では、知的能力や理解能力などの異常はないが、文字を**読む**ことに著しい困難を抱える。

4　○　**算数障害**では、**繰り上がり**や**繰り下がり**が理解できない、**数の大小**がよくわからないなど算数に関して困難を抱える。

5　×　学習障害の原因はわかっていないが、**脳の障害**といわれている。**環境や育て方によるものではない**。

問題56　正解　2　●──難病の定義　重要度 ★★

●2014（平成26）年5月に持続可能な社会保障制度の確立を図るための改革の推進に関する法律として「難病の患者に対する医療等に関する法律」が成立した。同法における「難病」の定義を理解しておく。

教科書　CHAPTER 7・SECTION 5

1　×　発病の**機構**が明らかでなく、**原因**がはっきりしていない。

2　○　**治療方法**がまだ確立していない。

3　×　**希少な疾病**である。

4　×　罹（かか）ることにより、**長期**にわたり療養を必要とする。

5　×　難病のうち、患者数が一定の人数（人口の約**0.1**％程度）に**達していない**ものを指定難病という。

問題57　正解　3　●――筋萎縮性側索硬化症　重要度 ★★

●筋萎縮性側索硬化症は、はたらき盛りの男性に多く、手足・のど・舌の筋肉や呼吸に必要な筋肉がだんだんやせて力がなくなっていく。しかし、からだの感覚、視力や聴力、内臓機能などは保たれる。

教科書　CHAPTER 7・SECTION 5

1　×　**手指を動かすこと**ができないため、絵カードを指さしてもらうことは適切とはいえない。

2　×　**手指を動かすこと**ができないため、パソコンを利用することは適切とはいえない。

3　○　透明文字盤を利用し、眼球を動かし**視線でコミュニケーション**を行うことは有効である。

4　×　のどの筋肉に力が入らなくなると声が出しにくいなどの**構音障害**が起こる。さらに**人工呼吸器**を装着しているため、口話法は適切とはいえない。

5　×　**手指を動かすこと**ができないため、筆談を行うことは適切とはいえない。

問題58　正解　4　●――家族への支援　重要度 ★★

●レスパイトケアの例として、障害福祉サービスに含まれる短期入所（ショートステイ）や、居宅介護（ホームヘルプ）の活用などが挙げられる。

教科書　CHAPTER 7・SECTION 6

1　×　障害を受け入れるまでのプロセスは、障害者本人だけでなく、その**家族**もまたたどるものである。**障害者本人**と同様の支援を行うことが大切である。

2　×　食事・入浴・排泄（はいせつ）といった身体介護ばかりではなく、**心理的**な側面からの支援も重要である。

3　×　適切なサービスを提供するためには、まず、障害者本人や家族の**ニーズ**を明らかにすることが重要である。

4　○　レスパイトという言葉には、「**休息**」という意味がある。障害者の家族を対象とするレスパイトケアとしては、短期入所（ショートステイ）や居宅介護（ホームヘルプ）の利用が想定される。

5　×　介護福祉職に求められるのは、家族の**介護力**を引き出すことである。そのうえで、さまざまな社会資源を活用しながら、支援していくことが重要である。

領域：医療的ケア

医療的ケア

問題59　正解　3　●――安全な療養生活　重要度 ★★

●医療的ケアは安全に実施しなければならない。リスクマネジメントの考え方やヒヤリ・ハット、アクシデントの報告が予防策につながることを、しっかり理解しておく。

教科書　CHAPTER 8・SECTION 1

1　×　利用者に起こってしまった事故で、利用者に与える影響が大きいものは「**アクシデント**」である。事故には至っていないが、ヒヤリとしたり、ハッとしたことを「**ヒヤリ・ハット**」という。

2　×　大きな問題が起きた場合にだけ、報告と記録を残すのではなく、問題が起きていなくても、医療的ケアを実施した状況は、毎回、**記録**しておくことが安全につながる。

3　○　1人の命を救うために、多くの人が救命処置に関わることを「**救命の連鎖**」という。チェーン・オブ・サバイバルともいう。

4　×　医療的ケアの実施に関しては、指示どおりの手順を覚えて行うことだけでなく、「なぜこのような方法をとるのか」という**根拠**を理解したうえで実施していくことが重要である。

5　×　リスクマネジメントは、事故を起こさないようにする**予防対策**と事故に対する迅速な対応ができる**事故対策**の両方が重要である。

問題60　正解　5　●――喀痰吸引　重要度 ★★★

●確かな知識や技術で、吸引することは大切である。また、医療的ケアを実施する者は、吸引を受ける利用者の気持ちや家族に寄り添った対応が求められる。

教科書　CHAPTER 8・SECTION 2

1　×　痰（たん）の吸引実施時は、利用者にそのつど**説明**して**同意**を得ることを忘れてはならない。家族も同様である。

2　×　看護師が吸引前に利用者の健康状態を確認していたとしても、実際に吸引を行う介護福祉職も、しっかり自分の目で**健康状態**を確認する必要がある。

3　×　抵抗する利用者の手を押さえてでも吸引を優先するのではなく、抵抗する理由を確認したうえで理解してもらえるように**説明**し、**同意**を得てから実施するよう進めていく。

4　×　コミュニケーションのとれない利用者であっても、無言で実施してはならない。そのつど**声**をかけ、利用者の尊厳を守りながら行う。

5 ○ 痰の吸引終了後は、利用者に**ねぎらいの声**をかける。本人は、とても苦しい思いをしているので、必ず声をかける。大切なのは、相手の立場に立って、ケアを実施することである。

問題61 正解 5 ●――喀痰吸引 重要度 ★★★

●喀痰吸引を実施する際には、異常を早期発見するための基本的な知識や手順についての留意事項を押さえておく。

教科書 CHAPTER 8・SECTION 2

1 × 喀痰吸引(かくたんきゅういん)では、痰がたまっているほうを**上**にした姿勢をとることで、物理的に痰を出しやすくする。これを**体位ドレナージ**という。

2 × 保管容器に吸引チューブを乾燥させて保管する方法は**乾燥法**である。**浸漬法**(しんしほう)は、消毒液につけておく方法をいう。

3 × 吸引圧の指示は、あらかじめ医師から指示されており、毎回、**吸引圧を確認**して吸引を実施する。吸引圧を守らないと、**出血**や**粘膜損傷**の危険性がある。

4 × 吸引チューブの内側も**外側**も洗浄する。吸引後、唾液や痰に細菌が含まれている可能性があるため、まず外側を清浄綿などで拭き、その後、内側を通水する。

5 ○ 吸引後、常に痰の**色**、**量**、**粘稠度**(ねんちゅうど)などを報告し記録に残す。異常の早期発見や医療職と連携するためにも必ず行う。

問題62 正解 2 ●――経管栄養実施上の留意点 重要度 ★★★

●経管栄養の実施にあたっては、安全に行うために準備（姿勢、栄養剤の温度、注入速度など）に万全を期すことや、注入前から注入後まで、顔色・腹部症状・発汗の状況について観察し続けることが重要である。

教科書 CHAPTER 8・SECTION 3

1 × 栄養剤の注入速度は、医師から指示が出されるが、**1時間あたり200mℓ**程度が基準となる。

2 ○ 注入前は、実施できるかどうか、注入して体調に変化はないのか、終了後も、体調の変化はないかなど、**継続的**に状況を観察し続けることが必要である。

3 × 半固形の栄養剤は、**胃ろう**や**腸ろう**を造設した利用者に使用され、経鼻経管栄養では基本的に使用しない。

4 × イルリガートルの液面の高さが高すぎると滴下速度が増し、低すぎると滴下速度が遅くなる。適切な高さは、胃部からイルリガートルの液面の高さが**50cm**程度とされている。

5 × 経管栄養を行っている利用者の場合、唾液による**自浄作用が低下**しているため、感染予防のための口腔(こうくう)ケアは重要である。

問題63 **正解 4** ●——**急変・事故発生時の対応と対策** **重要度 ★★★**

●経管栄養実施時には、さまざまなトラブルが想定される。介護福祉職は、的確に状況を判断し、医療職と適切に連携しなければならない。

教科書 CHAPTER 8・SECTION 3

1 × 経鼻経管栄養チューブが抜けそうになっていたら、ただちに注入を**中止**し、すぐに**医療職**へ連絡する。

2 × 胃ろうから栄養剤の注入開始後にしゃっくりがでた場合、速度を速めたり、そのまま続けたりすると、胃から食道への逆流による**肺炎**や**窒息**につながる。ただちに注入を**中止**して、**医療職**へ連絡する。

3 × 栄養剤が滴下せず、止まってしまった場合、ただちに注入を**中止**してその原因を確認する。チューブのつまりやねじれがないかなどを確認し、その後、**医療職**へ連絡する。イルリガートルの高さを高くすることでは、解決しない。

4 ○ 嘔吐(おうと)がみられたら、ただちに注入を中止し、誤嚥(ごえん)を防ぐため**顔を横に向ける**などの対応をとり、すぐに**医療職**へ連絡する。

5 × 下痢の症状がある利用者に対して、注入速度を速めてしまうと、下痢を悪化させてしまう。下痢の原因によっては、対応策として速度を遅くしたり、栄養剤の濃度を薄めたりすることがある。いずれにしても、すぐに**医療職**へ連絡する。

第2回
午後問題
解答・解説

第2回　午後問題・解答一覧

介護の基本　／10点

問題 64	①	❷	③	④	⑤
問題 65	①	②	③	④	❺
問題 66	①	②	❸	④	⑤
問題 67	①	②	③	④	❺
問題 68	①	②	❸	④	⑤
問題 69	①	②	③	❹	⑤
問題 70	①	②	❸	④	⑤
問題 71	①	❷	③	④	⑤
問題 72	①	②	❸	④	⑤
問題 73	①	❷	③	④	⑤

コミュニケーション技術　／6点

問題 74	①	②	❸	④	⑤
問題 75	①	②	③	④	❺
問題 76	①	②	③	④	❺
問題 77	①	②	③	❹	⑤
問題 78	①	②	③	❹	⑤
問題 79	❶	②	③	④	⑤

生活支援技術　／26点

問題 80	①	②	❸	④	⑤
問題 81	①	❷	③	④	⑤
問題 82	①	②	③	④	❺
問題 83	①	②	❸	④	⑤
問題 84	①	②	③	❹	⑤
問題 85	❶	②	③	④	⑤
問題 86	①	②	③	❹	⑤
問題 87	①	❷	③	④	⑤
問題 88	①	②	③	❹	⑤
問題 89	①	❷	③	④	⑤
問題 90	①	②	❸	④	⑤
問題 91	①	②	③	④	❺
問題 92	①	②	③	❹	⑤
問題 93	①	②	③	④	❺
問題 94	①	②	③	❹	⑤
問題 95	❶	②	③	④	⑤
問題 96	①	②	③	❹	⑤
問題 97	①	②	③	❹	⑤
問題 98	①	②	❸	④	⑤
問題 99	①	②	③	④	❺
問題 100	①	②	③	❹	⑤
問題 101	①	②	③	❹	⑤
問題 102	①	②	③	④	❺
問題 103	①	❷	③	④	⑤
問題 104	①	②	❸	④	⑤
問題 105	①	②	③	④	❺

介護過程　／8点

問題 106	①	②	③	④	❺
問題 107	①	②	③	❹	⑤
問題 108	①	②	③	❹	⑤
問題 109	❶	②	③	④	⑤
問題 110	①	②	③	❹	⑤
問題 111	①	❷	③	④	⑤
問題 112	❶	②	③	④	⑤
問題 113	①	②	❸	④	⑤

総合問題　／12点

問題 114	①	②	❸	④	⑤
問題 115	①	❷	③	④	⑤
問題 116	①	②	③	❹	⑤
問題 117	❶	②	③	④	⑤
問題 118	①	❷	③	④	⑤
問題 119	①	②	③	④	❺
問題 120	①	②	❸	④	⑤
問題 121	①	②	③	④	❺
問題 122	❶	②	③	④	⑤
問題 123	①	❷	③	④	⑤
問題 124	①	②	③	❹	⑤
問題 125	①	②	③	❹	⑤

※頻出項目解説〔(12)～(18) ページ)〕の各科目の目標得点が取れるまで、繰り返し解いてみましょう。

合　計	／62点

領域：介護

介護の基本

問題64 | **正解 2** ●——**社会福祉士及び介護福祉士法** | **重要度★★★**

●社会福祉士及び介護福祉士法の2007（平成19）年と2011（平成23）年の法改正による変更点は十分に把握しておく必要がある。2011（平成23）年の法改正では、喀痰吸引等が介護福祉士の業務として認められた。

教科書 CHAPTER 9・SECTION 2

1 × 秘密保持義務は、法律の**制定当初**から規定されている。なお、2007（平成19）年の法改正によって新たに規定されたのは、**誠実義務と資質向上の責務**である。

2 ○ 介護を受ける人と、その介護者に対して、「**介護に関する指導を行う**」ことが規定されている。

3 × 介護福祉士ではない者が、介護福祉士という名称を使用したときに科せられるのは、**30万円以下の罰金**である。

4 × 介護福祉士国家試験に合格した人は、厚生労働大臣の指定機関である**公益財団法人社会福祉振興・試験センター**に申請して、氏名・生年月日・登録番号などの登録を受ける必要がある。

5 × **2011（平成23）年**の法改正によって、**喀痰吸引等**（かくたんきゅういんとう）（痰（たん）の吸引や経管栄養）の実施が、介護福祉士の業務として認められている。

問題65 | **正解 5** ●——**生活の質** | **重要度★**

●生活の質（QOL）とは、一人ひとりの人生の質や社会的にみた生活の質のことをいう。人間らしい生活や自分らしい生活を送り、人生に幸福を見出しているかなどの観点からみた概念である。

教科書 CHAPTER 1・SECTION 1

1 × **A**さんの食生活の好みを把握することは大切である。しかし、**高血圧**の**A**さんの転院支援に際し、調味料の持参を勧めることは好ましくない。

2 × 施設に転院する前夜は不安になる可能性があるが、**内服薬**の処方は**医師**が行う。介護福祉職が処方することはできない。

3 × 生活環境が変わると、とまどいがあり、トイレ歩行に危険が伴うことはある。その際は、**ナースコールを押す**などの指導を行い、**おむつ使用**はなるべく**避ける**必要がある。

4 × 介護福祉職にとっては浴衣のほうが清拭（せいしき）しやすいかもしれないが、リハビリ中の利用者には**パジャマのほうが動きやすい**ので、わざわざ購入する必要はない。

5 ○ 孫の存在は、リハビリテーションを行う意欲につながる可能性があるため、孫との思い出の写真を持参することは**QOL向上に役立つ**と考えられる。

問題66　正解　3　●――利用者主体の考え方　重要度 ★★★

●介護の基本となるのは、利用者の自己選択・自己決定を尊重することである。介護福祉職は、利用者がもっている力を生かし、支援の内容を自分の判断で選択できるように利用者主体の介護をしていくことが大切である。

☞ 教科書 CHAPTER 9・SECTION 3

1 × 訪問介護は介護保険上のサービスであり、利用者が望んでも利用者家族への家事や来客対応など、直接**利用者**の援助に該当しないことはできない。

2 × 訪問介護は介護保険上のサービスであり、利用者が望んでも草むしりやペットの世話、大掃除など、**日常生活の援助**の範囲を超えるサービスはできない。

3 ○ 利用者には、これまでの生活で培ってきた習慣や大切にしているものがあり、**その人らしい**生活ができるよう支援することが重要である。

4 × Bさん宅の掃除機が重く操作がしにくいのであれば、**サービス提供責任者**に伝え、掃除のときに使用する物品について、**Bさん**も交えて検討する。

5 × 栄養状態を考えながら献立を決めることは大切であるが、生活の主体は**Bさん**である。**Bさん**から、直近で食べた献立や食べたいものを聞きながら、支援していく必要がある。

問題67　正解　5　●――ICF　重要度 ★★★

●ICFは、2001年にWHOで採択された、人間の生活機能と障害に関する状況を記述することを目的とした分類である。健康状態、心身機能・身体構造、活動、参加、環境因子、個人因子から構成される。

☞ 教科書 CHAPTER 9・SECTION 4

1 × ICFは、**3つの生活機能**（「心身機能・身体構造」「活動」「参加」）、**健康状態**、**2つの背景因子**（「環境因子」「個人因子」）で構成され、**約1,500の項目**に分類されている。

2 × 生活機能には、からだやこころの機能、からだの解剖学的部分を示す「**心身機能・身体構造**」、個人の行為全般を示す「**活動**」、家庭や社会との関わりや役割を示す「**参加**」の3つのレベルが含まれる。

3 × 歩行バランスが不安定なことは「**活動**」に、友人との交流が減少したことは「**参加**」に分類することができる。

4 × 2つの背景因子のうち、生活習慣や価値観などを示すものは、「**環境因子**」ではなく「**個人因子**」に分類される。

5 ○ 具体的には、**病気**、**障害**、**ストレス**、**老化**などのことをさす。

問題68 **正解 3** ●――**ノロウイルス** **重要度 ★★★**

●ノロウイルスは、冬場にカキなどの食中毒により、感染性胃腸炎を引き起こす。感染経路や排泄物・嘔吐物(おうとぶつ)の処理方法などについて押さえておく。

教科書 CHAPTER 9・SECTION 7

1 × ノロウイルスの感染経路は、主に**経口感染**である。

2 × ノロウイルスは感染力が**強く**、高齢者施設や病院などでは**集団感染になりやすい**。

3 ○ 記述のとおり。主な症状は、**嘔吐**、**下痢**(げり)、**腹痛**などである。

4 × 感染者の嘔吐物のついた床は、塩素系消毒剤である0.1%の**次亜塩素酸ナトリウム溶液**などで消毒する。

5 × 感染者の嘔吐物のついた衣類は、洗剤を入れた水の中で下洗いをした後、**85℃以上で1分間以上**の熱水で洗濯する。

問題69 **正解 4** ●――**介護労働実態調査** **重要度 ★★**

●介護事業所の従業員の離職理由は、全体では「職場の人間関係に問題があったため」が27.5%で最も多く、次いで「法人や施設・事業所の理念や運営の在り方に不満があったため」の22.8%となっている。職種別にみても、介護職員の場合は「職場の人間関係に問題があったため」が28.4%で最も多く、次いで「法人や施設・事業所の理念や運営の在り方に不満があったため」が22.5%となっている。

教科書 CHAPTER 9・SECTION 5

1 × 2022(令和4)年度の調査結果によると、介護事業所全体における人材の不足感は、「大いに不足」が9.2%、「不足」が22.5%、「やや不足」が34.6%の3つを合わせると**約7割**(66.3%)である。過去5年の結果をみると、60%台で推移しているものの、2020(令和2)年度から増加に転じている。

2 × 従業員の職種別過不足状況をみると、「不足感」が最も高いのは**訪問介護員**(83.5%)で、次いで**介護職員**(69.3%)、**看護職員**(47.2%)の順となっている。

3 × 訪問介護員、介護職員の離職率は14.4%で、2007(平成19)年度以降、**低下傾向**が続いている。

4 ○ 介護職員処遇改善加算を「算定した」事業所は**75.2%**で、「算定していない」が6.4%、「対象外の事業所である」は15.9%となっている。

5 × 65歳以上の労働者(有期職員、無期職員)が「いる」と回答した事業所は**約**

７割（69.1%）で、「いない」は約３割（29.4%）となっている。

問題70　正解　3　●――高齢者虐待　重要度 ★★★

●高齢者虐待に関する出題も多い。高齢者虐待の定義、虐待の実態等、関連法律や調査結果等に目を通しておくことが必要である。

☞ 教科書　CHAPTER 9・SECTION 3

1　×　選択肢の４つに**経済的虐待**（けいざいてきぎゃくたい）を加えた５つをいう。

2　×　「高齢者虐待防止法」における「高齢者虐待」とは、**養護者**による高齢者虐待および**養介護施設従事者等**による高齢者虐待をいう。

3　○　記述のとおり。ただし、65歳未満の者であっても養介護施設に入所してサービスの提供を受ける**障害者**は高齢者とみなして、養介護施設従事者等による高齢者虐待に関する規定を適用する。

4　×　**息子**が39.0%と最も多い。

5　×　**介護職**が81.3%と最も多い。

問題71　正解　2　●――プライバシーの保護　重要度 ★★

●プライバシーの保護は、利用者の権利を守る意味でも大切で、介護・福祉・医療などの分野を問わず実行・実現が求められる。

☞ 教科書　CHAPTER 9・SECTION 3

1　×　**多職種連携**のために個人情報を共有する際は、すべての事柄を共有するのではなく、**必要な情報だけ**を共有する。

2　○　利用者の秘密は、たとえ介護福祉職の**家族であっても話さない**ことが大切である。

3　×　勤務中に知り得た利用者情報は、介護福祉士をやめるまでではなく、**やめた後でも秘密にしなければならない**。

4　×　もちろん本人の許可を得る必要はあるが、認知症利用者の場合は判断できたかどうか難しい場合があるため、**家族の許可を得て**から、写真をホームページに掲載する必要がある。

5　×　保険会社は民間会社であるため、**入所していること**や**病状**だけでなく、**生死の情報**も教えてはならない。

問題72 正解 3 ●──介護における安全の確保 重要度★★

●片麻痺で短下肢装具を装着している場合は転倒しやすいため、住宅環境に十分な配慮が必要になる。

教科書 CHAPTER 9・SECTION 7

1 × 毛足の長いカーペットは、引っかかりやすく、**転倒の恐れ**がある。転倒防止には毛足の短いカーペットにするか、カーペットではなく**滑りにくい床材**に変更する。

2 × たとえ**1cmの段差**でもつまずくことはあるため、3cmの段差のある敷居であれば、より**気をつける**必要がある。

3 ○ 浴槽に入る際は、そのまままたぐと**バランスを崩しやすい**。**バスボード**を設置し、1度座ってから入浴したほうがより安全である。

4 × **手前に開くドア**は一歩下がらないと開けることができず、**後ろに転倒**する恐れがあるので注意が必要である。

5 × 一般的には玄関アプローチは**スロープ**にするとよいが、**短下肢装具**（たんかしそうぐ）を使用している場合は、**滑りやすい**ので注意が必要である。

問題73 正解 2 ●──労働安全と労働環境 重要度★★

●介護福祉職を含めた労働者の安全と労働環境を整えるために「労働基準法」や「労働安全衛生法」「介護労働者法」「育児・介護休業法」などが制定されている。それぞれどのようなことを定めているのか確認しておくことが大切である。

教科書 CHAPTER 9・SECTION 8

1 × 産前産後休業は、労働契約が有期か無期か、正社員かパートかなどに関わらず、**誰でも**取得することができる。

2 ○ 介護休暇は、「育児休業、介護休業等育児又は家族介護を行う労働者の福祉に関する法律」（育児・介護休業法）に基づく制度である。要介護状態にある家族1人につき、**年5日**まで取得することができる。

3 × 休憩時間など、労働者の労働条件に関する基準を定めているのは、**労働基準法**である。

4 × 労働安全衛生法に基づく安全衛生教育は、「努めなければならない」という努力義務ではなく、「**行なわなければならない**」という義務である。

5 × 介護休業は、「育児・介護休業法」に基づく制度で、要介護状態にある家族1人につき、通算で**93日**まで取得できる（3回まで分割して取得可能）。

コミュニケーション技術

問題74 正解 3 ●――コミュニケーションの技法 重要度 ★★★

●利用者への質問では、介護福祉職が一方的にたずね、回答を強いることのないように留意する必要がある。

☞ 教科書 CHAPTER10・SECTION 1

1 × 介護福祉職が知りたいことだけを聞くような**一方的**な質問になってしまい、相手に**緊張感**を与えてしまう。

2 × 利用者の話がなかなかまとまらないときは、話の内容を相手に確認して明らかにする「**明確化**」の技法を用いる。

3 ○ 会話の内容、利用者の感情や思いなどをわかりやすく、要点をまとめて利用者に伝える技法を「**要約**」という。

4 × 利用者の話す内容を、介護福祉職が理解して利用者に返す「**焦点化**」の技法を用いる。

5 × 利用者と家族の意見が対立している場合、両者がそれぞれの思いを**語り合う場**をつくることが必要である。

問題75 正解 5 ●――自立支援 重要度 ★★

●自立支援は、利用者が自立した日常生活を営むことができるようにする支援である。そこには、身体的支援、精神的支援、社会的支援が含まれる。

☞ 教科書 CHAPTER 9・SECTION 4

1 × 「左側も手術できれば以前のようになるのにね」と話すことは、現在の状態が自立していないことを示し、**精神的自立**を妨げる可能性がある。

2 × 人工膝関節置換術（じんこうしつかんせつちかんじゅつ）後は、なるべく正座は避けたほうがよい。

3 × 転倒予防も必要であるが、今できていることを阻害することは**身体的自立**を妨げてしまう。また、排泄（はいせつ）においての**精神的苦痛**も考慮する必要がある。

4 × すべて介護福祉職が行うことは、利用者のもてる能力を奪い**自立を妨げる**可能性がある。

5 ○ 適度な運動を無理なく毎日行うことで、術後の浮腫の軽減や筋力低下などを予防し、**身体的自立**につなげることができる。

問題76 正解 5 ●――認知症の人とのコミュニケーション 重要度 ★★

●Eさんの症状は、中核症状のひとつである、理解・判断力の低下と考えられる。670

円の支払額はわかるのだが、どの小銭で支払えばいいのかが結びつかない状態である。

☞ 教科書 CHAPTER10・SECTION 2

1 × 大きな声は相手を**萎縮**させる。指示となると**プライド**も傷つけられ、混乱を招くのでゆっくりとした**やさしい言葉かけ**が必要である。

2 × **判断力の低下**により物事を決めるのに時間がかかる。**急がせて**はならない。「後ろに並んでいる人がいる」という言葉は**E**さんを余計に**焦らせて**しまう。

3 × 立て替えでの支払いは**自己解決**の能力を奪ってしまうことになる。できるかぎり**自分の力**で解決できるように支援する。

4 × 注意することは、**E**さんの自信をなくすことにつながる。できるだけ安心をさせる言葉かけが必要になる。

5 ○ できればトレーに小銭を広げ、**一緒に確認**をして支払うと、**E**さんの**安心感**が増す。

問題77 正解 4 ●――認知症の人とのコミュニケーション 重要度 ★★

●もの盗られ妄想は、認知症の行動・心理症状（BPSD）のひとつである。しまい忘れが、もの盗られ妄想に発展していく。周囲の人が振り回されないように心理的な支援をしていく必要がある。

☞ 教科書 CHAPTER10・SECTION 2

1 × まずは介護福祉職が、財布が見つからないという**事実を受け入れる**姿勢を見せる。否定してしまうと余計に被害的になったりする。

2 × 一般的には、世話をしている嫁や家族が疑われる。そのままにしておくと余計に**複雑な妄想**（財産を狙っているなど）に発展していくことがある。

3 × 事実確認ができていない段階での警察への通報は、時期尚早である。

4 ○ まずは相手の言うことを**受け入れ**、一緒に探す支援をする。

5 × 現在、混乱している財布が見つからないことが**解決**しないとなかなか次の行動に進めないため、適切でない。

問題78 正解 4 ●――ICT（情報通信技術）を活用した記録の留意点 重要度 ★★

●近年、介護における記録にもICT（情報通信技術）が用いられ、書類を保管する場所を必要としない、簡単に情報を共有できる、といったメリットがある一方で、データの喪失や漏洩といったリスクも常に抱えている。情報の適切な管理と保護について理解を深める。

☞ 教科書 CHAPTER10・SECTION 3

1 × 介護記録はサービス提供の**証拠**（エビデンス）であり、**改ざんは許されない**。

手書きによる記録と同様、記録者以外の人によるデータ修正は**避ける**。

2 × USBフラッシュメモリは、大量の情報を**コンパクトに保存**でき、**可搬性にも優れている**が、紛失や盗難による**情報漏洩**の危険性が高い。介護記録などの業務に関するデータは、原則として**外部には持ち出さない**など、情報の適切な管理と保護が求められる。

3 × 端末などには利用者の**個人情報**などが入っており、**厳重な管理・保管の徹底**を図る必要がある。端末のパスワードは、生年月日などは避け、英数字や記号を織り交ぜるなどして、第三者に**容易に推測されない**ものにする。

4 ○ 電子メールは**情報漏洩**の危険性があるため、電子メールによる記録の送受信・共有は原則として**行わない**。やむを得ず使用する場合は、利用者の情報は必ず**匿名化**する。

5 × **端末のトラブル**や**人為的ミス**などによりデータが**消失**する可能性があるため、入力作業が終了するたびにデータのバックアップをとるなど、**定期的に実施**するのが望ましい。

問題79 正解 1 ●──報告・連絡・相談の方法、留意事項 重要度 ★★

●介護の実践中に何らかの課題や問題が発生した際には、報告や連絡、相談を的確にすることが不可欠である。

☞ 教科書 CHAPTER10・SECTION 3

1 ○ 介護福祉職は、利用者の**普段の姿**や**生活習慣**などを、最も把握している専門職である。体調の変化など、気にかかることや気づいたことがあった場合は、すぐに医師や看護師などに伝えることが重要である。

2 × 小さな事故やトラブルも、**初期対応**が重要になる。自分1人だけで判断せずに、上司や同僚などの判断を仰ぐことが必要である。

3 × 緊急時や夜間の場合、メールで連絡を行うことが必ずしも適切とはいえない。**状況**に応じた連絡方法を確認しておく必要がある。

4 × 連絡をとったときは、相手から得られた情報や相手の反応などを、**記録**に残しておく。

5 × 何を相談したのか、その結果どのようなことになったのかを、伝えるべき相手に**報告**することが求められる。

生活支援技術

問題80　正解　3　●──生活の理解　重要度 ★★

●生活とは、人間として生きていくために、必要な行為であり、この世に生を受けてから亡くなるまで続いていく。介護福祉職は、利用者の生活が途切れることなく営めるように支援を考えていく必要がある。

教科書　CHAPTER 3・SECTION 1

1　×　生活時間とは、個人の1日の生活構造をいう。1日24時間の過ごし方は、年齢、性別、職業など**ライフステージ**によって大きく異なる。

2　×　生活とは、家庭だけでなく、職場、学校、社会参加など人々が生命を維持していくうえで行われるすべての活動をいう。

3　○　家事行為ができなくなってしまうと、生活の**基盤**が崩れてしまう可能性がある。

4　×　生活圏とは、生活が行われる**場所**や**範囲**をいう。したがって、生活圏もライフステージによって拡大したり、縮小したりする。

5　×　介護が必要となっても**社会的役割**はなくならない。親や子としての役割や、介護を受ける側、介護をする側などそれまでと異なる関係が築かれていく。

問題81　正解　2　●──介護保険の住宅改修　重要度 ★★

●介護保険制度で給付対象となる住宅改修の範囲を知っておくことで、住まいにおける安全な環境を確保する手段を理解することができる。

教科書　CHAPTER11・SECTION 2

1　×　介護保険の給付対象ではなく、「障害者の日常生活及び社会生活を総合的に支援するための法律」（障害者総合支援法）による地域生活支援事業の日常生活用具給付等事業において、**視覚障害者**に対して給付対象となる品目である。

2　○　屋内、屋外を問わず、扉を開き戸から**引き戸**へ交換することは可能である。

3　×　扉を**自動ドア**に取り替えることは介護保険の給付対象となるが、動力部分は給付対象外のため**全額自己負担**となる。

4　×　浴槽の取り替えは、介護保険の給付対象外である。

5　×　介護保険制度において便器の取り替えを住宅改修の支給対象としているのは、**立ち上がりが困難**な場合の補助用具である。暖房便座、洗浄機器等のみを目的として、これらの機能が付加された便座に取り替える場合は、住宅改修の支給対象とはならない。

問題82　正解　5　●——安全で心地よい生活の場づくり　重要度 ★★★

●居住環境の整備は、安全·安心や使い心地のよさ、居住のしやすさなどを考慮して行う。居室・寝室、台所、廊下・階段、浴室、トイレといった場所ごとの環境整備を十分把握しておくことが重要である。

☞ 教科書　CHAPTERII・SECTION 2

1　×　車いす利用者の場合、玄関やトイレなどの扉を**外開き戸**にすると、出入りしにくいので、**引き戸**が望ましい。

2　×　高齢者の場合、照度は**75ルクス以上**にするのが適切である。

3　×　湿度を40%以下に設定すると、喉の粘膜が乾燥して、風邪をひきやすくなる。快適で過ごしやすい湿度は**40〜60%**とされている。

4　×　ユニバーサルデザインは、次の**7つの原則**から成り立っている。

①どんな人でも公平に使えること（**公平性**）
②柔軟に使用できること（**自由度**）
③使い方が簡単でわかりやすいこと（**単純性**）
④必要な情報がすぐにわかること（**わかりやすさ**）
⑤うっかりミスが危険につながらないこと（**安全性**）
⑥少ない力で効率的に、楽に使えること（**身体的負担の軽減**）
⑦利用する十分な大きさと空間を確保すること（**スペースの確保**）

5　○　便器は、姿勢の保ちやすさのほか、下肢（かし）筋力に負担が少ないといった理由から、**洋式便器**を使用することが望ましい。

問題83　正解　3　●——施設等で集住する場合の工夫　重要度 ★★

●施設への入所などによって居住環境が変わっても、できるかぎりそれまでの暮らしを保てるように配慮することが大切である。

☞ 教科書　CHAPTERII・SECTION 2

1　×　運営基準の改正によりユニット型施設の定員が緩和され、2021（令和３）年４月からは、原則として**おおむね10人以下とし、15人を超えないもの**とされた。

2　×　認知症のある利用者は、居室の内装が統一されていると、自分の居室かどうかの区別がつかず、かえって**混乱**を招く。利用者の好みに応じた物品を用意したり、居室ごとに家具を変えたりすることが適切である。

3　○　居室は**個室**とし、リビングなどの**共有スペース**を設けることで、利用者同士の交流を深められるようにする。

4　×　利用者が自分で下りられないように、ベッドをサイドレールで囲むことは、厚生労働省「**身体拘束（しんたいこうそく）ゼロへの手引き**」において、**身体拘束禁止**の対象となる行為に含まれている。

5　×　各居室にトイレを設けるという**規則**はない。

問題84　正解　4　●――義歯の手入れ　重要度 ★★★

●義歯は、歯の欠損部分を補う目的で使用する。天然歯と同様に、口腔内細菌が繁殖しやすいため、毎食後に洗浄する必要がある。義歯の着脱や洗浄、保管の方法について、きちんと理解する。

☞ 教科書　CHAPTER11・SECTION 4

1　×　義歯を洗浄するときは、落下による破損防止のため、水を張ったボウルなどを下に置き、**流水下**で行う。熱湯を使用すると、義歯の**変形**をまねくので避ける。

2　×　総義歯（総入れ歯）を装着するときは**上顎**から行い、外すときは**下顎**から行うのが原則である。

3　×　義歯を洗浄するときは、通常の歯ブラシよりも**硬い専用の歯ブラシ**を使う。

4　○　清潔を保つため、**毎食後**に義歯を外して洗浄する。

5　×　義歯は乾燥すると、**ひずみ**や**ひび割れ**が生じやすくなる。このため、取り外した義歯は、水や義歯用の洗浄剤を入れた専用容器に**浸して保管**する。

問題85　正解　1　●――介護を必要とする高齢者の衣服　重要度 ★★

●加齢に伴い心身の状況も変化する。心身状況に適した衣服を選択することで、着脱動作の自立へつながる場合も多い。

☞ 教科書　CHAPTER11・SECTION 4

1　○　からだを圧迫するようなきつい衣服は身体機能が低下した人には着脱しにくいため、トイレで着脱しやすい**ゴムの緩め**のものが適している。

2　×　円背（えんぱい）の人は上体が前かがみに曲がっているため、背中が出やすく、前身ごろにたるみが出やすいため、前身ごろの丈は**短く**、後ろ身ごろが**長め**のものが適している。

3　×　袖や襟ぐりは、**伸縮性のある**素材でゆったりとしたものが適している。

4　×　利用者の意思を尊重して衣服を選択してもらうのは大切であるが、季節に合わない衣服を着用することで体温調節がうまくできず、体調を崩してしまう可能性もある。**季節に応じた**衣服の選択ができるように支援する。

5　×　巧緻性（こうちせい）とは手先の器用さや手先を使う能力のことである。巧緻性が低下した場合、小さなボタンでは留めにくいため、**大きめのボタン**が適している。

問題86　正解 4 ●——整容の支援　重要度★★★

●整容は個性をアピールする目的もあるため、利用者の好みやセンスなどを尊重する視点を忘れてはならない。

教科書 CHAPTERII・SECTION 4

1 ×　かみそり（T字かみそりを含む）を使用して他者にひげ剃(そ)りを行うことができるのは**理容師**のみである。また、安全面を考えた場合、かみそりの使用は感染症の原因となるリスクもあるため、施設では使用できない。

2 ×　患側(かんそく)の手の爪は**利用者自身**で切るようにしてもらう。健側の爪は自分で切ることができないため、自助具を活用するか介護福祉職が切る。

3 ×　鏡を見ることができなくても、ブラシで髪をとかしたりすることはできるので、自分でできるところは行ってもらい、好みの髪型になるように支援する。

4 ○　電気かみそりを使用した場合でも、高齢者など皮膚の弱い人はかみそり負けを起こしやすいため、ひげ剃り後はローションやクリームをつけて皮膚の**保湿**を行う。

5 ×　目の周囲を清拭(せいしき)するときは、**目頭**から**目尻**に向かって拭く。目頭には涙管があるため、清潔を保つためにも目頭から目尻に拭く。

問題87　正解 2 ●——ボディメカニクス　重要度★★

●ボディメカニクスとは、負担の少ない動作や姿勢について分析する技術のことである。利用者、介護者双方に負担のない移動・移乗を行うためにボディメカニクスの原則を学び、安全・安楽な介助方法を理解する。

教科書 CHAPTERII・SECTION 3

1 ×　からだをねじると姿勢が不安定になり、力が出せず、**腰痛**の原因にもなる。介護者は肩と腰を平行に保ち、**足先**は移動する方向に向け、からだをねじらないようにして介護する。

2 ○　押すよりも引くほうが**力**が分散しないため、少しの力で動かすことができる。

3 ×　膝(ひざ)を立て、両腕を組み、**からだ**を小さくまとめることで、利用者とベッド表面との**摩擦**を少なくする。そのうえで、持ち上げるのではなく重力に逆らわないように**水平**に移動させる。

4 ×　介護者は足を広げて**支持基底面積を広く**とる。そして、膝を曲げて腰を落とし、**重心を低く**してから移乗の介助を行う。

5 ×　介護者と利用者それぞれの重心が近いほど、移動させやすくなるが、密着しすぎると、利用者の動きを**抑制**してしまうことにもなる。より**自立**した生活を支援するために、利用者が「できること」を生かした動作や、自然な動きを妨げない程度に利用者に近づくことが大切である。

問題88　正解　4　●——右片麻痺のある利用者の車いすへの移乗支援　重要度 ★★

●自立支援を意識した移動支援を行うためには、健側の動作はなるべく自分で行い、介護者は患側の安全を配慮しながら支援する。どのように利用者へアプローチし、安全に移乗してもらうか、移乗するプロセスを利用者に伝えて介助していく。

教科書 CHAPTERII・SECTION 3

4　○　右片麻痺(みぎかたまひ)のある利用者の場合、左手足を活用して左側に起き上がる。端座位(ベッドの端に腰かけた体位)の状態から健側(けんそく)を活用して車いすへ移乗していくため、利用者の**左頭側**に車いすを設置して移乗する。

問題89　正解　2　●——感覚機能が低下している人の介助の留意点　重要度 ★★

●利用者の障害に応じたそれぞれの移動支援方法を理解し、視覚障害者が安全に安心した状態で行うことが大切である。

教科書 CHAPTERII・SECTION 3

1　×　歩行時、介護者は利用者の**半歩斜め前**に立つ。

2　○　階段の上り下りでは、階段の手前で立ち止まり、視覚障害者のつま先または**白杖**(はくじょう)で**階段の縁**を確認したことを確実に見届ける。

3　×　視覚障害者が介護者の**肘の少し上**を軽く握る。身長差のある場合は、肩に手を置いてもらう。

4　×　階段を下りる場合、介護者は視覚障害者より先に階段の**1段下**に下りる。上る場合は、視覚障害者の**1段上**に先に上る。

5　×　乗用車へ乗車する際は、まず視覚障害者に車の屋根とドアに触れてもらいながら**視覚障害者**が先に乗車する。降車の際は介護者が先に降り、乗車の際と同じように安全に注意しながら視覚障害者に車から降りてもらう。

問題90　正解　3　●——利用者の状況に応じた食事介助　重要度 ★★

●利用者本人の力を活用して食事をしてもらうために、利用者の状況に応じた食事の介助方法を理解する。

教科書 CHAPTERII・SECTION 5

1　×　関節リウマチは、進行すると物を握る、持つことが困難となる。柄(え)の細いものはつかみにくく持ちづらいため、**柄の太い**スプーンやフォークを使用するとよい。

2　×　左半側空間無視では、左側を無視してしまい気づかない状態であるため、トレーは**右側**に置き、左側に注意を向けてもらうように工夫をする。

3 ○ 視覚障害者には、食器の位置や大きさ、料理の温度を理解してもらうため、食器に触れてもらう。熱いものは、やけどの危険性があるので十分に注意をする。

4 × 失行があり、食事の仕方を忘れている場合は、介護者が手を添えて食べ物を口に運ぶ、ゼスチャーで口に運ぶ動作を見せるなど、**自分で食べられる工夫**をする。スプーンやフォーク等の道具の使い方がわからない場合は、サンドイッチやおにぎりを用意するなど、手でつかんで食べられる工夫をする。

5 × 口にいっぱい詰め込んで食べてしまう人には、食器に盛る量を少なくして小分けにしたり、少しずつ器に移して提供するなど工夫する。

問題91 正解 5 ●——呼吸器機能に障害のある人の食事支援 重要度 ★★

●内部障害者の食事の援助においては、食事制限、留意点などの有無を障害ごとにまとめておく。

教科書 CHAPTER 7・SECTION 3

1 × 選択肢は、**膀胱（ぼうこう）・直腸機能**に障害のある人の食事に関する説明である。

2 × 選択肢は、**高尿酸血症**の人の食事に関する説明である。

3 × 選択肢は、**心臓機能**に障害のある人の食事に関する説明である。

4 × 選択肢は、**腎臓機能**に障害のある人の食事に関する説明である。

5 ○ 呼吸器機能に障害のある人は、食べ過ぎなどで胃が膨（ふく）れると、横隔膜（おうかくまく）が圧迫されて呼吸しにくくなる。このため、無理をせず、**少量ずつ**、**数回に分けて**、必要なエネルギー量を摂るように支援する。

問題92 正解 4 ●——身体機能の変化に応じた食事の介助 重要度 ★★★

●加齢に伴う身体機能の変化に応じた支援として、「味覚を補うこと」や「唾液の分泌量を増やす」「乳酸菌や食物繊維が多い食品の摂取を促す」などがあげられる。

教科書 CHAPTER11・SECTION 5

1 × 味を感じ取る部位は、舌にある**味蕾（みらい）**と呼ばれる器官で、加齢に伴い**減少**していく。

2 × 主食を**パン**にすると、唾液（だえき）が吸収されやすくなるため、主食は**米**などの唾液が吸収されにくいものにするのが適切である。

3 × 腸の蠕動運動（ぜんどううんどう）の低下に対しては、**食物繊維**を多く含む献立を提供することが適切である。

4 ○ 口渇感（こうかつかん）の悪化によって、脱水などに気づきにくくなる可能性があるため、こまめな**水分補給**と、**水分**を多く含む食事を勧めることが適切である。

5 × 嚥下機能の低下に対しては、誤嚥を防ぐため、また、食物を飲み込みやすくするためにひと口の量を**少なめ**にする。

問題93　正解 5 ●――脱水予防　重要度 ★★

●高齢者は水分保有量が成人に比べて少なく、感覚機能も低下しているため、口喝感の低下などから脱水になりやすい。

教科書 CHAPTERII・SECTION 5

1 × 甘いジュースや炭酸飲料は、糖分や炭酸のために喉の渇きが軽減された感じがせず、脱水予防に向かない。

2 × 緑茶は**カフェイン**を含むため、利尿作用があり、体内の水分を排泄するため向かない。

3 × 紅茶は**カフェイン**が多く含まれている飲み物であるため、利尿作用が強く向かない。

4 × アルコールは、利尿作用があるばかりでなく、飲んだ量以上の水分を排泄してしまうため、水分補給に向かない。

5 ○ 麦茶にはカフェインが含まれておらず、脱水時に必要な**ミネラル**が含まれているため、電解質も摂取でき、水分補給に適している。

問題94　正解 4 ●――基本的な入浴介助の方法　重要度 ★★★

●入浴は、疲労の回復や心身のリラックスを図るうえで大切な行為である。入浴介助の基本的な流れや利用者の状態・状況に応じた介助方法を把握しておくことが重要である。

教科書 CHAPTERII・SECTION 6

1 × 利用者が浴槽内でおぼれそうになった場合は、まず顔を持ち上げ、**気道**を確保することが求められる。

2 × 利用者に片麻痺がある場合、**全介助**を行うのではなく、できるところは**利用者自身**に洗ってもらうことが適切である。

3 × やけどなどの事故を防止するためにも、湯温の確認は、まず**介護者**が行う。

4 ○ 高血圧や心疾患のある利用者の入浴では、血圧の上昇や心臓への負担をやわらげるために、**37～39℃程度のぬるめの湯**にする。また、**浴槽の水位を心臓より低くしておく**ことも大切である。

5 × たとえ本人が大丈夫と言っても、**転倒**の危険性を考慮して、福祉用具を活用することが望ましい。

問題95　正解　1　●――足浴・手浴　重要度 ★★

●全身入浴以外の清潔保持に関するさまざまな介助方法と効果を理解する。

教科書　CHAPTERⅡ・SECTION 6

1　○　足浴は、血液循環がよくなり、**入眠**を促す効果がある。

2　×　臥床（がしょう）よりも、**端座位**（ベッドの端に腰かけた体位）や**座位**で行うのが望ましい。

3　×　足が冷たいときに足浴を行うと血液循環がよくなり、**入眠**を促す効果がある。

4　×　足浴・手浴の後は、**爪が柔らかくなり**切りやすくなるため、爪切りは**足浴・手浴の後**に行う。

5　×　足浴・手浴の後は、**気化熱**によってからだの熱が奪われてしまわないようにすばやく拭きとる。

問題96　正解　4　●――下痢が続いている要介護高齢者への対応　重要度 ★★★

●下痢が続いている場合、脱水症状や皮膚の状態、意識の状態等に留意が必要となる。医療職と連携を図りながら観察していくことが望ましい。

教科書　CHAPTERⅡ・SECTION 7

1　×　脱水予防のため、**白湯**や**室温**のスポーツドリンクを補給する。冷水は胃や腸への刺激が大きいため避けるようにする。

2　×　下痢により排泄（はいせつ）が頻回な場合、**ポータブルトイレ**や**差し込み便器**等を使用する。自尊心に配慮し、なるべくおむつの使用は控える。

3　×　下腹部を「の」の字にマッサージするのは、腸の**蠕動運動**（ぜんどううんどう）を促すためであるので、**便秘**の場合の対応である。下痢が続いている場合は、**蠕動運動**を鎮静させることが必要である。下腹部を温め安静にするなどする。

4　○　**スタンダードプリコーション**（**標準予防策**）の概念に基づき、感染の有無にかかわらず、排泄物（はいせつぶつ）を感染源と考え対応するのが基本である。

5　×　**消化**がよく、**腸**への刺激が少ない食事を提供する。

問題97　正解　4　●――ポータブルトイレを使用した排泄介助　重要度 ★★★

●ポータブルトイレは、トイレまで歩くことは困難であるが、座位を保つことができ、一部の介助を要したとしても移乗することができる場合に使用する。とくに夜間の使用が多いため、安全面に配慮する。

教科書　CHAPTERⅡ・SECTION 7

1　×　床の汚染防止にバスタオルを敷くと、足元が**滑る**ため危険である。床の汚染を防止し、滑り止め効果のある敷物を置くとよい。

2 × ポータブルトイレは、においや清潔保持の面から考えると**健側**の足元に置くほうがよい。アームスイングバーを活用し、安全に移動できる環境をつくる。

3 × ポータブルトイレとベッドの高さは、同じ高さのほうが移りやすい。ポータブルトイレに座ったときに、**足底**が床につく高さにする。

4 ○ 羞恥心に配慮して膝かけなどをかけ、**プライバシー**を保護する。

5 × 安心して気兼ねなく排泄できるようにするため、排泄中はなるべく席をはずし、1人で落ち着いて排泄できる**環境づくり**をする。終わったら、ナースコールなどで呼んでもらう。

問題98 正解 3 ●――排泄介護の方法 重要度★★

●排泄に関するさまざまな介助方法を理解し、安全に行う技術と観察のポイントをしっかり学び、支援できるようにする。

教科書 CHAPTERII・SECTION 7

1 × 導尿は医療行為に該当するため、自己導尿を行う利用者への介護では、介護福祉職はカテーテルの**準備**、**体位保持**の援助等を行う。

2 × 浣腸器の挿入は、医療行為に該当するため、介護福祉職が行うことはできない。なお、介護福祉職は、市販の**ディスポーザブルグリセリン浣腸器**のみ挿入することができるが、立位での挿入は避け、可能なかぎり側臥位で行う。

3 ○ 座薬を入れるときは、ゆっくりと呼吸をしてリラックスしてもらい、肛門に力が入らないようにする。

4 × 座薬を入れるときは、人差し指の**第２関節**を目安に指を入れ、座薬が入ったことを確認する。

5 × 肌に密着したパウチの取り替えは、介護福祉職には行うことができない。本人や家族が排泄物を除去することができず、医療職や専門的な管理を必要としないことを条件に、**パウチにたまった排泄物**を捨てることができる。

問題99 正解 5 ●――しみ抜き 重要度★★

●しみ抜きは、しみの種類により処理方法が異なる。しみの種類に応じた処理方法を理解する。

教科書 CHAPTERII・SECTION 8

1 × しょうゆのしみは**水溶性**なので、**水**を含ませたブラシなどでたたいて落とす。しみがついて間もない場合は、通常の洗濯で落とす。

2 × チョコレートや口紅のしみは**油性**なので、**ベンジン**などの有機溶剤を含ませた布でたたいた後、**洗剤**をつけて落とす。

3　×　選択肢２の解説のとおり。

4　×　ガムは、**氷**で冷やしてから爪ではがす。選択肢は、**泥はね**を落とす方法の説明である。

5　○　記述のとおり。このほか、**ご飯粒**をすり込んで落とすこともできる。

問題100　**正解　4　●――安眠のための介助の工夫　　重要度 ★★**

●年齢とともに睡眠は変化する。高齢になると睡眠が浅くなり早期覚醒、中途覚醒が増加する。また、さまざまな睡眠障害も起こりやすくなる。原因に応じた対応を行うことが大切である。

教科書　CHAPTER11・SECTION 9

1　×　プレッシャーを与えるような声かけは逆効果である。リラックスした気持ちで眠れるように環境を整えていく。

2　×　熱めの湯は、**交感神経**を刺激するため覚醒作用が働く。**38～41℃**のぬるめの湯につかると**副交感神経**が刺激され、からだは睡眠の準備に入る。入浴の時間は寝る**2～3時間前**がよい。

3　×　アルコールは睡眠を浅くし、睡眠の**質**を低下させる。

4　○　真っ暗にして眠るのは睡眠を**浅く**させ、逆効果である。薄暗い程度の小さな電気をつけるほうが**深く**眠ることができる。

5　×　睡眠前の食事は交感神経が活発になるので、入眠の妨げとなる。できれば入眠の**2～3時間前**は食事をとらないようにし、胃を休めておくことが大切である。

問題101　**正解　4　●――危篤時の身体変化　　重要度 ★★**

●危篤時における身体的変化と観察の視点を理解し、最期まで尊厳が保たれ、QOLが向上するような支援を考えていく。

教科書　CHAPTER 4・SECTION 9

1　×　循環機能の低下により体温は**下降**し、末梢部分は冷たくなる。皮膚は蒼白色になり唇や爪に**チアノーゼ**がみられる。

2　×　水分摂取量の減少、循環機能の低下により**乏尿・無尿**となる。

3　×　**頻脈**となり、不規則なリズムになる。触診ではわかりにくくなる。

4　○　血圧も**下降**し、徐々に測定不能となる。

5　×　徐々に橈骨動脈や上腕動脈では触知が困難となるため、**総頸動脈**で測定する。

問題102 正解 5 ●——人生の最終段階における介護 重要度★★★

●人生の最終段階においても利用者の尊厳を尊重し、その人らしい生き方をまっとうできるような支援を行っていくことが求められる。

教科書 CHAPTER11・SECTION10

1 × 口頭での取り決めは、認識の違いやトラブルのもとにもなる。利用者が**意思**を示せなくなったときのことも考慮して**文書**にまとめておく。

2 × 利用者が死への恐怖を少しずつ受け入れていけるように、**否定**するのではなく**受容的**な態度で接し、利用者の話に耳を傾けていくことが求められる。

3 × 同じ体位を保つと、褥瘡（じょくそう）の発生や筋肉などの機能の低下をもたらす可能性もあるので、定期的に**体位変換**を行うようにする。

4 × 介護福祉職も終末期における**チームケア**の一員として、率先して関わることが大切である。

5 ○ 意識がなくなっても**聴覚**は機能していることが多いので、**声かけ**を続けることが求められる。

問題103 正解 2 ●——人生の最終段階を迎えた利用者の家族への関わり方 重要度★★★

●人生の最終段階を迎えた利用者の家族に対しては、さまざまな形で利用者に接したいという思いを尊重し、できるかぎりその希望をかなえられるような支援を行う。

教科書 CHAPTER11・SECTION10

1 × 利用者が人生の最終段階を迎えることで、家族は悲しみや不安、とまどいなどのさまざまな**感情**を経験することになる。そうした家族の**感情**を理解し、安らげるようなケアを行っていくことが求められる。

2 ○ 死を間近に控えた終末期は、利用者と家族がともに過ごすことのできる、最期の時間である。清拭（せいしき）の希望があれば**家族**にも行ってもらい、利用者と可能な範囲で関われるような時間を設けていくことが求められる。

3 × どのような最期を迎えたいかは、**利用者**の意思を尊重しつつ、**家族**も含めた意向の確認をしていくことが大切である。

4 × 薬剤の処方についての**判断**を行うことは不適切であるが、薬剤の主作用についての**説明**はできるようにしておくことが望ましい。

5 × グリーフケアは、利用者が亡くなったあとの、**遺族**に対するケアのことである。遺族の悲しみがいえるように、**介護福祉職**をはじめとして利用者に関わった専門職が、それぞれの立場からケアを行う。

問題104　正解　3　●――デスカンファレンス　重要度 ★★

●デスカンファレンスは、利用者の死後に行われるもので、これまでのケアの内容を振り返り、今後のケアの向上を図ることを目的としている。

☞ 教科書　CHAPTER11・SECTION10

1　×　デスカンファレンスは、介護福祉職だけでなく、利用者とその家族のケアに関わった他職種にも参加を**呼びかける**。

2　×　デスカンファレンスは、危篤時ではなく、利用者を看取り、職員一人ひとりが自分のケアでよかったこと、十分にできなかったことなどを**振り返ったあと**に行う。

3　○　デスカンファレンスは、これまでのケアの内容を**振り返り**、今後の**ケアの向上**を図ることを目的としているが、看取り経験のない職員にとっては、初めての死別体験となる。このため、このような職員に対する**グリーフケア**も目的のひとつとなる。

4　×　他者の意見に対しては、反論するのではなく、**好意的に聴き**、**尊重**することが大切である。

5　×　選択肢3の解説のとおり、デスカンファレンスは、利用者のケアに関わった職員がこれまでのケアの内容を振り返り、経験を次に活かしてケアの向上を図ることが目的である。個人の反省や責任を追及する場ではない。

問題105　正解　5　●――介護ロボット　重要度 ★

●介護ロボットは、介護福祉職の腰痛対策や、介護離職、介護人材の不足といった深刻な課題への対策として導入・活用が進められている。

☞ 教科書　CHAPTER11・SECTION11

1　×　介護ロボットには**明確な定義はない**。❶情報を感知し（センサー系）、❷判断し（知能・制御系）、❸動作する（駆動系）という3つのロボット技術が応用された福祉用具で、利用者の**自立支援**や介護者の**負担軽減**に役立つ介護機器を「**介護ロボット**」「**ロボット介護機器**」などと呼んでいる。

2　×　経済産業省・厚生労働省の公表によると、介護ロボットの開発が重点的に進められている分野として、**移乗支援**（装着型、非装着型）、**移動支援**（屋外用、屋内用）、**排泄支援**、**見守り・コミュニケーション**（施設用、在宅用）、**入浴支援**、**介護業務支援**が挙げられている。

3　×　介護ロボットの導入により業務の効率化・省人力化を図るなどの基本的な考え方が示されたのは、内閣府に設置された日本経済再生本部が2015（平成27）年に取りまとめた「**ロボット新戦略―ビジョン・戦略・アクションプラン―**」においてである。

4 × ロボット技術を応用した福祉用具として、2012（平成24）年度からは**自動排泄処理装置**が、また2016（平成28）年度からは**電動アシスト機能付き歩行器**が、介護保険の福祉用具貸与の**対象種目に追加**された。

5 ○ 記述のとおり。IoTとは、Internet of Thingsの略で、家電製品や車などさまざまなものがインターネットにつながる仕組みや技術のこと。「モノのインターネット」とも呼ばれる。

介護過程

問題106　正解　5　●――介護過程の意義と目的　重要度 ★★

●介護過程とは、利用者が望むよりよい生活、よりよい人生、自分らしい生活を実現するという介護目標達成のために必要な思考と実践の過程をさす。

☞ 教科書　CHAPTER12・SECTION 1

1　×　介護過程の目的は、**利用者が望むよりよい生活**、よりよい人生を実現することである。

2　×　利用者の情報を収集し、**利用者のニーズ**と**介護者の知識**を統合し、生活に必要な課題をみつけて支援していくことが介護過程の目標である。

3　×　利用者一人ひとりに合った**個別ケア**の実践が可能となる。

4　×　施設の風習や文化に合わせるのではなく、利用者個々の生活習慣や価値観など、**利用者を主体とした個別のニーズ**に対応し、一人ひとりの**尊厳に配慮した介護**を実践する。

5　○　利用者に関わる関係職種が**共通した目的**をもち、適切に情報を共有し、**連携しながら支援していく**ことが可能となる。

問題107　正解　4　●――情報収集の方法　重要度 ★★★

●アセスメントは、情報収集から始まる。正確な情報を収集すれば、利用者のニーズの明確化および解決すべき課題を把握しやすくなる。

☞ 教科書　CHAPTER12・SECTION 1

1　×　**介護福祉職による主観的情報は、偏見や先入観**が加わっている可能性も考えられるため、介護過程における記録としては加えるべきではない。ただし、利用者あるいは家族の主観的情報は記録しておく。

2　×　多角的な情報は必要であるが、近隣の人からの情報より、利用者あるいは家族からの情報収集が優先である。

3　×　介護者にとって必要なプライバシーに関する情報もある。過度に聞きすぎるのはよくないが、支援するうえで必要な情報は本人が拒否をしないかぎり収集する。

4　○　偏っていたり一面だけの情報では、正確な情報を集めることができない。**多角的**かつ**継続的**に集めていくことで確かな情報を得ることができる。

5　×　**現在実行している活動**と**実行していない活動**、あるいは**今後できる能力**などを、他職種と連携しながら収集し、評価していく。

問題108 正解 4 ●――生活支援の課題 重要度 ★★★

●生活課題の優先順位は、利用者の思いの強いもの、苦痛を伴うものや生命に危機を及ぼすもの、生活の継続を困難にさせているもの、その人らしく生活できていないなどの視点で判断し、決定していく。その際、マズローの欲求階層説も目安に考えていく。

☞ 教科書 CHAPTER12・SECTION 1

1 × 髪をとかすという行為ができなくなり、身だしなみにも気を配らなくなっている。まず、髪をとかすという行為の前に身だしなみに関心をもち、Jさんらしい生活を取り戻すということが優先される。

2 × 痛みやこわばりは苦痛を伴うという点で優先すべきものであるが、関節リウマチの人へのマッサージは関節を痛める危険があるため適切ではない。

3 × 他者と積極的に会うことは、欲求階層説では**所属・愛情の欲求**に含まれるため、**生理的欲求**と**安全の欲求**が解決しないと満たされない欲求である。

4 ○ 今まで身だしなみへの関心が高かったことから、身だしなみへの関心を取り戻すことで、Jさんらしい生活を取り戻していけると思われる。

5 × 体重による膝や骨への負担があることを事例からは読み取ることができないため、優先的に解決すべき生活課題ではない。

問題109 正解 1 ●――認知症の利用者の介護目標 重要度 ★★

●目標は、利用者の解決すべき課題が満たされた状態を表す。利用者の目線に立ち、利用者を主語とした目標を設定する。

☞ 教科書 CHAPTER12・SECTION 1

1 ○ Kさんは、住宅改修の間、介護老人保健施設での生活となり、家族のいない慣れない環境で不安やさびしさを募らせていると思われる。選択肢は、介護老人保健施設にいる間、支援を受けた結果どのような生活が送れるかがわかる表現となっている。

2 × 病院ではないため、BPSDの改善という目標は適切ではない。また、改善するというのは、Kさん本人ではなく介護福祉職からみた表現である。

3 × 不安な症状が出てきたときに精神安定剤を服用するという方法は適切ではない。また、Kさんが取り組むべき目標ではない。

4 × 利用者を主語とした表現ではないため適切ではない。また、指導するという表現も、介護福祉職が一方的に押しつける内容となっている。

5 × 気分転換を図るためにレクリエーションに参加するという内容は、利用者が望んでいる生活ではないため、適切ではない。

問題110　正解　4　●——介護計画　重要度 ★★★

●アセスメントによって明確となった、利用者の生活課題をもとに目標を立て、それに向けた具体的内容・方法を計画する。計画は、利用者一人ひとりの生活習慣や価値観を尊重した支援内容とする。

教科書　CHAPTER12・SECTION 1

1　×　介護計画は、利用者一人ひとりの**生活習慣**や**価値観**に合わせた個別的な内容とすることが必要である。

2　×　目標は達成可能なものとし、あくまでも、利用者が**主体的に実践**できる内容・方法となるような計画でなくてはならない。

3　×　介護者が望ましいと思う利用者像を目標として計画を立てるということは、利用者が主体となった内容ではなく、介護者主体の計画である。

4　○　アセスメントで導き出された生活課題をもとに目標を立て、目標に向けた**具体的な支援内容・方法**を計画していく。

5　×　介護計画は利用者、家族にも説明を行うため、わかりやすい内容となっていなければならない。誰が見ても同じように理解できる内容で記入していくため、**専門用語や略語はふさわしくない**。

問題111　正解　2　●——チームアプローチのあり方　重要度 ★★

●さまざまな専門職が関わるチームアプローチにおいては、各メンバーはどのような役割をもち、どのような姿勢で支援していくのかをしっかり確認することが重要である。

教科書　CHAPTER12・SECTION 2

1　×　チームアプローチの中心は**利用者**であり、そのニーズに応じて必要とされるチームメンバーが構成される。

2　○　各職種にはそれぞれ専門とする領域があり、アセスメントの視点も少しずつ異なる。各職種が把握した情報をチーム内で**共有**することによって、適切な対応が可能になる。

3　×　チームアプローチでは、利用者のニーズを充足させるため、さまざまな職種がチームを編成し、**共通の目標**に向かって支援していく。

4　×　チームメンバーである各職種とその役割を理解し、情報を**共有**することが大切である。介護福祉職はとくに、利用者の生活に直接関わる時間が長いことから、**利用者**の変化を他職種につなげることが求められている。

5　×　サービス担当者会議は、ケアカンファレンスの一種である。介護保険制度のケアマネジメントにおいて、ケアプランの内容を協議・検討する会議であり、**介護支援専門員（ケアマネジャー）**が司会進行を担う。

問題112 正解 1 ●――情報の解釈・分析 重要度 ★★★

●情報の解釈とは、集めた情報がその利用者にとってどのような意味をもつか、専門的知識を用いて解釈し、理解することをいう。

☞ 教科書 CHAPTER12・SECTION 1

1 ○ **被害妄想**とは、現実には起こりえないこと、あるいは実際には起こっていないことを、さぞ起こったかのように思い込み、被害を受けたと確信することをいう。Lさんは、財布が見つからなくなったことを「盗られた」と言っているので、被害妄想が現れたと解釈できる。

2 × **幻覚**とは、いないはずの人やないはずの物が、リアルに見えたり感じられたりする症状をいう。Lさんにはそういった症状はない。

3 × **異食**は、目の前のものが食べられるか食べられないかがわからなくなり、食べられないものを口の中に入れてしまうことをいう。Lさんにはそのような症状はみられない。

4 × **抑うつ**とは、気分が沈んだ状態や憂うつな状態になることをいう。何をするのもおっくうな状態で暗い表情になる。Lさんにはそういった症状はみられない。

5 × **心気症状**とは、実際は病気ではないのに、病気だと思い込んでしまう状態をいう。Lさんにはそのような症状はみられない。

問題113 正解 3 ●――生活課題の設定 重要度 ★★★

●生活課題は、Lさんの心身の状況を理解し、Lさんが今望んでいる生活、ニーズを満たすために必要な生活上の支援を考えて設定する必要がある。

☞ 教科書 CHAPTER12・SECTION 1

1 × Lさんの被害妄想は、環境が変わったことから出現した可能性がある。財布が見つかったとしても解決するとはかぎらず、優先すべき課題とはいえない。

2 × Lさんの長女夫婦のストレスを軽減することは必要だが、Lさんにとって、解決すべき優先順位の高い課題ではない。

3 ○ 被害妄想は、自分が虐げられているなどと思うことから生じることもある。Lさんは、長女夫婦との慣れない生活で自分が虐げられているのではないかという不安をもっていると考えられる。

4 × 妻は亡くなっており、解決できる課題ではない。

5 × 暴力をなくすことを考える前に、なぜLさんにそのような言動がみられるようになったのか、その理由を探ることが必要である。

総合問題

総合問題1

問題114　正解　3　●——嚥下障害者の食事　重要度 ★★

●食事の際にむせ込みがみられる場合は、まずは情報収集を行い、原因の検討、対策の立案、実施、評価という一連の流れで支援する。

☞ 教科書　CHAPTERII・SECTION 5

1　×　まず、食形態を変更するのではなく、むせ込む**原因**を検討することが必要である。

2　×　むせ込むからとの理由で介護福祉職が食事介助を行うことは、**自立支援**の目的に反しており、Mさんのできる能力を奪うことにもなる。

3　○　まずは、何にむせ込むのか情報収集が必要である。

4　×　むせ込みの原因が不明である以上、自助具を安易に変更することは不適切である。

5　×　本人に注意を促すという対応ではなく、まず原因を探る対応が専門職には求められる。

問題115　正解　2　●——嚥下障害者に対するチームアプローチ　重要度 ★★

●経口からの食事継続のための食事観察（ミールラウンド）という取り組みは、介護福祉職だけではなく多くの専門職種が加わる。また、これらの取り組みには、介護保険において経口維持加算がつく。

☞ 教科書　CHAPTERII・SECTION 5

2　○　経口摂取の継続や嚥下機能維持（えんげきのういじ）の取り組みに加わる医師は、**歯科医**である。

問題116　正解　4　●——嚥下障害者に対する介護福祉職の対応　重要度 ★★

●支援の方向性を検討する際には、多職種によるカンファレンスが開催される。その際、専門職が一方的にケアを導き出すのではなく、Mさんの気持ちに寄り添いながら検討していくことが必要となる。

☞ 教科書　CHAPTERII・SECTION 5

1　×　カンファレンスには、**Mさん本人**にも出席してもらい、意見を述べてもらうことが望ましい。

2　×　Mさんが施設に入所している以上、施設の**責任**は発生する。

3　×　Mさん本人は、現在の食形態を維持したいという願いがあるのだから、それに沿った検討が必要である。よって、家族に食形態の変更の説得をしてもらうことは不適切である。

4 ○ Mさん本人に**自己決定**してもらうために、すべての情報を提示し、説明することが必要である。

5 × 医師であっても本人の意向を無視した支援の決定はできない。

総合問題2

問題117 正解 1 ●――**尿失禁の種類** 重要度 ★★★

●Nさんは見当識障害により、尿失禁が引き起こされている。尿失禁はいくつかに分類できるため、その理解が求められる。

教科書 CHAPTER 4・SECTION 7

1 ○ **機能性尿失禁**とは、Nさんのように認知症のために手順が理解できなかったり、からだが思うように動かず、結果、トイレに間に合わずに失禁してしまうものである。

2 × **腹圧性尿失禁**とは、くしゃみをしたり、重い荷物を持ったりするなどして、**腹圧**がかかった際に起こる尿もれである。

3 × **切迫性尿失禁**とは、尿意を感じたと同時、あるいはその直後に意識とは関係なく起こる**不随意**の尿もれである。

4 × **混合性尿失禁**とは、**腹圧性尿失禁**、**切迫性尿失禁**が合わさった尿もれである。

5 × **持続性尿失禁**とは、**尿道**の損傷、弛緩（しかん）により起こる持続的な尿もれである。

問題118 正解 2 ●――**利用者・家族とのコミュニケーションの実際** 重要度 ★★

●介護福祉職がコミュニケーションを行う際にはバイステックの７原則（①個別化、②意図的な感情表出、③統制された情緒的関与、④受容、⑤非審判的態度、⑥自己決定、⑦秘密保持）を意識して対応する。

教科書 CHAPTER10・SECTION 1

1 × バイステックの７原則のひとつである**非審判的態度**の原則に反し、Nさんの発言を「悲しいこと」と否定的に評価している。

2 ○ バイステックの７原則のひとつである**受容**の原則である。**受容**とは、相手に寄り添い、その感情や言動をありのままに受け入れることである。

3 × バイステックの７原則のひとつである**意図的な感情表出**の原則に反し、「泣く」ことをやめさせようとしている。Nさんの感情を自由に表出させることが必要である。

4 × 他者の情報をNさんに伝えており、バイステックの７原則のひとつである**秘密保持**の原則に反している。

5 × バイステックの７原則のひとつである**統制された情緒的関与**の原則に反している。介護福祉職は、相手の言動に巻き込まれることなく、意識的に対応することが必要である。

問題119 正解 5 ●——**認知症の行動・心理症状（BPSD）への対応** 重要度 ★★★

●行動・心理症状（BPSD）への介護福祉職の対応として、個人因子にのみ注目するのではなく環境因子にも注目し、環境面からのアプローチにより症状の改善を図るという視点も重要である。

教科書 CHAPTER 6・SECTION 4

1 × **リアリティ・オリエンテーション**（**現実見当識訓練**）は、日付や時間、季節などの情報を伝え、それについて何度も確認することで見当識障害の進行防止と改善を図ることを目的としている。Nさんの場合、介護福祉職が毎日居室へ誘導したが、理解が困難と事例にあり、効果は期待できない。

2 × 失禁するからと、安易に紙パンツを用いることは自立支援という目的に反している。

3 × 膀胱留置（ぼうこうりゅうち）カテーテルは、膀胱や尿道などの**排泄器官**（はいせつきかん）**の障害**により、尿閉などをきたしている場合に使用する。Nさんは機能性尿失禁であり、排泄器官に問題はないため不適切である。

4 × レクリエーションに参加することで、一時的に気分転換を図れるかもしれないが、根本的な解決とはならない。

5 ○ 見当識障害のため、トイレの場所や自分の居室の場所がわからない場合、その人の症状に合わせた環境面の工夫が必要である。

総合問題３

問題120 正解 3 ●——**事故による麻痺の状態** 重要度 ★★

●脊髄損傷の種類と、それによってどのような麻痺が生じるかについて理解する。

教科書 CHAPTER 7・SECTION 3

1 × 片麻痺（かたまひ）は、からだの左右どちらかにだけ麻痺がみられるもので、主に**脳梗塞**などによって起こる。

2 × 対麻痺（ついまひ）は、両側の**下肢**に麻痺がみられるもので、主に**胸髄**以下の損傷によって起こる。

3 ○ Oさんは、第5頸椎の骨折による**頸髄損傷**を発症しているものと考えられる。四肢麻痺は、両側の上下肢に麻痺がみられるもので、主に**頸髄損傷**によって起こる。

4 × 両麻痺は、四肢麻痺のひとつに含まれることもあり、両側の上下肢のうち、とくに下肢の麻痺が強いものである。主に**脳性麻痺**などによって起こる。

5 × 単麻痺は、四肢のうち一肢だけに麻痺がみられるもので、主に**神経麻痺**などによって起こる。

問題121 正解 5 ●――障害の受容の過程 重要度★★

●障害を負った人が現実を受容するプロセスには、ショック期、否認期、混乱期、努力期、受容期という5つの段階がある。それぞれの段階における本人の心理状況を理解することが重要である。

教科書 CHAPTER 7・SECTION 2

1 × ショック期は、障害があるという現実に対して、**衝撃**を受けている段階である。

2 × 否認期は、障害の存在を強く**否定**しようとする段階である。

3 × 混乱期は、障害が完治しないことを否定できなくなり、**怒り**や**悲しみ**によって混乱状態におちいってしまう段階である。

4 × 努力期は、障害のある状態に**適応**するために、解決に向かって努力しようとしていく段階である。

5 ○ 受容期は、障害があるという現実を**受け入れ**、人生の新しい目標に向かって進んでいこうとする段階である。

問題122 正解 1 ●――頸髄損傷がある人への支援 重要度★★

●頸髄損傷でみられる症状と生活上の不便、適切な支援内容について押さえる。

教科書 CHAPTER 7・SECTION 3

1 ○ 頸髄損傷では、麻痺のある部位の皮膚から汗が出なくなることで、体温が**上昇**することがある。こうした症状を、**うつ熱**という。

2 × 在宅復帰を目指す時期が夏ということもあり、体温の**上昇**が促進される恐れがあるため、**冷房器具**のある居室で生活することが大切である。

3 × 車いすを後方に倒して頭部を低くするのは、**起立性低血圧**がみられたときの対処法である。

4 × 体温を下げるために、**腋窩**部や**鼠径**部などを、布で包んだ氷嚢などで冷却するようにする。可能であれば、水分補給も行う。

5 × 頸髄損傷による体温の上昇に対して、**解熱剤**は効果がない。

総合問題4

問題123　正解　2　●――ダウン症候群の特徴　重要度 ★★

●ダウン症候群の原因、主な症状について押さえる。

教科書　CHAPTER 7・SECTION 4

1　×　ダウン症候群は、通常は**46**個ある染色体が1つ多くなってしまうことで発症する。**21**番目の染色体が1つ多くなること（**21トリソミー**）が原因となる。

2　○　高齢になるほど発症率が高くなり、40歳以上の出産では、100人に1人の割合で発生するといわれている。

3　×　知的障害の程度は、**軽度**から**重度**まである。

4　×　先天性代謝異常とは、**遺伝子**の異常によって、生まれつき備わってしまう代謝異常のことである。

5　×　ダウン症候群にはさまざまな合併症があり、代表的なものとして挙げられるのは、**先天性心疾患**である。

問題124　正解　4　●――訪問介護員の初回訪問時の対応　重要度 ★★

●初回訪問では、利用者との間に信頼関係を築くことが求められる。その点を踏まえて、何が適切な対応なのかを考える。

教科書　CHAPTER 7・SECTION 6

1　×　初回訪問時は、Pさんと面識のある**相談支援専門員**に同行してもらうことが望ましい。

2　×　初回訪問であるため、**自己紹介**や支援についての**簡単な説明**にとどめておく。

3　×　サービスを利用するのはPさんであり、**Pさんと母親の両方**から話を聞くことが重要である。

4　○　Pさんのニーズを引き出すためにも、Pさんがリラックスして話せるような**環境づくり**が大切になる。

5　×　Pさんはサービスの利用者であり、ちゃん付けで呼ぶことは、**利用者を敬う姿勢**を欠いた行為である。

問題125　正解　4　●――障害者を支援する制度　重要度 ★★

●「障害者の日常生活及び社会生活を総合的に支援するための法律」（障害者総合支援法）に基づく主なサービスについて、対象となる人やサービスの内容をまとめておく。

教科書　CHAPTER 3・SECTION14

1　×　同行援護は、**視覚障害**のある人を対象としたサービスである。

2　×　短期入所は、居宅で介護を行う人が**疾病**にかかったときなどに、障害者支援施設などに短期間入所するサービスである。

3　×　生活介護は、**常時**の介護を必要とする障害者を対象に、介護や、創作的活動・生産活動の機会を提供するサービスである。

4　○　就労移行支援は、生産活動などの機会を提供して、**就労**に必要な知識や能力を向上させるための訓練を行うサービスである。

5　×　自立訓練は、障害者が自立した日常生活や社会生活を営むことができるように行われる訓練で、**機能訓練**と**生活訓練**に分類される。機能訓練では、**身体障害者**を対象とするリハビリテーションや、身体機能の維持・回復を行う。

MEMO

MEMO

MEMO

2025年版 みんなが欲しかった！ 介護福祉士の直前予想問題集

（2017年版　2016年11月１日　初　版　第１刷発行）

2024年７月14日　初　版　第１刷発行

編　著　者　ＴＡＣ介護福祉士受験対策研究会

発　行　者　多　田　敏　男

発　行　所　ＴＡＣ株式会社　出版事業部

（TAC出版）

〒101－8383 東京都千代田区神田三崎町3－2－18

電 話 03（5276）9492（営業）

FAX 03（5276）9674

https://shuppan.tac-school.co.jp

組　　版　朝日メディアインターナショナル株式会社

印　　刷　今　家　印　刷　株式会社

製　　本　株式会社　常　川　製　本

© TAC 2024　Printed in Japan

ISBN 978－4－300－11077－5

N.D.C. 369

本書は，「著作権法」によって，著作権等の権利が保護されている著作物です。本書の全部または一部につき，無断で転載，複写されると，著作権等の権利侵害となります。上記のような使い方をされる場合，および本書を使用して講義・セミナー等を実施する場合には，小社宛許諾を求めてください。

乱丁・落丁による交換、および正誤のお問合せ対応は、該当書籍の改訂版刊行月末日までといたします。なお、交換につきましては、書籍の在庫状況等により、お受けできない場合もございます。

また、各種本試験の実施の延期、中止を理由とした本書の返品はお受けいたしません。返金もいたしかねますので、あらかじめご了承くださいますようお願い申し上げます。

TAC出版 書籍のご案内

TAC出版では、資格の学校TAC各講座の定評ある執筆陣による資格試験の参考書をはじめ、資格取得者の開業法や仕事術、実務書、ビジネス書、一般書などを発行しています！

TAC出版の書籍

＊一部書籍は、早稲田経営出版のブランドにて刊行しております。

資格・検定試験の受験対策書籍

- 日商簿記検定
- 建設業経理士
- 全経簿記上級
- 税　理　士
- 公認会計士
- 社会保険労務士
- 中小企業診断士
- 証券アナリスト
- ファイナンシャルプランナー(FP)
- 証券外務員
- 貸金業務取扱主任者
- 不動産鑑定士
- 宅地建物取引士
- 賃貸不動産経営管理士
- マンション管理士
- 管理業務主任者
- 司法書士
- 行政書士
- 司法試験
- 弁理士
- 公務員試験(大卒程度・高卒者)
- 情報処理試験
- 介護福祉士
- ケアマネジャー
- 電験三種　ほか

実務書・ビジネス書

- 会計実務、税法、税務、経理
- 総務、労務、人事
- ビジネススキル、マナー、就職、自己啓発
- 資格取得者の開業法、仕事術、営業術

一般書・エンタメ書

- ファッション
- エッセイ、レシピ
- スポーツ
- 旅行ガイド（おとな旅プレミアム/旅コン）

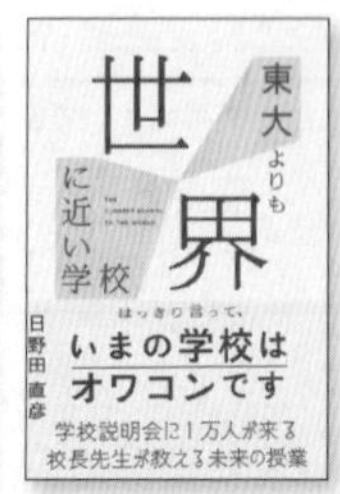

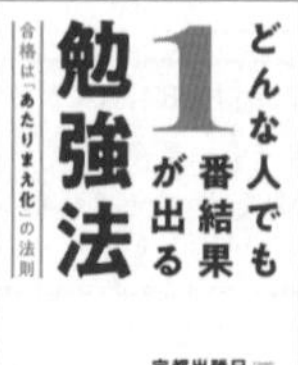

(2024年2月現在)

書籍のご購入は

1 全国の書店、大学生協、ネット書店で

2 TAC各校の書籍コーナーで

資格の学校TACの校舎は全国に展開!
校舎のご確認はホームページにて

資格の学校TAC ホームページ
https://www.tac-school.co.jp

3 TAC出版書籍販売サイトで

CYBER BOOK STORE TAC出版書籍販売サイト

24時間ご注文受付中

https://bookstore.tac-school.co.jp/

新刊情報をいち早くチェック!

たっぷり読める立ち読み機能

学習お役立ちの特設ページも充実!

TAC出版書籍販売サイト「サイバーブックストア」では、TAC出版および早稲田経営出版から刊行されている、すべての最新書籍をお取り扱いしています。
また、会員登録(無料)をしていただくことで、会員様限定キャンペーンのほか、送料無料サービス、メールマガジン配信サービス、マイページのご利用など、うれしい特典がたくさん受けられます。

サイバーブックストア会員は、特典がいっぱい!(一部抜粋)

通常、1万円(税込)未満のご注文につきましては、送料・手数料として500円(全国一律・税込)頂戴しておりますが、1冊から無料となります。

専用の「マイページ」は、「購入履歴・配送状況の確認」のほか、「ほしいものリスト」や「マイフォルダ」など、便利な機能が満載です。

メールマガジンでは、キャンペーンやおすすめ書籍、新刊情報のほか、「電子ブック版TACNEWS(ダイジェスト版)」をお届けします。

書籍の発売を、販売開始当日にメールにてお知らせします。これなら買い忘れの心配もありません。

書籍の正誤に関するご確認とお問合せについて

書籍の記載内容に誤りではないかと思われる箇所がございましたら、以下の手順にてご確認とお問合せをしてくださいますよう、お願い申し上げます。
なお、正誤のお問合せ以外の**書籍内容に関する解説および受験指導などは、一切行っておりません。**
そのようなお問合せにつきましては、お答えいたしかねますので、あらかじめご了承ください。

1 「Cyber Book Store」にて正誤表を確認する

TAC出版書籍販売サイト「Cyber Book Store」のトップページ内「正誤表」コーナーにて、正誤表をご確認ください。

CYBER BOOK STORE TAC出版書籍販売サイト

URL:https://bookstore.tac-school.co.jp/

2 1の正誤表がない、あるいは正誤表に該当箇所の記載がない ⇒ 下記①、②のどちらかの方法で文書にて問合せをする

★ご注意ください★

お電話でのお問合せは、お受けいたしません。
①、②のどちらの方法でも、お問合せの際には、「お名前」とともに、
「対象の書籍名(○級・第○回対策も含む)およびその版数(第○版・○○年度版など)」
「お問合せ該当箇所の頁数と行数」
「誤りと思われる記載」
「正しいとお考えになる記載とその根拠」
を明記してください。
なお、回答までに1週間前後を要する場合もございます。あらかじめご了承ください。

① ウェブページ「Cyber Book Store」内の「お問合せフォーム」より問合せをする

【お問合せフォームアドレス】

https://bookstore.tac-school.co.jp/inquiry/

② メールにより問合せをする

【メール宛先 TAC出版】

syuppan-h@tac-school.co.jp

※土日祝日はお問合せ対応をおこなっておりません。
※正誤のお問合せ対応は、該当書籍の改訂版刊行月末日までといたします。

乱丁・落丁による交換は、該当書籍の改訂版刊行月末日までといたします。なお、書籍の在庫状況等により、お受けできない場合もございます。
また、各種本試験の実施の延期、中止を理由とした本書の返品はお受けいたしません。返金もいたしかねますので、あらかじめご了承くださいますようお願い申し上げます。

TACにおける個人情報の取り扱いについて
■お預かりした個人情報は、TAC(株)で管理させていただき、お問合せへの対応、当社の記録保管にのみ利用いたします。お客様の同意なしに業務委託先以外の第三者に開示、提供することはございません(法令等により開示を求められた場合を除く)。その他、個人情報保護管理者、お預かりした個人情報の開示等及びTAC(株)への個人情報の提供の任意性については、当社ホームページ(https://www.tac-school.co.jp)をご覧いただくか、個人情報に関するお問い合わせ窓口(E-mail:privacy@tac-school.co.jp)までお問合せください。

(2022年7月現在)

●尊厳・自立　尊厳と自立 01

○アドボカシー（A）：利用者のBを守るために、その主張をCし、必要なサービスや制度につなげることが求められる。Aの制度には、D制度やE事業などがある。
○エンパワメントの視点からの支援：利用者の意欲や本来もっている力を引き出し、FをもってGしていけるように支援することが重要。

●人権尊重と権利侵害　尊厳と自立 02

○身体拘束は、生命または身体を保護するために、緊急やむを得ない場合に、A、B、Cの3要件を満たしたときだけに認められている。
○「障害者差別解消法」が示す「差別」の範囲
•障害を理由とした、Dな差別的取り扱いをすること　•E的配慮を行わないこと

●人間関係の形成　人間関係 01

介護福祉職と利用者のような、援助する側とされる側との間に結ばれる信頼関係のことをAという。利用者とAを構築するには、利用者をありのままに受け入れる（B）、その感情を共有する（C）、利用者の主観的な訴えや心の声に耳を傾ける（D）の3つの態度が求められる。

●人材の育成と管理　人間関係 02

○A：職場内で、具体的な仕事を通じて、仕事に必要な知識・技術などを指導教育
○B：職場を離れて、業務の遂行の過程外で行われる研修
○スーパービジョン：Cからスーパーバイジーに対し、D的機能、教育的機能、支持的機能を提供する過程

●介護保険制度の目的・特徴　社会の理解 01

○目的：①個人のAの保持、②自立したBの保障、③国民のCの理念、④国民の保健医療の向上および福祉の増進、の4つ
○特徴：措置制度から、利用者自身がサービスを選択し、事業者とDする制度へと方針が転換された。

●介護保険制度の改正①　社会の理解 02

○2005（平成17）年の主な改正内容：•A支援事業の創設　•Bセンターの創設など
○2011（平成23）年の主な改正内容：•地域密着型サービスにCとDを創設など
○2014（平成26）年の主な改正内容：•指定E施設の新規入所要件を原則要介護F以上に変更など

●介護保険制度の改正②　社会の理解 03

○2017（平成29）年の主な改正内容：•介護保険制度と障害者福祉制度にAサービスを創設　•介護Bの創設など
○2020（令和2）年の主な改正内容：•国と地方公共団体はC施策を総合的に推進など
○2023（令和5）年の主な改正内容：•指定介護予防支援事業者の対象Dを追加など

●介護保険制度における組織・団体の主な役割　社会の理解 04

○国：•制度の基本的なAやBの策定など
○都道府県：•サービス事業者のC　•D基金の設置　•E情報の公表　•F審査会の設置など
○市町村：•G計画の策定　•H事業の実施　•I審査会の設置など
○国民健康保険団体連合会：•Jの審査・支払等　•K処理

●障害者総合支援法の概要　社会の理解 05

○対象：身体障害、知的障害、精神障害（A障害を含む）、B等がある者。
○自立支援給付：C給付/D等給付/自立支援医療/E具/相談支援。
○F事業：市町村と都道府県が、地域の実情に応じて、柔軟に実施することができる事業。

●生活保護制度　社会の理解 06

○生活保護法の4つの基本原理：国家責任の原理、Aの原理、最低生活保障の原理、Bの原理
○生活保護法の4つの基本原則：Cの原則、基準及び程度の原則、Dの原則、世帯単位の原則

●社会保障の範囲　社会の理解 07

○A：年金保険、医療保険、雇用保険、労災保険、介護保険
○B：生活保護制度など
○C：児童福祉、母子・父子・寡婦福祉、障害者福祉、高齢者福祉など
○保健医療・D：予防接種、健康診断など

●成年後見制度の概要　社会の理解 08

成年後見制度
- A制度
  - C
  - D
  - 補助
- B制度

○A制度：E裁判所に選任された後見人等が、対象者に代わって財産管理やFに携わる。
○B制度：制度を利用する本人が、Gが低下する前に自らHを指定し、契約を結ぶ。

●人権尊重と権利侵害　尊厳と自立 02

解答
A＝切迫性　B＝非代替性　C＝一時性
D＝不当　E＝合理

●尊厳・自立　尊厳と自立 01

解答
A＝権利擁護　B＝権利　C＝代弁
D＝成年後見　E＝日常生活自立支援
F＝主体性　G＝自己決定

●人材の育成と管理　人間関係 02

解答
A＝OJT
B＝Off-JT
C＝スーパーバイザー
D＝管理

●人間関係の形成　人間関係 01

解答
A＝ラポール
B＝受容
C＝共感
D＝傾聴

●介護保険制度の改正①　社会の理解 02

解答
A＝地域　B＝地域包括支援
C＝定期巡回・随時対応型訪問介護看護
D＝複合型サービス　E＝介護老人福祉
F＝3

●介護保険制度の目的・特徴　社会の理解 01

解答
A＝尊厳
B＝日常生活
C＝共同連帯
D＝契約

●介護保険制度における組織・団体の主な役割　社会の理解 04

解答
A＝枠組み　B＝基本指針　C＝指定
D＝財政安定化　E＝介護サービス　F＝介護保険
G＝介護保険事業　H＝地域支援　I＝介護認定
J＝介護給付費　K＝苦情

●介護保険制度の改正②　社会の理解 03

解答
A＝共生型
B＝医療院
C＝認知症
D＝指定居宅介護支援事業者

●生活保護制度　社会の理解 06

解答
A＝無差別平等
B＝補足性
C＝申請保護
D＝必要即応

●障害者総合支援法の概要　社会の理解 05

解答
A＝発達　B＝難病　C＝介護　D＝訓練
E＝補装　F＝地域生活支援

●成年後見制度の概要　社会の理解 08

解答
A＝法定後見　B＝任意後見
C＝後見　D＝保佐
E＝家庭　F＝身上監護
G＝判断能力
H＝任意後見人

●社会保障の範囲　社会の理解 07

解答
A＝社会保険　B＝公的扶助　C＝社会福祉
D＝公衆衛生

●日常生活自立支援事業　社会の理解 09

○［A］、［B］障害者、［C］障害者などで、［D］が不十分な人の支援を行うための制度。
○成年後見制度と異なり、［E］を理解する能力をもっている人が対象。
○実施主体は、［F］と［G］で、一部の事業を［H］などに委託できる。

●マズローの欲求階層説　こころとからだ 01

○最も基底にある欲求は［A］欲求である。
○自分自身の価値を他者に認めてもらうのは、［B］欲求である。
○最上位の自己実現欲求は、［C］欲求といわれる。
○対して下位４段階の欲求は、［D］欲求といわれる。

●記憶　こころとからだ 02

○記憶のプロセスには、［A］、保持、想起がある。
○個人的な思い出や出来事に関するのは、［B］記憶である。
○学習で覚えた知識や言語は［C］記憶である。
○からだで覚えた記憶、技能などは、［D］記憶である。

●循環器系（心臓・血液）　こころとからだ 03

○心臓は２心房と［A］からなる。
○肺で酸素を得た［B］は肺静脈から左心房へ流れる。
○赤血球の［C］によって酸素が全身に運ばれる。
○細菌や異物の排除をするのは［D］である。

●関節と主動作筋　こころとからだ 04

○肘関節を屈曲させる主動作筋は［A］である。
○肘関節を伸展させる主動作筋は［B］である。
○膝関節を屈曲させる主動作筋は［C］である。
○膝関節を伸展させる主動作筋は［D］である。

●歩行の種類と代表的な疾患　こころとからだ 05

○筋萎縮性側索硬化症では、全身の筋力が低下するため、自力での［A］が困難になる。
○脊柱管狭窄症では、［B］が特徴的である。
○脊髄小脳変性症では、［C］が特徴的である。
○筋ジストロフィーでは、［D］が特徴的である。
○パーキンソン病では、［E］足や［F］が特徴的である。

●摂食・嚥下の5分類　こころとからだ 06

食物を口に入れて（［A］）、かみ砕き（咀嚼）、飲み込む（［B］）までの過程は、①［C］→　②準備期→　③口腔期→　④［D］→　⑤食道期という５つの段階に分類することができる。

●便秘の種類　こころとからだ 07

○便意があるのにもかかわらず、がまんすることが原因で起こる便秘は［A］である。
○加齢や運動不足など、大腸の蠕動運動が低下することで起こる便秘は［B］である。
○大腸がんなどが原因で起こる便秘は［C］である。

●睡眠　こころとからだ 08

○視床下部の［A］が体内時計の機能を果たしている。
○松果体から睡眠を促す［B］が分泌されている。
○ノンレム・レム睡眠は約［C］分周期で繰り返されている。
○ノンレム睡眠は［D］の睡眠といわれる。

●乳幼児期の発達　発達と老化 01

○生後３か月頃になると、周囲の人があやすと笑う［A］がみられる。
○生後12か月頃になると、子どもが新奇な対象に出会ったときに、大人の表情を手掛かりにして自分の行動を決める［B］がみられる。
○［C］歳頃になると、２つの言葉をつなげて話す二語文がみられる。

●老年期の発達課題　発達と老化 02

○主観的な老いの自覚のことを［A］という。
○主観的な幸福感のことを［B］という。
○自立して、社会活動性、生産性を、できるだけ維持しようとする考えを［C］という。

●老化に伴うからだの変化　発達と老化 03

○味蕾の萎縮と減少が起こり、［A］味のものを好む。
○高音域が聞こえにくくなる［B］になりやすい。
○皮膚の水分量が低下し、［C］になりやすい。
○骨密度が減少し、［D］しやすくなる。

●マズローの欲求階層説 こころとからだ 01

解答
A＝生理的
B＝承認・自尊の
C＝成長
D＝欠乏

●日常生活自立支援事業 社会の理解 09

解答
A＝認知症高齢者　B＝知的　C＝精神
D＝判断能力　E＝契約内容
F＝都道府県社会福祉協議会
G＝指定都市社会福祉協議会
H＝市町村社会福祉協議会

●循環器系（心臓・血液） こころとからだ 03

解答
A＝2心室
B＝動脈血
C＝ヘモグロビン
D＝白血球

●記憶 こころとからだ 02

解答
A＝記銘
B＝エピソード
C＝意味
D＝手続き

●歩行の種類と代表的な疾患 こころとからだ 05

解答
A＝歩行
B＝間欠性跛行
C＝失調性歩行
D＝動揺性歩行
E＝すくみ　F＝小刻み歩行

●関節と主動作筋 こころとからだ 04

解答
A＝上腕二頭筋
B＝上腕三頭筋
C＝大腿二頭筋
D＝大腿四頭筋

●便秘の種類 こころとからだ 07

解答
A＝直腸性便秘
B＝弛緩性便秘
C＝器質性便秘

●摂食・嚥下の5分類 こころとからだ 06

解答
A＝摂食
B＝嚥下
C＝先行期
D＝咽頭期

●乳幼児期の発達 発達と老化 01

解答
A＝社会的微笑
B＝社会的参照
C＝2

●睡眠 こころとからだ 08

解答
A＝視交叉上核
B＝メラトニン
C＝90
D＝脳

●老化に伴うからだの変化 発達と老化 03

解答
A＝濃い
B＝感音性難聴
C＝脱水
D＝骨折

●老年期の発達課題 発達と老化 02

解答
A＝老性自覚
B＝サクセスフル・エイジング
C＝プロダクティブ・エイジング

●高齢者の疾患の特徴　発達と老化 04

○[A]しやすく、治療に時間を要する。
○疾患の基本的な症状が現れにくく、[B]である。
○複数の疾患を併発し、[C]を生じやすい。
○症状の現れ方や程度に[D]がある。
○恒常性を保てず[E]が悪化しやすい。

●高齢者と疾患①　発達と老化 05

○脳血管疾患は[A]や老化による脳血管の異常が原因で起こる。
○高齢者に多い糖尿病は、生活習慣が発症に関与する[B]である。
○高齢者の死因順位は1位[C]、2位[D]、3位[E]となっている。（令和4年人口動態統計より）

●高齢者と疾患②　発達と老化 06

○パーキンソン病では、黒質から分泌される[A]が減少する。
○狭心症には[B]が有効である。
○口腔の清潔が保持されないと[C]肺炎を起こしやすくなる。
○老年期のうつ病は、若年期のうつ病とくらべ、抑うつ気分が[D]。

●認知症の中核症状　認知症 01

①症状には[A]、[B]、失語・失行・失認、[C]の障害、実行機能障害などがある。
②[A]は、[D]と想起の障害へと進行する。
③実行機能障害は、物事を[E]どおり行うことができなくなる症状である。
④[F]は対象の認識や理解ができない症状である。

●認知症の行動・心理症状(BPSD)　認知症 02

①行動症状では[A]や[B]行動などがある。興奮、暴言・[C]、異食、失禁などもみられる。
②心理症状では、抑うつ、不安・焦燥、自発性の低下、[D]、[E]、[F]、睡眠障害がみられる。

●認知症の原因疾患①　認知症 03

○**アルツハイマー型認知症**：[A]に多く[B]進行する。記憶障害により[C]がみられる。
○**血管性認知症**：[D]に多く、[E]に症状が悪化、片麻痺や感情失禁などがみられる。

●認知症の原因疾患②　認知症 04

○**クロイツフェルト・ヤコブ病**：[A]の脳内蓄積が原因とされ、[B]進行する認知障害と運動失調を認める。
○[C]**型認知症**：初期段階の記憶障害は[D]だが、その段階において[E]の変化がみられる。
○[F]**型認知症**：鮮明で具体的な[G]、[H]が認められ、日内変動がある。
○[I]**症**：歩行障害、記憶障害、[J]がみられる。

●認知症の検査　認知症 05

○[A]は認知症の有無を診断する[B]の検査方法である。[C]は[B]で[D]の模写を含む、簡易知能評価尺度である。
○[E]は行動観察式の評価尺度で認知症の[F]度を生活機能面から7段階で評価する。[G]は行動観察により認知症の[F]度を評価する。

●認知症の制度　認知症 06

○2019（令和元）年6月に、「新オレンジプラン」の後継となる「[A]」が策定された。
○2023（令和5）年6月に、認知症施策を総合的かつ計画的に推進することなどを目的として、「[B]」が公布された。
○[C]チームは認知症の早期診断・[D]を図るため、初期段階から複数の専門職が関わる。

●障害者福祉の基本理念　障害 01

○**ノーマライゼーション**：[A]のある人も、そうでない人も、自分が[B]暮らしている場所で、分けへだてなく生活（[C]に生活）していくことのできる、[D]の実現を目指す理念。
○**ソーシャルインクルージョン**：社会の[E]人々をその[F]として[G]込み、支えあうことをめざす理念。この考え方の前段階には、[H]（統合）や[I]（包括）という理念がある。

●障害の種類①－身体障害　障害 02

○**視覚障害**：[A]なものと[B]なものがあり、後者には[C]や緑内障、[D]変性症、網膜色素変性症、糖尿病性[E]などがある。
○**難聴**：聴覚の障害で、[F]難聴と[G]難聴、両者の障害をあわせもつ[H]難聴がある。
○**失語症**：脳の病気などによって起こる[I]機能の障害。[J]性失語〔[K]失語〕と[L]性失語〔[M]失語〕がある。

●障害の種類②－内部障害　障害 03

○**不整脈**：徐脈と[A]があり、洞不全症候群などによる徐脈には[B]が、心房細動等による[A]には植え込み型除細動器が使用される。
○**呼吸器機能障害**：[C]肺疾患などを原因として起こる。患者が在宅で生活ができるよう[D]が行われる。
○**膀胱・直腸機能障害**：がんを原因とした膀胱・直腸切除により、[E]障害/[F]障害がみられ、それぞれ尿路[G]と消化管[G]が造設される。

●高齢者と疾患①　発達と老化 05

解答
A＝高血圧
B＝2型糖尿病
C＝悪性新生物　D＝心疾患　E＝老衰

●高齢者の疾患の特徴　発達と老化 04

解答
A＝慢性化
B＝非定型的
C＝合併症
D＝個人差
E＝全身状態

●認知症の中核症状　認知症 01

解答
A＝記憶障害　B＝見当識障害　C＝判断力
D＝記銘
E＝計画
F＝失認

●高齢者と疾患②　発達と老化 06

解答
A＝ドーパミン
B＝ニトログリセリン
C＝誤嚥性
D＝軽い

●認知症の原因疾患①　認知症 03

解答
A＝女性
B＝ゆるやかに（徐々に）
C＝もの盗られ妄想
D＝男性
E＝階段状（段階的）

●認知症の行動・心理症状(BPSD)　認知症 02

解答
A＝徘徊　B＝常同　C＝暴力
D＝幻覚　E＝妄想　F＝感情失禁

●認知症の検査　認知症 05

解答
A＝HDS-R　B＝質問式
C＝MMSE　D＝図形
E＝FAST　F＝重症
G＝CDR

●認知症の原因疾患②　認知症 04

解答
A＝プリオンたんぱく　B＝急速に
C＝前頭側頭　D＝軽度　E＝人格
F＝レビー小体　G＝幻視　H＝パーキンソン症状
I＝正常圧水頭　J＝尿失禁

●障害者福祉の基本理念　障害 01

解答
A＝障害　B＝普段　C＝普通　D＝社会
E＝あらゆる　F＝構成員　G＝包み
H＝インテグレーション　I＝インクルージョン

●認知症の制度　認知症 06

解答
A＝認知症施策推進大綱
B＝共生社会の実現を推進するための認知症基本法
（認知症基本法）
C＝認知症初期集中支援
D＝早期対応

●障害の種類②－内部障害　障害 03

解答
A＝頻脈　B＝ペースメーカー
C＝慢性閉塞性　D＝在宅酸素療法
E＝排尿　F＝排便　G＝ストーマ

●障害の種類①－身体障害　障害 02

解答
A＝先天的　B＝後天的　C＝白内障
D＝加齢黄斑　E＝網膜症
F＝伝音性　G＝感音性　H＝混合性
I＝言語　J＝運動　K＝ブローカ
L＝感覚　M＝ウェルニッケ

●高次脳機能障害の症状　障害 04

○記憶障害　○注意障害　○失語・[A]・失認
○[B]機能障害：状況に応じた[C]ができない。
○[D]行動障害：[E]のコントロールができず、[F]したり、不適切な発言をしてしまう。
○[G]無視：障害されている脳の反対側を[H]できず見落としてしまう。

●適応機制の種類　障害 05

○退行：耐え難い事態に直面した際、幼児期などの[A]な段階に戻ること。
○補償：不得意な分野における[B]を、ほかの分野における[C]で補おうとすること。
○代償：目的とするものが得られないとき、[D]で満足を得ようとすること。
○投射：自分の欠点などを他者のなかにあるものとして、[E]することで[F]から逃れようとすること。

●障害者総合支援法ー地域におけるサポート体制　障害 06

○相談支援専門員：都道府県知事が指定する「[A]相談支援事業所」と[B]が指定する「指定特定相談支援事業所」に配置される。障害者等の相談に応じて助言や連絡調整等の必要な支援を行うほか、サービス等利用計画の作成を行う。
○地域活動支援センター：[C]に創作的活動や生産活動の機会を提供し、[D]との交流や[E]への支援を行う。

●介護福祉士が実施可能な「医行為」の範囲　医療的ケア 01

○口腔の喀痰吸引は[A]の手前までを限度とする。
○[B]内部までの吸引は行ってもよい。
○経鼻経管栄養チューブが胃に挿入されているかどうかの確認は、医師または[C]が行う。

●喀痰吸引実施における留意点　医療的ケア 02

○気管カニューレ内部の吸引時の手袋は[A]手袋を使用する。
○吸引圧は[B]の指示に従う。
○吸引時間は、[C]秒以内を目安に、できるかぎり短い時間で効果的に行う。

●経管栄養実施における留意点　医療的ケア 03

○経管栄養実施の体位は[A]とする。
○イルリガートルの液面の高さは、胃部から[B]程度上にする。
○注入速度は、[C]の指示に従う。
○注入終了後、[D]を防ぐため、30分から1時間は[A]の姿勢を保つ。

●医療的ケアを受ける利用者・家族の気持ちへの対応　医療的ケア 04

○ケアを実施するたびに使用者や家族に対して[A]（インフォームド・コンセント）を得る必要がある。
○ケアを実施する前に必ず[B]を行う。
○ケア終了後、必ず[C]の声をかける。

●介護の歴史　介護の基本 01

○法律の条文で「介護」という言葉が用いられるようになったのは、1963(昭和38)年制定の[A]からである。
○同年に、統合的・体系的な高齢者保健福祉施設への要望から、特別養護老人ホームなどの[B]が制度化された。
○当時の[B]は、生活の場ではなく[C]として位置づけられた。

●介護問題の背景　介護の基本 02

○老年人口比率（高齢化率）が7％以上の社会を[A]、14%以上を[B]、21%以上を[C]という。
○わが国は、[D]年に、老年人口比率（高齢化率）が21%を超え、[C]に突入した。

●QOLの考え方　介護の基本 03

介護福祉職は、[A]（日常生活動作）、IADL（手段的日常生活動作）の向上を目指し、さらに利用者のニーズや生活環境を総合的に理解して、その人に適した介護=[B]の方針を検討していくことが求められる。そのためにも、どのようにすればQOL（[C]）を高め、[D]を促していくことができるのか常に心がけておく必要がある。

●介護福祉士の義務　介護の基本 04

○[A]義務：[B]を保持し、[C]した生活を営むことができるよう、その者の立場に立って[A]に業務を行わなければならない。
○[D]失墜行為の禁止
○[E]保持義務：[F]でなくなったあとも同様とする。
○[G]：福祉サービス関係者等との[G]を図らなければならない　○[H]向上の責務

●介護福祉士の罰則　介護の基本 05

○「[A]失墜行為の禁止」に違反　⇔・[B]の取消し、または期間を定めた[C]の使用停止
○「[D]保持義務」に違反　⇔・同上　⇔・[E]年以下の懲役、または[F]万円以下の罰金
○介護福祉士の名称を、その使用停止期間中に使用した場合/介護福祉士でない者が、介護福祉士という名称を使用した場合　⇔・[F]万円以下の罰金

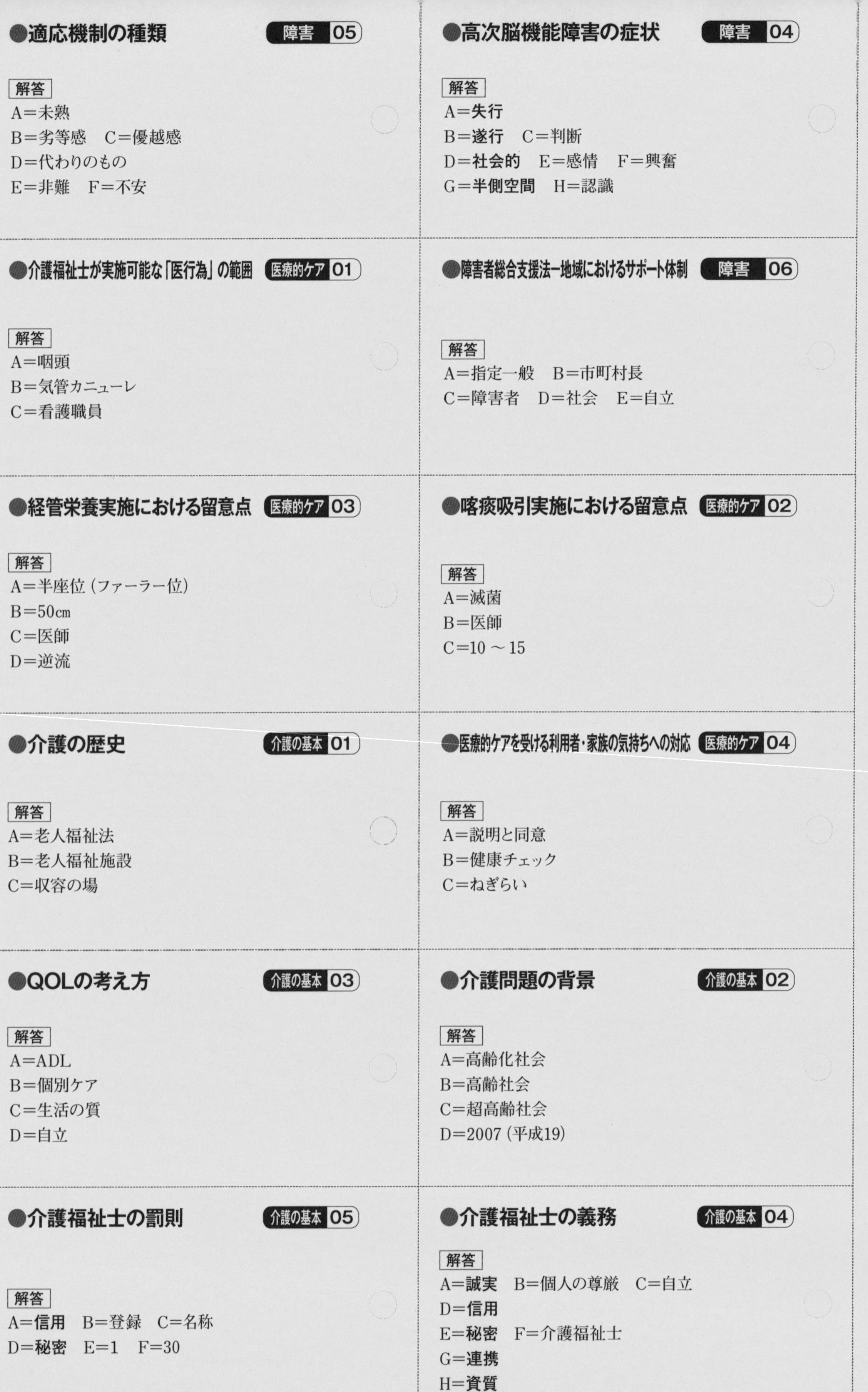

●適応機制の種類 障害 05

解答
A＝未熟
B＝劣等感　C＝優越感
D＝代わりのもの
E＝非難　F＝不安

●高次脳機能障害の症状 障害 04

解答
A＝失行
B＝遂行　C＝判断
D＝社会的　E＝感情　F＝興奮
G＝半側空間　H＝認識

●介護福祉士が実施可能な「医行為」の範囲 医療的ケア 01

解答
A＝咽頭
B＝気管カニューレ
C＝看護職員

●障害者総合支援法ー地域におけるサポート体制 障害 06

解答
A＝指定一般　B＝市町村長
C＝障害者　D＝社会　E＝自立

●経管栄養実施における留意点 医療的ケア 03

解答
A＝半座位（ファーラー位）
B＝50㎝
C＝医師
D＝逆流

●喀痰吸引実施における留意点 医療的ケア 02

解答
A＝滅菌
B＝医師
C＝10 ～ 15

●介護の歴史 介護の基本 01

解答
A＝老人福祉法
B＝老人福祉施設
C＝収容の場

●医療的ケアを受ける利用者・家族の気持ちへの対応 医療的ケア 04

解答
A＝説明と同意
B＝健康チェック
C＝ねぎらい

●QOLの考え方 介護の基本 03

解答
A＝ADL
B＝個別ケア
C＝生活の質
D＝自立

●介護問題の背景 介護の基本 02

解答
A＝高齢化社会
B＝高齢社会
C＝超高齢社会
D＝2007（平成19）

●介護福祉士の罰則 介護の基本 05

解答
A＝信用　B＝登録　C＝名称
D＝秘密　E＝1　F＝30

●介護福祉士の義務 介護の基本 04

解答
A＝誠実　B＝個人の尊厳　C＝自立
D＝信用
E＝秘密　F＝介護福祉士
G＝連携
H＝資質

●リハビリテーションの分類 介護の基本 06

○[A]リハビリテーション：疾病からの回復、障害に対する生活機能の向上を目指す。
○[B]リハビリテーション：障害児の自立や、社会への適応能力を高めるための支援。[C]などで実施。
○[D]リハビリテーション：障害のある人に対する職業指導・訓練、紹介など。[E]、[F]などで実施。
○[G]リハビリテーション：社会生活能力を向上させる。

●訪問介護 介護の基本 07

介護福祉士などが要介護者の居宅を訪問し、入浴、排泄、食事等の介護（[A]）その他の日常生活上の世話を行う。調理・洗濯・掃除などの[B]、生活等に関する相談・助言、[C]のための乗車または降車の介助を含む。

●ユニットケア 介護の基本 08

○ユニットケアでは利用者同士の[A]を深めることが目的。
○1ユニット（生活単位）あたりの定員は、原則としておおむね[B]人以下とし、15人を超えないものとする。居室は[C]が原則である。
○担当職員も一定の期間、固定して、[D]のあるサービス提供を重視することが求められる。

●感染予防の注意点 介護の基本 09

○**手洗い**：介護行為を[A]ごと、その前後に手洗いをする。流水と石鹸によるもみ洗いとする。固形石鹸より[B]を選ぶ。
○**消毒**：[C]の消毒には速乾性擦式アルコール製剤を使う。
○**健康管理**：[D]を習慣化させる。

●コミュニケーションの実際 コミュニ 01

○イーガンのSOLER：話を聞くときの5つの姿勢
・Squarely：相手と[A]に向かい合う　・Open：[B]な態度をとる　・Lean：相手に[C]を傾ける
・Eye Contact：適度に[D]を合わせる
・Relaxed：[E]した態度で聞く
○質問の方法は[F]を中心にし、[G]を事実確認や利用者の負担軽減などで補助的に用いる。

●障害者とのコミュニケーションを補足する道具・機器 コミュニ 02

○**筆談**：絵に[A]、[B]を書いて説明する方法。[C]障害者や[D]障害者が対象。
○**文字盤**：[E]などを指すことで、意思を伝える道具。言語障害者（主に[F]障害）が対象。
○**トーキングエイド**：入力した文字を[G]で読み上げる機器。[H]障害者や[I]障害者が対象。

●失語症利用者とのコミュニケーション コミュニ 03

・**運動性失語**：[A]や文字は理解できるが、うまく話せない。絵や写真など[B]な情報を用いてコミュニケーションをとることが大切。
・**感覚性失語**：[A]や文字を理解することができない。流暢に話すが、話す内容に[C]が多い。身振りなどの[D]コミュニケーションを中心に接する。

●介護記録の方法と留意点 コミュニ 04

○記録は、介護を実施したその日に行い、記録者の[A]を必ず入れる。
○記録はボールペンなどの筆記具を使う。訂正は、記録者が[B]と訂正印で行う。
○[C]を明記して、事実関係を正確に記録する。
○個人情報の[D]を防ぐため、記録を事業所等の外に持ち出さない。[E]のかかる場所に保管する。

●片麻痺のある人の歩行介護 生活支援 01

2点歩行	①杖と[A]側を[B]に出す　②[C]側をそろえる
3点歩行	①杖を出す　②[A]側を出す　③[C]側をそろえる
段差	①杖を出す　②[A]側を出す　③[C]側をそろえる
階段（上り）	①杖を上段につく　②[C]側を上段に出す　③[A]側をそろえる
階段（下り）	①杖を下段につく　②[A]側を下段に出す　③[C]側をそろえる

●片麻痺のある人の端座位から立位の介護 生活支援 02

介護者は、利用者の[A]などを防ぐために、麻痺側（患側）に立つ。利用者には、ベッドに[B]腰掛けてもらう。踵を引き、[C]に手を当てて、前かがみの姿勢から、からだの重心を[D]に傾けて、腰がベッドから浮いたところで立ち上がるように促す。

●居室・寝室の環境整備のポイント 生活支援 03

○利用者が普段生活する空間ということを考慮して日当たりや[A]の良い場所を選ぶ。
○移動のしやすさ、家族からの[B]を防ぐため、トイレや[C]、居間の近くにする。
○ベッドの高さは、端座位で足底全体が床につく[D]cm程度の高さにする。

●生活支援の視点 生活支援 04

○個別性を踏まえた支援を行う[A]が求められる。
○その人の意思を尊重した支援は[B]につながる。
○自己選択・[C]に基づき自立支援を行っていく。
○利用者が[D]生活を送ることができるよう支援する。
○利用者に対する理解を深め、[E]を築くことが大切である。

●リハビリテーションの分類

介護の基本 06

解答

A＝医学的　B＝教育的
C＝特別支援学校
D＝職業的　E＝障害者職業センター
F＝障害者支援施設
G＝社会的

●訪問介護

介護の基本 07

解答

A＝身体介護
B＝生活援助
C＝通院

●ユニットケア

介護の基本 08

解答

A＝コミュニケーション
B＝10
C＝個室
D＝継続性

●感染予防の注意点

介護の基本 09

解答

A＝行う
B＝液体石鹸
C＝手指
D＝うがい

●コミュニケーションの実際

コミュニ 01

解答

A＝まっすぐ
B＝開放的な　C＝からだ
D＝視線　E＝リラックス
F＝開かれた質問
G＝閉じられた質問

●障害者とのコミュニケーションを補足する道具・機器

コミュニ 02

解答

A＝文字　B＝図　C＝聴覚　D＝言語
E＝五十音表　F＝構音
G＝音声　H＝言語　I＝視覚

●失語症利用者とのコミュニケーション

コミュニ 03

解答

A＝言葉
B＝視覚的
C＝間違い
D＝非言語的

●介護記録の方法と留意点

コミュニ 04

解答

A＝署名
B＝二重線
C＝5W1H
D＝漏洩
E＝鍵

●片麻痺のある人の歩行介護

生活支援 01

解答

A＝患
B＝同時
C＝健

●片麻痺のある人の端座位から立位の介護

生活支援 02

解答

A＝転倒
B＝浅く
C＝膝
D＝前方

●居室・寝室の環境整備のポイント

生活支援 03

解答

A＝風通し
B＝孤立
C＝浴室
D＝30 ～ 45

●生活支援の視点

生活支援 04

解答

A＝個別ケア
B＝尊厳の保持
C＝自己決定
D＝自分らしい
E＝信頼関係

●口腔ケア　生活支援 05

○口腔ケアの目的には、虫歯や歯周病などの疾患や［A］肺炎の予防、口臭の除去などがある。
○総義歯は、［B］顎から外し、［C］顎から装着する。また、［D］させながら着脱する。
○義歯の洗浄は、専用の歯ブラシを使って［E］で洗う。熱湯での消毒は［F］をまねくので避ける。
○味覚や粘膜の保護のため、［G］は適度に残す。

●身支度の介護　生活支援 06

○目を拭く場合は、［A］から［B］に向かって拭く。
○電気かみそりでひげを剃る場合、皮膚に［C］当てて、皮膚に対して［D］に剃っていく。
○耳の手入れは、［E］で行い、入口から目に見える範囲（1.5cm程度）にとどめる。
○高齢者の爪は割れやすいので、［F］や蒸しタオルの使用後に、やわらかくなってから、［G］切る。

●嚥下障害のある利用者への支援　生活支援 07

○必ず見守りをして、ひと口の量を［A］にする。
○食べ物は、［B］を促すため、その食べ物に適した温度で提供し、［C］より少し冷たいか、温かくする。
○食べ物は口腔の［D］のほうに置く。食べ物を口に入れたら、口唇を閉じるように声かけをする。

●食事の介護　生活支援 08

○座位姿勢で食事をする場合、［A］を引き前かがみの姿勢で、［B］が床についていることを確認する。
○食事介護を行う際は、［C］に座って、［D］を合わせる。
○［E］ごとに嚥下できているか確認する。
○視覚障害者には［F］を使って、料理の位置を説明する。
○脱水を予防するため1日［G］mℓの水分補給を行う。

●入浴の環境整備　生活支援 09

○入浴時に多い事故は、急激な温度差により血圧が変動することによる［A］である。
○脱衣室と浴室の温度差は［B］する。
○片麻痺のある利用者には、［C］の使用を検討する。
○浴室は床が濡れているため［D］に注意する。

●入浴の介護　生活支援 10

○シャワーの温度は、まず［A］が確認する。
○シャワーをかけるときは、［B］から遠い足元からかける。
○片麻痺のある人が浴槽に入るときは、［C］側から入る。浴槽から出るときは［D］側から出る。
○片麻痺のある人は自分で［D］側のからだは洗うことができるが、［C］側は洗いにくいので介助をする。

●排泄の介護　生活支援 11

①排泄介護では［A］に配慮し、［B］を保護する。
②利用者の［C］を把握し、適切な時間にトイレに誘導するようにする。
③ポータブルトイレは、利用者のベッドの［D］に置くことを原則とし、片麻痺の場合は［E］に置くようにする。

●クーリング・オフ制度ー対象期間　生活支援 12

○訪問販売／電話勧誘販売
⇔法定契約書を受領してから［A］日間
○連鎖販売取引（マルチ商法）
／業務提供誘引販売取引
⇔法定契約書を受領してから［B］日間
○割賦販売（クレジット・ローン）／宅地建物取引
⇔制度の告知を受けてから［A］日間

●介護過程のプロセス　介護過程 01

① ［A］
② 計画の立案
③ 実施
④ ［B］

●情報収集におけるICFの活用　介護過程 02

ICFの生活機能の1つである「［A］」に基づき情報収集する場合、実行状況（［B］）や能力（［C］）の2つの視点から情報を集めることで利用者の［D］に向けた支援につながる。

●情報の種類　介護過程 03

情報には主観的情報と客観的情報がある。
○主観的情報：［A］からの情報／［A］の思い、考え
○客観的情報：
・介護福祉職の観察、［B］に関するデータ・記録、他職種や［C］から得られる情報

●介護目標について　介護過程 04

○目標は［A］のなりたい生活に向けて、段階的に期限を決めて設定する。
・［B］目標：6か月～1年程度
・［C］目標：数週間～数か月程度
○目標の留意点
・主語は［A］
・［D］可能で、［E］性があり、［F］であること

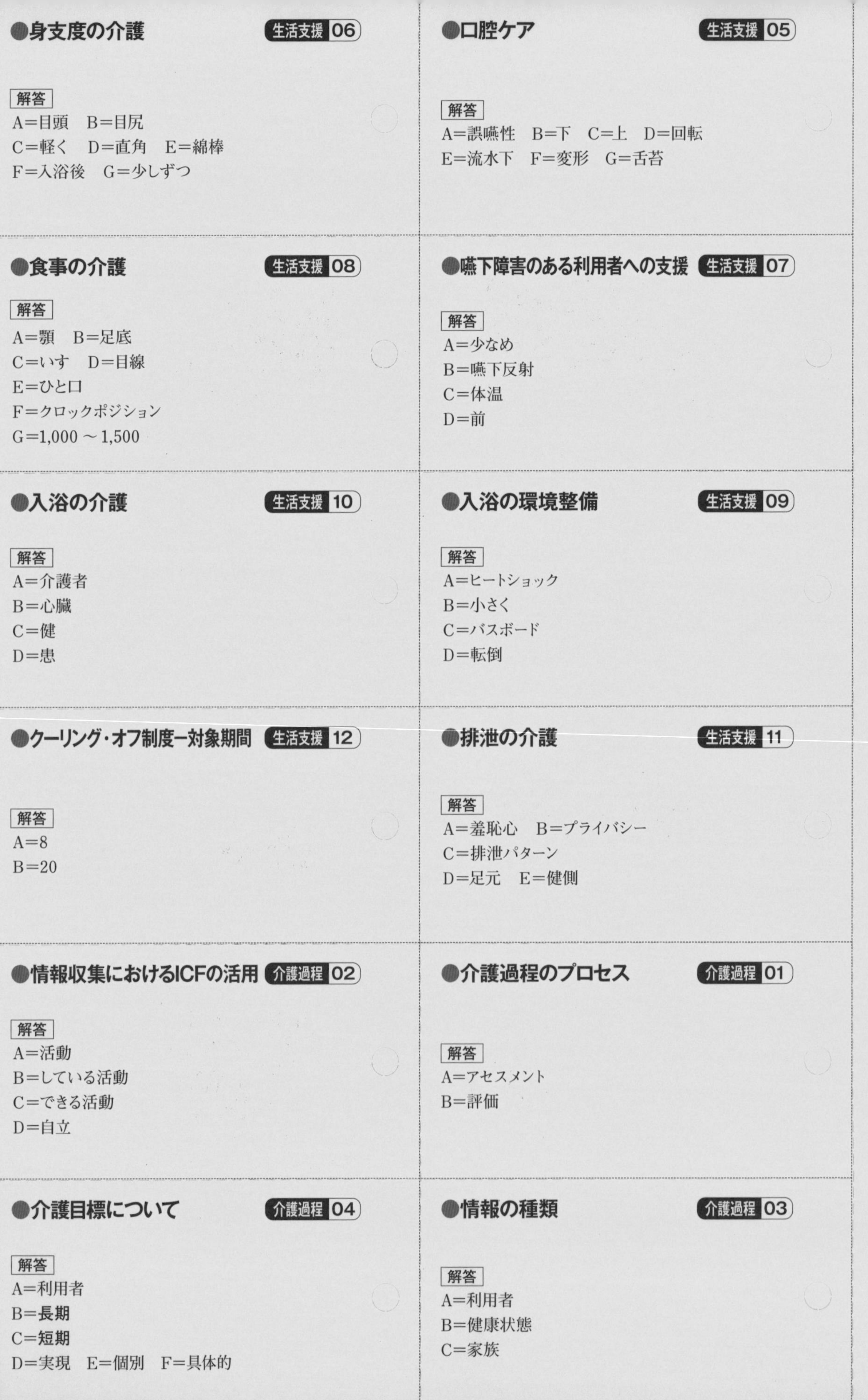

●身支度の介護　生活支援 06

解答

A＝目頭　B＝目尻
C＝軽く　D＝直角　E＝綿棒
F＝入浴後　G＝少しずつ

●口腔ケア　生活支援 05

解答

A＝誤嚥性　B＝下　C＝上　D＝回転
E＝流水下　F＝変形　G＝舌苔

●食事の介護　生活支援 08

解答

A＝顎　B＝足底
C＝いす　D＝目線
E＝ひと口
F＝クロックポジション
G＝1,000 ～ 1,500

●嚥下障害のある利用者への支援　生活支援 07

解答

A＝少なめ
B＝嚥下反射
C＝体温
D＝前

●入浴の介護　生活支援 10

解答

A＝介護者
B＝心臓
C＝健
D＝患

●入浴の環境整備　生活支援 09

解答

A＝ヒートショック
B＝小さく
C＝バスボード
D＝転倒

●クーリング・オフ制度ー対象期間　生活支援 12

解答

A＝8
B＝20

●排泄の介護　生活支援 11

解答

A＝羞恥心　B＝プライバシー
C＝排泄パターン
D＝足元　E＝健側

●情報収集におけるICFの活用　介護過程 02

解答

A＝活動
B＝している活動
C＝できる活動
D＝自立

●介護過程のプロセス　介護過程 01

解答

A＝アセスメント
B＝評価

●介護目標について　介護過程 04

解答

A＝利用者
B＝長期
C＝短期
D＝実現　E＝個別　F＝具体的

●情報の種類　介護過程 03

解答

A＝利用者
B＝健康状態
C＝家族